Dieter Bartels

AF558571

Das Clowntheater 1 x 1

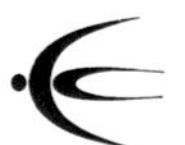

Dieter Bartels

Das Clowntheater 1 x 1

Zehn große Schritte Richtung Schauspiel und Komik

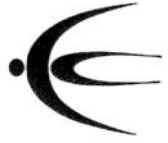

Schibri-Verlag Berlin • Milow • Strasburg

Bibliografische Information Der Deutschen Bibliothek
Die Deutsche Bibliothek verzeichnet diese Publikation in der Deutschen Nationalbibliografie; detaillierte bibliografische Daten sind im Internet und über http://dnb.de abrufbar.

© Schibri-Verlag 2019
Milow 60 • 17337 Uckerland
Tel.: 039753/22757
E-Mail: info@schibri.de
www.schibri.de

Illustrationen: Renate Ludwig
Umschlaggestaltung: Nicole Helms, Schibri-Verlag

1. und 2. Auflage: Impuls-Theater-Verlag/Buschfunk Medien, Planegg 2010

Alle Rechte vorbehalten. Dieses Buch darf nur nach vorheriger schriftlicher Zustimmung des Verlages vollständig oder teilweise vervielfältigt werden. Das gilt auch für die Speicherung in einem Datenerfassungssystem und die Weiterverarbeitung mit elektronischen oder mechanischen Hilfsmitteln, wie Fotokopierer und andere Aufzeichnungsgeräte. Insbesondere die Übersetzung und Verwendung in Schulungunterlagen bedürfen der Genehmigung.

Alle Rechte vorbehalten
Printed in Germany

ISBN 978-3-86863-212-5

Feedback? Ja!

zum Autor: bartels@tut-hannover.de; www.tut-hannover.de

Ich danke all meinen Clown- und Schauspielschülerinnen und -schülern. Euch ist dieses Buch gewidmet. D.B

VORWORT

„Kannst du uns ein Buch über Clowntheater empfehlen?" – „Wo kann man das nachlesen, was wir hier gemacht haben?" Diese Fragen haben mir in der Vergangenheit etliche Workshopteilnehmer und Ausbildungsschüler gestellt.

Auch der leitende Dezernent der Landesschulbehörde, zuständig für die staatliche Abschlussprüfung an unserer Schule für Clown, Komik und Theater fragte nach: „Herr Bartels, haben Sie das eigentlich schon einmal alles schriftlich festgehalten, was Sie lehren, vieles von dem haben Sie doch hier erfunden?"

In der Tat, seit Jahren arbeiten an unserer Schule Clown- Theater- und Tanzlehrer aus dem In- und Ausland unter einem Dach. Das bedingt einen regen künstlerischen Austausch. Viele Übungen ergänzen sich, etliche wurden überarbeitet, manche neu erfunden. Der Kanon der Übungen, die es braucht ein Clown zu werden, wurde bereichert und professionalisiert. - Im Dialog zwischen meiner Praxis als Clownlehrer, der Leitungstätigkeit an der Schule (wir leiten die Schule zu dritt) sowie künstlerischen und wissenschaftlichen Aspekten ist ein Regelsystem entstanden, das von meinen Schülern oftmals als „Dieters Clowntheatereinmaleins" bezeichnet wird. In ihm sind essentielle Grundlagen des Clowntheaterspiels zusammengefasst.

„Also Dieter, wann schreibst du endlich dein Clownbuch?"

Im Gespräch mit Keith Johnstone wurde deutlich, dass ein Theaterbuch, will es anschaulich sein, neben theoretischen Aspekten stets einen Bezug zu konkreten Spielsituationen herstellen sollte. Folglich begann ich neben inhaltlichen Gesichtspunkten auch Unterrichtsnotizen zu sammeln. So entstand die Stoffsammlung für dieses Buch. Als roter Faden kristallisierte sich die Geschichte eines zehntägigen Clownworkshops heraus. Zwölf Clownschülerinnen und -schüler werden bei ihren ersten Schritten als Clown begleitet. Zentrale Übungen des Clownspiels werden skizziert, illustriert und beschrieben und sodann theoretisch erläutert. Dem Leser verdeutlicht sich, wie eng Clownspiel und Schauspiel miteinander verbunden sind und worauf es ankommt, wenn man ein guter Clown werden will.

Die abwechslungsreichen Blickwinkel bedingen unterschiedliche stilistische Mittel. Häufig habe ich die einfache, direkte Rede verwendet, so wie ich sie in meinem Unterricht pflege. Für die theoretischen Diskurse ist ein anderer Sprachstil angebracht. Jedoch verstecke ich mich nicht hinter komplizierten wissenschaftlichen Termini und bemühe mich auch hier um jene Einfachheit und Klarheit, wie ich sie meinen Schülerinnen und Schülern in der Praxis schuldig bin.

Zur Illustrierung werden auch Theatertexte verwendet. Ein Hinweis für ungeübte Leser: Ein Theatertext ist eine Melange aus gesprochenem Wort, Regieanweisungen, dem Wissen um die Figuren sowie deren Situation. Theatertexte möchten wach geküsst werden. Sie gleichen der Notation eines Musikstückes, dessen Klang sich erst durch dessen Studium im Geist entfalten kann.

In unserer Schule herrscht eine lebendige, fröhliche Atmosphäre. Deswegen ist das Buch – hie und da – mit kleinen atmosphärischen Anmerkungen ausgeschmückt. Sie veranschaulichen die heitere, ausgelassene und manchmal etwas überdrehte Stimmung, der man während eines Clownworkshops begegnen kann.

Es gibt unzählige Missverständnisse darüber was ein Clown ist. Wer beim Begriff Clown nur an den klassischen Zirkusclown denkt, unterliegt einem Irrtum. Und: Nicht überall „wo Clown drauf steht, ist auch Clown drin." Daher erfüllt dieses Buch auch eine Mission. Es veranschaulicht das Wesen des Clowns und beschreibt seine Spieltechnik als ernsthafteres künstlerisches Handwerkszeug, als sich das manch kostümierter Karnevalist, der vorgibt ein Clown zu sein, vorstellen kann.

Alle Teilnehmerinnen und Teilnehmer denen Sie in diesem Buch begegnen, habe ich nach dem Vorbild mir bekannter Clownschüler entworfen, geformt und in diesem Buch vereint. In diesem Sinne stellen sie typische Clownschüler dar.

Blättern Sie weiter und folgen Sie mir in das Theaterstudio, in dem zwölf Spieler und Spielerinnen mit unterschiedlichsten Vorerfahrungen in den nächsten zehn Tagen ihre ersten Schritte in das Land des „Stolperns und Scheiterns" unternehmen werden.

1

Erst fühlen - dann spielen

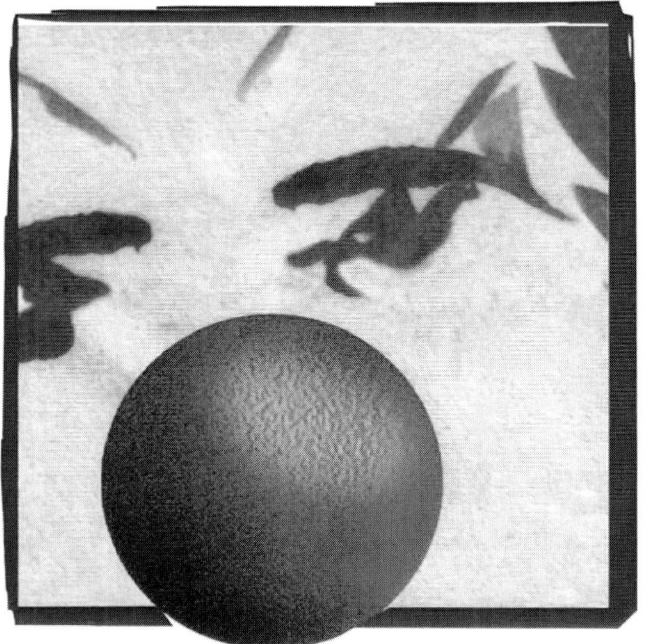

1 ERST FÜHLEN – DANN SPIELEN

„Guten Morgen! Herzlich willkommen zum Clownworkshop!"

Ein großes, helles Studio. Holzfußboden. Scheinwerfer. Etliche Hocker. Im hinteren Teil ein mächtiger, schwarzer Vorhang. Dort wird die Bühne sein. Für sechs Frauen und sechs Männer ist dies der Start in ein Abenteuer besonderer Art. In den folgenden zehn Tagen werden sie die Grundlagen des Clownspiels erlernen. Zehn Tage spielen und vorspielen; ganzer Einsatz von Leib und Seele. Bewegen und Fühlen. Lachen, weinen, wundern, schwitzen, träumen und fantasieren. Hoppla! Und – Humor!

„Wir lernen uns gerade erst kennen, eines weiß ich aber jetzt schon über euch. Ihr seid mutig, neugierig, vielleicht sogar vergnügungssüchtig, denn sonst wärt ihr nicht hier. Jeder von euch hat aber auch ein paar Ängste und Sorgen mitgebracht. Einige fragen sich: „Bin ich so gut wie die anderen?" – „Habe ich Talent?" – „Kann ich witzig sein?" – „Bin ich überhaupt ein Clown?" Solche Fragen und Bedenken hat jeder. Darin sind wir uns alle sehr ähnlich."

Olav begleitet meine ersten Ausführungen mit einem kleinen, fast bedeutungsschweren Nicken. „Im Grunde genommen weiß ich gar nicht was ein Clown ist" kommentiert er trocken. Olav hat viele Vorerfahrungen oder keine, wie er mir zuvor telefonisch in knappen, ihm eigenen Worten mitgeteilt hat. Nun ist er braungebrannt in seinem Kleinbus aus Spanien angereist. Dort macht er Straßentheater. „An guten Tagen mache ich so 50 – 80 Euro", hat er mir erzählt. „Das reicht aus, wenn man sparsam lebt." Sein Haus, wie er es nennt, steht nun für die nächsten Tage vor unserer Schule. „Olavs bewegliche Bühne!" verkünden Großbuchstaben auf dem Heckfenster. Olav ist nicht nur beweglich. Er ist auch kräftig. „Im Sport immer eine Eins – über den Rest reden wir ein anderes Mal!" hat er den wartenden Teilnehmern zuvor verraten, während er gleichzeitig mit etlichen Bällen jonglierte. Olav will den natürlichen Witz finden. So jedenfalls hat er es ausgedrückt, als er mich zwecks Anmeldung aus Barcelona angerufen hat. Olav meint es ernst. „Auf der Straße bist du entweder gut oder alle gehen vorbei und die Kasse bleibt leer. Wenn du willst, dass die Leute stehen bleiben, brauchst du was Besonderes. Nur Akrobatik und Jongelage das reicht nicht. Das Beste ist, du hast Witz! Da stehen die Leute drauf!" Olav ist eine interessante Persönlichkeit. Olavs ersten Schritten ins Land des Stolperns sowie seinen Fragen und Erkenntnissen zur Kunst des Clownspiels werden wir in diesem Buch immer wieder begegnen.

Susanne, Kunsterzieherin an einer anthroposophischen Schule, freut sich, dass sie trotz Schuldienst für diesen Workshop freibekommen hat. „Mein Schulleiter hat aber ausdrücklich betont, dass dies eine Ausnahme ist und nur geschieht, weil ich die Zirkus AG leite!" teilt sie uns mit strahlend blauen Augen mit. Auch ihr werden wir in diesem Buch begegnen. Noch weiß Susanne nicht, dass sie ihren Schulleiter nach diesem Workshop bitten wird, sich nach einer anderen Kunsterzieherin umzuschauen. Susanne wird dann eine zweijährige Clownausbildung absolvieren. Susanne hat Talent. Das werden alle Beteiligten zum Ende des Workshops bekunden. Und auch das weiß jetzt noch niemand: In drei Jahren wird Susanne mit einem eigenen Clowntheaterstück Premiere haben.

Einen so großen Sprung werden wenige Teilnehmer des Workshops tun. Julia ist zufrieden, dass sie überhaupt noch kommen konnte. Zunächst sollte ihr Mann keine Freistellung bekommen. „Unsere Kinder müssen nachmittags betreut werden. Meine beiden Süßen sind zwar auch echte Clowns! Doch nur Mutter möchte ich nicht immer sein!" Julia hat schon in der Schule Theater gespielt. Später hat sie in diversen Amateurtheaterproduktionen mitgewirkt. Ihre letzte Rolle war das Aschenputtel im Weihnachtsmärchen. „Das ist auch schon wieder 5 Jahre her. Jetzt widme ich mich nur noch dem Theater mit meinen Kindern. Und einmal in der Woche mache ich Jazz–Dance. Wieso gerade ein Clownworkshop? Gute Frage. Eigentlich mag ich gar keine Clowns, jedenfalls nicht wenn sie albern sind!"

Silvia gesteht, dass sie sich in diesen Workshop, der ja ausdrücklich für Teilnehmer mit wenig, etwas oder etwas mehr Vorerfahrungen ausgeschrieben ist, eingeschlichen hat. „Ich habe überhaupt keine Erfahrungen. Aber ich will welche machen!" führt sie schelmisch aus. Silvia hat sich zuvor bereits zwei Mal bei der örtlichen Volkshochschule für einen Clownkurs angemeldet, der dann aber mangels Teilnehmern abgesagt werden musste. „Also bin ich hier!" betont sie entschlossen. „Schließlich bin ich schon über fünfzig. Da bleibt nicht mehr alle Zeit, um einen Kindheitstraum zu erfüllen!" Ein Clownkostüm hat sie auch dabei. „Das Geschenk meiner Freundinnen zu meinem 55. Geburtstag. Das werde ich doch sicherlich brauchen!" Ich muss Silvia enttäuschen. „Als Anfänger benötigen wir eine rote Clownnase und schlichte Bewegungskleidung. Das reicht. Wir brauchen noch nicht einmal Schuhe oder Strümpfe!" Ich zeige auf meine nackten Füße. Silvia wundert sich. So hat sie sich einen Clownworkshop nicht vorgestellt.

„Ich bin Zauberkünstler und seit drei Wochen rechtsgültig von der Künstlersozialkasse als selbständiger Künstler anerkannt!" Felix hat nach einem abgebrochenen Jurastudium sein „ewiges und einziges Hobby" endgültig zum Beruf gemacht. „Ich zaubere seit dem 24. Dezember jenes Jahres, in dem ich acht Jahre geworden bin. Meine Mutter hätte mir meinen ersten Zauberkasten beinahe um Mitternacht gleich wieder weggenommen, weil ich einfach nicht zu bewegen war, ins Bett zu gehen. – Ach ja, am Freitag muss ich zum Beginn der Mittagspause kurz verreisen. Ein kleiner Auftritt, 285 km von hier. Eine Hochzeitsfeier im großen Stil. Ich bin pünktlich am nächsten Morgen zurück!" Felix möchte möglichst viele Tricks kennenlernen, um sie in sein Programm einzubauen. Auch Felix werden wir bei seinen Geh- und Stolperversuchen als Clown beobachten.

Kirstie, Anna, Christian, Giesi, Andreas, Tim und Oliver wollen aus unterschiedlichsten Erwägungen die Grundlagen des Clownspiels erlernen. Kirstie und Anna kennen sich aus einer theaterpädagogischen Fortbildung. Kirstie: „Dort haben wir unsere komische Ader entdeckt. Deswegen sind wir jetzt hier!"

Oliver studiert Kulturpädagogik. „Aber nur weil ich beim Vorsprechen fürs Schauspielstudium nie weiter als bis unter die letzten 30 gekommen bin!"

Auch Giesi hatte sich einmal an einer Schauspielschule beworben. „Völlig blauäugig. Das war erbarmungslos. Am zweiten Tag bin ich heulend abgereist. Dann bin ich Krankenschwester geworden."

Andreas ist Ingenieur. „Dem Ingenieur ist nichts zu schwör!" Wenn andere verreisen, besucht Andreas Workshops. „Kabarett, Pantomime, Theatersport. Mal sehen, was nach dem Clown kommt?"

Christian besitzt sämtliche Filme von Laurel und Hardy, Buster Keaton und Charlie Chaplin, ist unzufrieden mit seinem Lehramtsstudium und sucht „irgendwie was anderes."

Tim hat in Österreich eine Lehre als Koch und in der Schweiz eine Ausbildung zum Uhrmacher gemacht. „Mal sehen, vielleicht kommt bald noch eine weitere in Deutschland hinzu? Als Clown? Vielleicht! Ich habe bereits einen Anfängerkurs besucht. Da ging es echt ab. Und: „It's only Rock 'n Roll!" Tim ist Sänger und Gitarrist der „Heavy Laughing Music Company".

„Beginnen wir! – Du bist!" sage ich zu Olav und tippe ihm auf die Schulter. Olav hat verstanden. Wir spielen Fangen. Olav läuft zu Kirstie. „Du bist!" Kirstie verfolgt Felix. Felix lässt sich jedoch nicht fangen, also wird Julia verfolgt. „Du bist!" – Nach wenigen Minuten sind alle außer Atem. Gut so.

Wir spielen weiter. Blindekuh, Begrüßungsspiele, Namenkennenlernspiele, gefolgt von einfachen Vertrauensübungen. Jeder führt einen Partner. Dieser schließt die Augen und lässt sich auf allerlei Art durch den Raum führen. Gruppenspiele, Partnerspiele. Laut und turbulent. Still und aufmerksam. Die Trickkiste der Spielpädagogen hält etliche Übungen für die Anfangsphase unserer Gruppe bereit. – Eine warme und herzliche Atmosphäre breitet sich aus. Stück für Stück kriechen Susanne, Olav, alle aus ihren Schneckenhäusern. Zeit den nächsten Schritt zu tun. Zeit die rote Nase aufzusetzen.

Auf einem Tablett serviere ich zwölf rote Clownnasen. „Die Clownnase ist eine kleine, aber äußerst wirkungsvolle Maske. Für uns Anfänger gilt: Wenn wir sie aufsetzen sind wir ein Clown. Wenn wir sie absetzen sind wir kein Clown. Dieser Unterschied ist wichtig. Damit wir die Verwandlung zum Clown deutlich spüren, zählen wir vor dem Aufsetzen von Eins bis Zehn. Dann rufen wir „Jawohl!" und setzen mit einem Sprung die rote Nase auf! - Achtung. Wir zählen clownesk! Wir zählen laut und lauter: „Eino, zweio, dreio, viero, fünfo, sechso, siebeno, achto, neuno, zehno! Jawohl!"

Ein Sprung. Zwölf Clowns stehen im Kreis. Und nun? – Unsicheres Grinsen, verlegenes Lachen. Die Clownnase verändert. Seltsam. Wir sind doch erwachsen – oder?

„Bitte tut erst einmal gar nichts. Haltet diese Unsicherheit aus. Versucht nicht witzig zu sein. Versucht nicht Theater zu spielen. Steht einfach da, akzeptiert die rote Nase als Teil von euch. Guckt den anderen zu, wie sie euch zugucken. ... Wir öffnen den Mund. Er ist unser drittes Auge. Schaut euch die Welt durch alle drei Augen an. ... Bleibt einfach. Kein Theater. Keine Show. ... Wenn es mit euch einen Schritt gehen will, dann geht ihr. Wenn es mit euch einen Schritt rückwärts gehen will, dann geht ihr rückwärts. Wenn es lachen will, dann lasst ihr es lachen. Wenn es schämen will, dann lasst ihr es schämen. ... Es gibt keine Worte, nur Laute die geschehen wollen. Und: Das dritte Auge bleibt immer geöffnet!"

In drei Jahren wird Susanne ihr erstes Clownstück präsentieren. Dann wird sie den Mund nicht mehr so groß aufmachen, wie in dieser Anfängerübung. Susanne hat gelernt die Mundspannung reduziert zu halten. Ihr Mund ist weich. Die Wohlspannung der gesamten Körpermuskulatur ist ihr mittlerweile selbstverständlich geworden und hilft, sich in die für den Clown stets notwendige Offenheit, Naivität und Verwundbarkeit fallen zu lassen.

Das simple Öffnen des Mundes kann für Clownanfänger eine ungeahnte Herausforderung bedeuten. Manch ein Spieler kann den so provozierten Zustand nur schwer aushalten. Immer wieder meldet sich sein alarmierter Verstand: „Vorsicht! Kontrollverlust! Mach dich nicht lächerlich! Haltung bewahren! Mund zu! MUND ZU!"

Ich ermuntere die Teilnehmer: „Gönnt euch diesen ungewohnten, unklugen Zustand. Seid schlicht, einfach oder naiv. Genießt das. Dafür seid ihr hier! Folgt euren Gefühlen und Impulsen. Bewegt euch dabei durch den Raum. Kostet die kurzen oder längeren Begegnungen mit anderen Clowns aus! – Erst fühlen – dann spielen!"

Anfänger gehen oftmals unbedacht davon aus, dass man als Clown stets kreativ, originell und witzig sein muss. Dementsprechend ist die Versuchung groß, sich witzige Effekte auszudenken oder Gags auszuprobieren. Das Spiel des Clowns nährt sich jedoch aus anderen Quellen. Daher muss zu Beginn eine richtungweisende Weichenstellung vollzogen werden. Sie muss so gestellt sein, dass sie auf das Gleis „Echt sein!" führt. Würde es bei der unreflektierten Weichenstellung bleiben, so würde sich der Spieler schnell auf einem trügerischen Gleis befinden. Dort würde ihm zwar die kurze Illusion vermittelt werden, ein Clown zu sein – bald jedoch würde sich herausstellen: Dieses Gleis endet an einem Prellbock! Hier geht es nicht weiter. Es ist ein Abstellgleis, das auf einem Sumpf aus Albernheit gebaut ist. Vorsicht! Hier sind bereits Etliche versunken! Also: Besser wir geraten erst gar nicht auf dieses trügerische Gleis. Wir stellen die Weiche auf „Echt sein!" Die Gleise, die dann folgen, führen in ein attraktives Gebiet, denn nur aus der Authentizität des Spiels heraus können wir dermaßen witzig werden, dass wir die Seelen der Zuschauer zu fassen bekommen, um sie sodann freundlich auszukitzeln.

Eine solche Qualität können wir nur erreichen, wenn wir das Spiel von Beginn an mit den „Ideen" der Emotionen nähren. Der Clown ist eine emotionale Spielfigur. Die Ideen des Verstandes können wir zunächst nicht gebrauchen. Daher bitte ich den Verstand der Clownanfänger höflich aber nachdrücklich, während des Spiels Pause zu machen. „Lieber Verstand, gönn' dir eine Pause. Du hast sie verdient. Du behinderst sonst die Spieler. Lass' die Gefühle auch einmal heran. Wir kommen später wieder auf dich zurück. Ich bedanke mich für das zögernde Verständnis!"

Die komplexen Zusammenhänge zwischen Fühlen, Spielen und Denken, sowie den gesamten Anhang von schauspielerischen Problemen, die sich daraus ergeben, kann ein Anfänger nur erahnen. Wir werden ihnen immer wieder begegnen. Unsere erste Übungsfolge legt den Focus auf den Körper, seine Gefühle und das, was an einfachem Tun daraus entstehen will. Die Spieler werden dabei erfahren, wie angenehm es ist, sich mit echten Gefühlen in der Welt des Clowns zu bewegen, am eigenen Leibe zu spüren: es tut gut, ein Clown zu sein.

Wir gehen weiterhin mit leicht geöffnetem Mund umher. Im Verlauf der Übung schlage ich unterschiedliche Veränderungen der Körperhaltung vor. „Jetzt schieben wir das Becken nach vorne. Jawohl, da bleibt es. Das Becken ist das erste was von uns kommt, der Rest kommt hinterher. Spürt welche emotionale Veränderung sich durch diese Körperhaltung einstellt. ... Dieses Gefühl durchtränkt den gesamten Körper. ... Es wird zum Lebensgefühl. ... Was will geschehen, wenn wir einem anderen Clown begegnen? ... Spürt wie die Stimmung sich auch in der Stimme ausdrücken will! Keine Worte. Nur Töne und Laute. Lasst die Stimme so schlicht und einfach geschehen wie sie gerade will!"

Manche Stimmen scheinen darauf gewartet zu haben, sich endlich ausdrücken zu können. Ihr Klang wiederum schafft eine kreative Korrespondenz mit den Gefühlen, hilft diesen deutlicher und prägnanter zu werden. Diesem Rückkopplungseffekt, bei dem sich Körper, Stimme, Emotionen und Vorstellungsbilder gegenseitig beeinflussen, werden wir während des integrativen Schauspieltrainings der kommenden Tage immer wieder begegnen.

Wir gehen weiter. Es gibt diverse Variationen von Haltungs- und Gangänderungen, die wir ausprobieren können. Das Becken wird nach vorne, hinten oder zur Seite geschoben und bleibt eine Weile dort. Dieses Prinzip lässt sich auf andere Körperteile übertragen. Füße, Knie, Beine, Brustkorb, Hals, Kopf, Schulter, Arme, Handflächen und Finger warten ebenfalls auf kreative Vorschläge. Wach, aufmerksam und sensibel erspüren wir die Gefühlsänderungen, die sich infolgedessen einstellen. Es ist bemerkenswert, wie eng Körper und Gefühl miteinander verknüpft sind.

Bei diesen Körper-Gefühlsexperimenten ergeben sich groteske, bizarre Körperbilder. Die äußere Erscheinung soll uns jedoch nicht interessieren. Uns interessiert, wie wir uns als Clown fühlen.

Susanne wird sich in drei Jahren mit ihrem Clownstück nicht in die Herzen der Zuschauer spielen, weil sie mit dem Körper übertrieben grimassieren kann. Susanne wird geliebt werden, weil sie gefühlvoll spielen kann.

„Zieht den Kopf vorsichtig in den Rumpf. Jetzt haben wir keinen Hals mehr." Zwölf halslose Clowns wanken durch den Raum. „Erspürt wie sich diese Haltung auf euer Gefühl auswirkt. ... Lasst dieses Grundgefühl einziehen. Bald wohnt es im gesamten Körper!" Derart halslos und verklemmt fühlen sich einige der zwölf Clowns prächtig missgelaunt. Einige jammern bereits. „Ja richtig! Es ist schlimm. Furchtbar schlimm. Und alle sollen es hören!"

Das Jammern steigert sich, erwächst zu einem Wehklagen und Weinen. Gefühle sind ansteckend. Alle bis auf Clownin Julia heulen. Sie amüsiert sich. Die halslose Körperhaltung hat bei ihr eine andere Stimmung bewirkt. Unvermutet ist eine chorische Clownszene entstanden. Elf heulende Clowns und eine lachende Clownin stehen sich gegenüber und wundern sich übereinander. Spannung. Was wird geschehen? Da lacht auch Clown Christian, Clown Andreas fällt ein. Alle lachen. Gefühle sind ansteckend. Vielleicht ist Lachen infektiöser als Weinen.

„Spürt wie euer Hals wächst, lang und länger wird! Spürt wie sich das auf euer Lebensgefühl auswirkt!" Auf ins nächste Gefühlsabenteuer. ...

Minuten später runde ich die Übung ab. „Wir schließen den Mund, die Augen, die Hände und setzen nach einem großen Sprung die rote Nase ab!" Aus zwölf Clowns sind wieder zwölf erwachsene, zivilisierte Menschen des 21. Jahrhunderts geworden.

„Danke, lieber Verstand, dass du dich bei dieser Übung schon einmal ein bisschen zurückgehalten hast. Wir tauschen jetzt die Erlebnisse und Erfahrungen der letzten Stunde aus und versuchen, sie theoretisch zu beleuchten. Dabei brauchen wir wieder deine Hilfe."

Die Teilnehmer berichten von den ersten Erfahrungen die sie als Clown gemacht haben. Einige wundern sich nachträglich über die ungewohnte Länge der Übung. Andere bemerken, dass die Übung, je länger sie andauerte, intensiver wurde.

Susanne: „Das Clownsein wurde immer selbstverständlicher. Ich merke erst jetzt, wie lange das alles gedauert hat. Jetzt bin ich angenehm erschöpft."
Olav: „Ich fand es schwierig zu spielen und gleichzeitig die Gefühle wahrzunehmen."

„Besser wir gehen davon aus, dass es nicht schwierig, sondern nur ungewohnt ist. Im Training der nächsten Tage werden wir Übungen begegnen, in denen wir diese Fähigkeit trainieren. Als Anfänger ist es wichtig zu verstehen, dass Clowntheater kein Gagtheater ist. Clowntheater ist Körpertheater, Bewegungstheater, Emotionstheater. Es nimmt seine

„Ideen" aus dem Reich der Gefühle. Aber das Wort „Ideen" ist, streng genommen, das falsche Wort. Ideen gehören ins Reich des Verstandes. Für das Clownspiel müssen wir jedoch in das Reich der Emotionen gelangen. Somit ist es korrekter formuliert, wenn wir sagen, dass unsere Handlungsimpulse emotionaler Art sind. Das bedeutet, dass unser Gefühl bestimmt, was wir tun. Der Verstand tritt in den Hintergrund. Das bedeutet wiederum jedoch nicht, dass wir blöd sind. Als Clowns sind wir schlicht, einfach, naiv, unerfahren, eben unintellektuell. Dadurch entsteht Raum für emotional gesteuerte Handlungslogik. Das Talent so zu sein schlummert in uns allen. Wir sind mit der Fähigkeit Gefühle zu leben auf die Welt gekommen. Als Säuglinge und Kleinkinder wurden wir von Gefühlen bestimmt. Dann hat der Verstand die Leitung übernommen. Jetzt wähnt er sich in der Illusion, er könne der Alleinherrscher sein. Die Gefühle sind jedoch immer da, auch wenn sie bei vielen Erwachsenen nur eine scheinbar untergeordnete Rolle spielen und manch ein Erwachsener seine Gefühle kaum wahrnehmen kann. Clowns sind anders. Für den Clown stehen die Gefühle im Vordergrund. Seine faszinierende Wirkung geht gerade von dieser einfachen, unintellektuellen, eben emotionalen Art aus. Seine Handlungslogik wird, ähnlich wie bei kleinen Kindern, von Gefühlen bestimmt. Doch Vorsicht! Clowns sind keine Kinder. Clowns sind ein bisschen wie erwachsene Kinder. Doch auch das ist nur eine Annäherung an das was Clowns sind. Clowns sind eben Clowns. Und für uns ist wichtig, dass sie mit ihren Gefühlen spielen – oder noch korrekter: die Gefühle spielen mit den Clowns.

Als Clown müssen wir also einfach und emotional sein. Doch das führt oftmals zu einem Dilemma. Irgendetwas scheint sich in uns dagegen zu wehren. Wir fühlen uns schutzlos und bekommen eine manchmal unmerkliche Angst verletzt zu werden. Mit diesem Problem müssen wir uns als Clownspieler auseinandersetzen. Der deutliche Sprung in die rote Nase und damit in unsere Clownfigur ist daher wichtig. Ohne rote Nase, eben als zivilisierter Erwachsener, können wir unsere alltäglichen, in der Regel unbewusst genutzten Schutzmechanismen behalten. Für das Clownspiel jedoch sind sie hinderlich."

Felix: „Aber wo ist die Grenze zum Selbstdarstellungstheater? Es kann doch nicht darum gehen, die rote Nase aufzusetzen und sich auf der Bühne mit seinen Gefühlen gehen zu lassen. Man muss doch eine gute Show machen, egal ob man Zauberer, Clown oder Jongleur ist. Und dazu braucht man den Verstand."

„Ohne Verstand kann man keine gute Show inszenieren. Ohne Verstand kann man auch die Kunst des Unverstandes, das Clownspiel, nicht verstehen. Es kommt darauf an, den Verstand da einzusetzen, wo er benötigt wird. Wir sind Anfänger und wollen noch keine Show inszenieren. Wir lernen Clownspielen. Wir üben die Gefühle in den Vordergrund zu stellen, damit wir als Clowns so echt wie möglich erscheinen. Später ist dies die Grundlage dafür, uns in die Herzen der Zuschauer spielen."

Felix: „Unser Spiel war aber nicht echt. Wir haben uns verstellt. Wir haben den Hals eingezogen, das Becken nach vorne geschoben, wir haben wie blöde mit den Augen geblinzelt. Das ist doch nicht echt. Ich kann mir nur vorstellen, dass so etwas auf Zuschauer sehr befremdlich wirkt."

„Richtig. Für Zuschauer machen wir später andere Dinge. Diese Übung haben wir für uns gemacht. Die äußeren Verstellungen sind Hilfsmittel, um an innere Zustände, eben Gefühle zu gelangen. Ebenso haben wir immer wieder unseren Mund aufgemacht. Damit haben wir unseren Verstand sabotiert. Entspannen wir den Mund, so entspannen wir auch einen Teil unserer Sprachmuskulatur. Sprache und Verstand arbeiten Hand in Hand. Dies gute Verhältnis gilt es zu stören. Zeitweilig haben wir ein Auge geschlossen oder heftig geblinzelt. Auch das waren Sabotageakte um den Verstand zu stören. Der ist jedoch clever und hartnäckig und bemüht sich, die Störungen schnell zu beenden. Schwupp – schon lässt er den Mund wieder schließen. Erinnert euch, während der Übung habe ich euch einige Male aufgefordert, den Mund wieder zu öffnen. All diese Verstellungen und Sabotagen sind Hilfsmittel um das Wesen des Clowns in uns zu entdecken. Später gehen und bewegen wir uns als Clowns wesentlich normaler. Die komische Wirkung des Clowns geht in erster Linie von seinem inneren Seinszustand aus."

Julia: „Gilt das auch für normale Zirkusclowns?"

„Was sind normale Zirkusclowns? In manchem Zirkus gibt es keine Clowns mehr. Es gibt komische Akrobaten oder witzige Musiker. Um auf deine Frage zurückzukommen: Ja. Das gilt auch für Zirkusclowns. Aber nur wenige beherzigen das. Nur wenige beherrschen das. Manche kopieren ideenlos die alten Nummern. Viele Clowns verstecken sich hinter Maske und Kostüm. Das wird schnell albern. Und es ist sehr schwer ein guter Clown zu sein. Selten begegnen wir Clowns, die ihre Zuschauer begeistern, Clowns die Kinder und Erwachsene gleichzeitig in ihren Bann ziehen, Clowns die in die Herzen ihrer Zuschauer einziehen. Außerdem ist das Publikum verwöhnt. Clowns müssen heute besser sein als vor 100 Jahren! Es gibt also viel zu tun. – Trotzdem, wir gönnen uns jetzt eine Mittagspause."

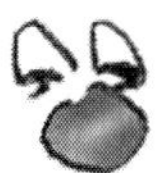

„Für die nächste Übung benötigen wir wieder die rote Nase. Setzt sie aber bitte noch nicht auf. Legt euch zunächst bequem auf den Rücken. Schließt die Augen. Nun stellen wir uns vor: Wir haben noch nie gelebt. Wir sind niemals auf der Welt gewesen. Gleich werden wir das erste Mal erwachen und Stück für Stück die Welt entdecken. Wir haben Zeit, viel Zeit. Wir spielen kein Erwachen, wir erwachen. Das ist ein Unterschied. Unsere Tastorgane, die neugierigen Finger und die Handflächen beginnen. Sie erwachen, spüren sich selbst und beginnen die Welt zu erkunden. Vielleicht begegnen eure Tastorgane einem Fussel auf der Hose. Vielleicht führt sie der Weg danach über das warme Holz des Fußbodens, zu einer kleinen Delle im Holz, hinter der dann ein Krümel liegt. Vielleicht. Jede kleine oder große Erscheinung ist ein Wunder. Wir genießen die Abenteuer, die daraus entstehen. Unsere Augen bleiben geschlossen. Das verstärkt die Wahrnehmung der anderen Sinne. Der Mund darf wieder sanft geöffnet, also weich und entspannt sein. In Kurzform: Mit geschlossenen Augen und neugierigen Händen entdecken wir Stück für Stück die Welt. – Wir zählen jetzt still bis „zehno", setzen die rote Nase auf und bald schon spüren wir, wie unsere Finger erwachen. Viel Vergnügen!"

Zwölf Clowns erwachen. Manche bewegen ihre Hände äußerst behutsam, beinahe vorsichtig. Andere wiederum sind schnell mit ihren Händen in der nahen Welt unterwegs. Nicht alle Teilnehmer halten es aus, so lange die Augen geschlossen zu halten. Sie öffnen die Augen kurz, registrieren, dass kein Grund zur Beunruhigung besteht und schließen die Augen wieder. Nach und nach erobern alle Clowns den Raum, ertasten Stühle, Vorhänge, Wände und Türen. Manche kosten die Begegnungen mit anderen aus. – Aus dem puren Entdecken der Welt soll ein Spielen mit der Welt werden. Ich platziere zusätzliche Gegenstände. Decken, Kissen, Papierrollen, Folien, Klappstühle, Zuckerwürfel, Löffel, Klebeband, Schwämme, Stöcke, Zeitungen, Teebeutel, ein Apfel, Reiskörner und ein Seil sollen Anreiz für das weitere Spiel bieten. – Jeder geht seinem Entdeckerdrang nach. Die Welt des Klangs wird erforscht. Mit einigen Gegenständen lassen sich interessante Töne erzeugen. Manche Gegenstände werden beschnuppert, in den Mund gesteckt, als lecker oder nicht lecker befunden, wieder ausgespuckt oder wie ein Schatz im Mund gehütet. Aus dem puren Entdecken entsteht handelndes Entdecken, eine Form des Spiels.

Susanne gefällt das weiche Etwas, das sie gerade ertastet so gut, dass sie es gleich unter ihr T-Shirt steckt. Auch die flauschige Rolle, die sie aus der knisternden Hülle befreit, gefällt ihr... ab unter das T-Shirt! Susanne gefällt allerlei. Ihr T-Shirt ist aufgebläht. Nun muss auch die Hose als Stauraum herhalten. Zum Glück hat sie eine äußerst dehnbare

Trainingshose an. Wie eine ausgestopfte Tonne wankt sie durch den Raum. Ein großes eckiges Ding will jedoch nicht ganz hinein. Es ist so sperrig. Susanne wird sauer. Der Missklang ihrer Stimmung drückt sich in ihrer Stimme aus. Susanne schimpft mit absonderlichen Lauten. Es ist kurios anzusehen, wie Clownin Susanne sich mit einem Klappstuhl abmüht, der einfach nicht in ihre Hose passen will. Susanne hat die Zeit vergessen. Es gibt kein Vorher, kein Nachher, es gibt nur das Jetzt. Und das bedeutet, dass ein Weg gefunden werden muss, das große, unförmige Ding doch noch in der Hose zu versenken, ohne dabei immer wieder das Kissen zu verlieren. Susanne handelt intensiv und lässt ihre Gefühle frei. Sie ist mit ganzem Herzen dabei. ...

Auch Andreas durchlebt ein Abenteuer mit einem Klappstuhl. Andreas fühlt sich wie eine Schlange. Gerade schlängelt er sich zwischen den engen Stuhlbeinen hindurch. Halb angelangt, dreht er sich auf den Rükken, um dann den Weg nach oben zu ertasten. Zwischen Sitzfläche und Lehne findet er einen breiten Spalt. Weiter geht es. Der Oberkörper passt hindurch. Doch das Becken ist zu breit. Andreas steckt fest. Ratlosigkeit. Andreas steht auf. Ein Wunder! Auf unvermutete und unerklärliche Weise hat er sich etwas Sperriges angezogen. Dieses etwas, der Stuhl, entpuppt sich schnell als lästiges Ärgernis und behindert seine Gehversuche. ...

Gleich drei nicht sehende Clowns bauen unabhängig voneinander eine Behausung. Es herrscht allerdings ein Mangel an Dachbedeckungen. Clownin Kirstie ist auf der Suche nach etwas Brauchbarem, ertastet Olavs Decke und schon wundert sich dieser über das merkwürdige Verschwinden des kuscheligen Etwas, das er doch gerade über sein Haus gelegt hatte. ...

Clown Christian ist von einer Rolle Klebeband begeistert. Doch es gibt Probleme. Das Zeug schmeckt nicht und auf der Zunge will es auch nicht kleben. Aber auf der Hand klebt es. Christian umwickelt seine linke Hand. Eine prächtige Bandage. Eine mächtige Pranke! Als Frankenstein setzt er seinen Weg fort. ...

Endlich kann man mal anständig etwas kaputt machen! Clownin Giesi ist glücklich. Nur gut, dass ausreichend viele dieser großen Papierrollen vorhanden sind. ...

Währenddessen ist Clownin Susanne nicht mehr allein. Clown Olav hat sie in ihren umfassenden Ausmaßen entdeckt. Er ist beeindruckt. Olav geht der Sache auf den Grund. Stück für Stück holt er wieder heraus, was Susanne sich ausgiebig einverleibt hatte. Susanne lässt es geschehen. Olav ist vorsichtig, aber gründlich. Tief unten in der Hose ist noch etwas. Ja, zwei Tennisbälle! Die müssen auch heraus. Das Zusammenspiel der Beiden erinnert an ein zartes, groteskes Liebesspiel. Olav tastet Susanne ab. Leer. Susanne tastet Olav ab. Nicht leer! Da ist doch etwas. Ein Apfel. In Olavs Hosentasche ist ein Apfel. Der gefällt. Schon ist der Apfel in ihrer Hose verschwunden. ...

Die geschlossenen Augen entlasten die Spieler vom Leistungsdruck und die Aufmerksamkeit wird auf sinnliche Eindrücke gelenkt, die üblicherweise nicht im Vordergrund stünden. Dadurch entsteht die frische Naivität, aus der das Clownspiel erwachsen kann. Nach Beendigung der Übung sieht der Raum wie nach einem gelungenen Spielnachmittag einer Gruppe Zwei- bis Vierjähriger aus. Zwölf Erwachsene staunen, dass noch so viel Kind in ihnen ist. – Wir tauschen die Erlebnisse und Erfahrungen der letzten Stunde aus. Dann fasse ich zusammen:
„Halten wir fest, was wir bis jetzt über den Clown erfahren haben. Der Clown ist manchmal wie ein Kind, aber er ist kein Kind. In seiner emotionalen Grundstruktur ist er einem Kind lediglich ähnlich. Dies trifft auch auf seine Unbedarftheit und Unwissenheit zu. Aber genau wie ein Kind, so ist auch der Clown nicht dumm. Er ist eben nur, mehr oder weniger, noch nicht wissend. Aber er ist neugierig. Und – das haben wir hier ausgiebig erfahren, der Clown ist ein Spieler. In seiner leidenschaftlichen Art die Welt zu entdecken und zu erfahren, verliebt er sich immer wieder in die besonderen Fundstücke seiner Entdeckungsreisen. Wir haben auch erfahren, dass wir manchmal leichter, ein anderes Mal schwerer ins Spiel kommen. Im weiteren Verlauf des Workshops werden wir untersuchen woran das liegt. Schließlich wollen wir ja allezeit gut ins Spiel kommen. – Wir sehen uns morgen früh um 9.00 Uhr wieder. Bis dahin. Tschüß!"

Oliver: „Eine Frage noch. Man kann doch sagen, dass Clown und Schauspiel nicht dasselbe sind."
„Worauf zielt deine Frage ab?"
„Ich telefoniere gleich mit einem Kumpel aus unserer Theatergruppe. Der wollte nicht mitkommen, der will aber trotzdem wissen was wir hier machen."
„Und was will er wissen?"
„Der weiß eigentlich schon alles. Jedenfalls meint er das. Ich habe versucht ihn zu überreden mit mir an diesem Workshop teilzunehmen. Fehlanzeige. Der meint, das braucht man höchstens fürs Kindertheater."
„Das braucht man auch fürs Kindertheater. Aber alles, was man fürs Kindertheater braucht, braucht man auch fürs Erwachsenentheater. Im Clownspiel beschäftigen wir uns mit den Grundlagen der Lebendigkeit. Deswegen können alle darstellerischen Disziplinen davon profitieren."

„Er studiert Theaterwissenschaften. Außer für die wenigen Narren, die bei Shakespeare vorkommen, braucht man das nicht – hat er gesagt."
„So, das hat er gesagt? Dann sag ihm, dass sämtliche Figuren in Shakespeares Stücken Narren sind."
Oliver: „Das wird ihn aufregen!"
„Schön!"
Kirstie: „Ich rufe gleich meinen Freund an. Wie erzähle ich dem, was wir heute gemacht haben? Er studiert Psychologie."
Oliver: „Ist die Frage ernst gemeint?"
Kirstie: „Auch!"
Olav: „Sag ihm, dass wir mit geschlossenen Augen auf dem Boden herumgekrochen sind und Dinge ertastet haben. Psychologen verstehen so was. Die verstehen alles."
Kirstie: „Die fragen auch alles!"
Olav: „Sag ihm, dass wir gespielt haben!"
Julia: „Gute Idee. Das sage ich auch meinen Kindern. Das verstehen die sofort."
Giesi: „Und was sage ich meiner Katze? - Diese Frage ist nicht ernst gemeint."
Andreas: „Miau!"
Giesi: „Danke. Gute Idee. Das wird sie verstehen!"
Olav: „Andere Frage. Steht das Studio jetzt noch zur Verfügung? Ich würde gerne noch etwas jonglieren!"
„Kein Problem. Aber bitte nicht mit Fackeln!"
Olav: „Bälle, Keulen, Ringe."
Andreas: „Darf ich mitmachen!"
Olav: „Kannst du jonglieren?"
Andreas: „Noch nicht!"

2

Du bist der Trick

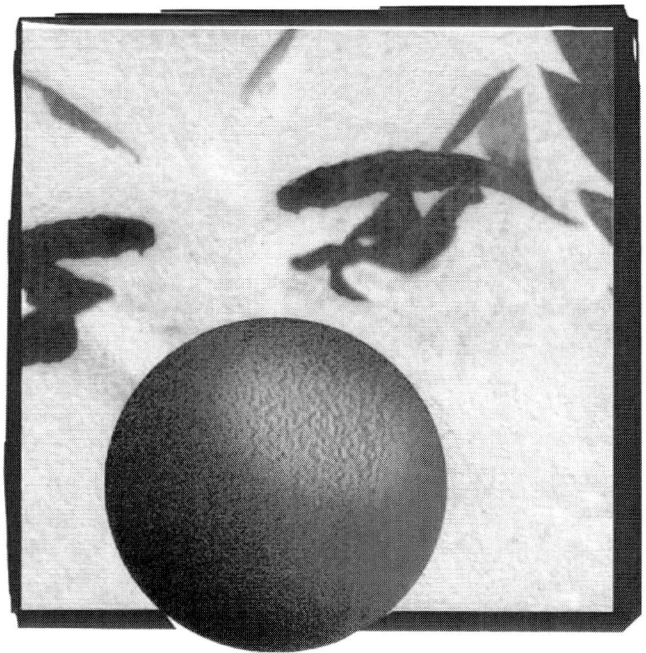

2 DU BIST DER TRICK

Es ist 20 Minuten vor Unterrichtsbeginn. Aus dem Studio tönt Salsamusik. „Guten Morgen, Olav! Guten Morgen, Andreas!" Olav ist durchgeschwitzt. Er jongliert kunstvoll mit vier Keulen, hebt abwechselnd beide Beine und lässt die Keulen mit Bravour unter ihnen durchfliegen. Andreas versucht drei Tücher durch die Luft zu bewegen, ohne dass sie auf den Boden fallen. „Ich kann es – fast!" „Ich muss mit vier Keulen so sicher wie nur möglich werden. Meine vierte Fackel wartet schon auf ihren Einsatz!"

Die anderen Workshopteilnehmer treffen ein. „Brauchen wir gleich die rote Nase?" möchte Susanne wissen. „Noch nicht! Erst einmal machen wir uns warm!" „Olav ist schon warm!" „Stimmt, schauen wir mal, ob er noch etwas wärmer werden kann!"

Wir stehen im Kreis. Das warm-up beginnt. „Als Erstes rekeln wir unsere Körper intensiv durch. ... Jawohl. Der ganze Körper ist beteiligt. Jetzt schütteln wir uns wie nasse Pudel. ... Wunderbar. Wir gähnen! Mehr gähnen! Eine Gähnorgie! ... Hüpfen. Hüpfen. Hüpfen. ... Sorgt dafür, dass ihr ganz außer Atem kommt. ... Genießt die erste Erschöpfung. Kostet die lebendige Ausatmung aus. ... Begleitet die Ausatmung mit fließenden Armbewegungen! ... Die Armbewegungen stecken den übrigen Körper an. ... Unsere Atmung beruhigt sich. Unsere Bewegungen passen sich der Atmung an! ... Fließende, sanfte Bewegungen. Der ganze Körper wird einbezogen. ... Lasst alle Variationen zu. Kostet alle Variationen aus. ... Genießt die Intensität. Verliebt euch in die eigenen Bewegungen!"

Im warm-up wird der Clownspieler auf das Spiel vorbereitet. Der Körper erwacht. Die Seele lebt auf. Atmung, Bewegung, Stimme und Imagination begegnen sich. Gefühle und Stimmungen kommen zu Besuch.

„Es geht weiter. Eine Fliege setzt sich auf eine Hand. Wir verjagen sie. Die Fliege setzt sich auf unsere Nase. Wir verjagen sie noch einmal. Stellt euch diese kleine Fliege vor. Spürt wie sie über eure Haut krabbelt. Spürt wie sie euch kitzelt. Diese Fliege ist lästig. Diese Fliege ärgert uns. Wir jagen sie weg, sie kommt wieder. Immer wieder! Das macht uns wütend. Wir schlagen nach ihr. ... Wir boxen nach ihr. ... Schattenboxen. Wir sind Boxer! ... Spürt eure klobigen Boxhandschuhe. ... Unser erster Trainingskampf gegen einen imaginären Boxball beginnt. Schläge von links, rechts, oben und unten. ... Unsere Beintechnik ist meisterlich, abwechslungsreich. Boxen ist unsere Leidenschaft! Wir haben den Hammer! Wir sind der Champion!"

Im warm-up können wir die alltäglichen Verhaltensgrenzen verschieben. Deswegen fordere ich: „Weiterboxen! Nicht aufhören! Steigert die Wut! Steigert den Zorn! ... Jawohl! Zuhauen! ... Unser Blick ist eng. Unsere Kiefer sind kräftig! Wir sind stark! Stärker!! Am stärksten!!! Wir brauchen keinen Verstand. Wir sind das Tier!"

Keiner der Workshopteilnehmer sieht mehr gepflegt und adrett aus. Gängige Schönheitsideale sind überwunden. „Wir sind das Tier. Wir sind die Bestie unter den Boxern!" ... Die Reise durch die Welt der Gefühle ist noch nicht zu Ende. Jeder Boxhieb wird mit nun mit einem „Ha!" versehen. Aus „Ha" wird „Haha". Schon sind wir inmitten der nächsten Übung. Aus „Haha" wird „Hahaha" und so fort.

„Dies ist eine Lachübung. Schaut, wir stehen mit beiden Beinen fest auf dem Boden. Dabei drücken wir das Becken nach vorne. Zusätzlich strecken wir jetzt die Arme weit nach oben. Jawohl! Und dabei lassen wir das „Hahaha" geschehen! Weiter. Immer weiter!" Das mutwillige Lachen verselbständigt sich. Wir können es nicht mehr kontrollieren. Dies ist unser erster kollektiver Lachanfall.

Eine Stunde warm-up, wir sind quicklebendig. Das ist eine gute Voraussetzung für die nächste Übung. Wir brauchen einen Clownnamen! „Eino, zweio, dreio, viero, fünfo, sechso, siebeno, achto, neuno, zehno!" Mit einem gleichzeitigen Sprung, setzen wir die roten Nasen auf. Die Clowntaufe beginnt.

Felix stellt sich als erster in die Mitte des Kreises. „Blecki! Ricki! Zacki! Herbert! Willibald! Balduin! Bratschi! Bratsche! Fidel! Castro! Castor! Kaffee! Cappuccini! Cappucino!" Spontan und unzensiert produzieren wir eine Flut von Namensvorschlägen. „Gino! Nono! Nano! Mozart! Karajan! Beethoven! Meistro!" – „MEISTRO!" – Felix reißt die Arme in die Luft und wiederholt seinen Clownnamen: „Meistro!" „Meistro!" jubelt die Menge. Beifall! Meistro und sein neuer Name werden gefeiert.

Julia stellt sich in die Mitte. „Clotilde! Tilde! Hilde! Hildegard. Irmgard. Irmchen. Bienchen. Hummel!" – „HUMMEL!" – Hummel und ihr Name werden gefeiert.

Alsdann werden zehn weitere Clownnamen vergeben: Propper, Suse, Windhund, Pizza, Zitronella, Spam, Mücke, Wichtig, Karajan, Olivio.

Begrüßungsspiele mit Clownnamen: Der neue Name wird gerufen, geschrien, gesungen, geflüstert, gestottert, heroisch oder schamhaft vorgetragen. Zeit zum Verschnaufen. „Sprung, Nase ab! Kleine Pause!"

Wir stehen in der Teeküche. Die Gespräche kreisen um die Clownnamen. Ist der Name originell? Ist er witzig? Klingt er schön? Namen sind wie Kleidungsstücke, auch sie sollen der persönlichen Eitelkeit genügen. „Warum hat man mir diesen Namen vorgeschlagen? Warum habe ich ihn angenommen? Verrät er etwas über mich?"

Der Clownname hat von Beginn an eine wichtige Bedeutung. Betrachten wir dazu einen wesentlichen Unterschied zwischen Clown- und Schauspiel. Im Schauspiel gibt es traditionell eine Trennung zwischen Autor und Spieler. Der Autor denkt sich die Figuren und deren Handlungen aus, er schreibt das Stück. Dann erweckt der Schauspieler mit seinem Spiel die Figuren zum Leben. Für Macbeths Missetaten ist daher nicht der Schauspieler, sondern William Shakespeare verantwortlich. Auch wenn dieses vereinfachte Beispiel die Fülle sich gegenseitig bedingender psychischer und künstlerischer Komponenten, denen wir bei einer Macbethinszenierung begegnen werden, außer acht lässt, so verdeutlicht es dennoch einen grundlegenden Unterschied zum Clowntheater. Im Clownspiel gibt es keine Trennung von Autor und Spieler. Der Clownspieler ist beides in einer Person. Aus diesem Tatbestand ergeben sich einige interessante Schwierigkeiten. Weil der Spieler das Handeln der Clownfigur aus sich selbst heraus erschafft, ist er auf besondere Weise mit ihr verwickelt.

Werfen wir zum weiteren Verständnis einen Blick in die Mysterien der menschlichen Psyche. In den ersten Übungen hat sich angedeutet, dass das Clownspiel viel mit dem Verschieben alltäglicher Verhaltensgrenzen zu tun hat. Wir verlassen die Regeln des Alltags, sind ehrlich, egoistisch, unsozial, unverschämt, gemein, liebevoll und leidenschaftlich, wir sind direkt. Dies sind Eigenschaften, die uns im langen Prozess der Sozialisation gestutzt, gar aberzogen worden sind. Eltern, Erzieher und Lehrer haben, bewusst oder unbewusst, stets ihr Bestes versucht. Vordergründig sind wir mehr erzogen als unerzogen und wissen meistens, wie wir uns in der menschlichen Gesellschaft zu verhalten haben. Unser so gebildetes „Über-Ich", wie die Psychoanalyse es nennt, führt die Aufsicht. Es wacht über unser Verhalten, unsere Gedanken und Pläne. Das Über-Ich achtet darauf, dass wir uns zivilisiert verhalten. „So etwas tut man nicht!" ist die standardisierte Ermahnung des Über-Ichs. Das Über-Ich regiert zuweilen laut und diktatorisch, kann aber auch leise und subversiv agieren. Findet es zum Beispiel kein Gehör, so kann es äußerst unangenehm werden. Seine Bisse – Gewissensbisse – können schmerzen. Manchmal gießt es eine brennende Scham über die Psyche. Die Seele brennt. Jegliches Erleben leidet unter dem beißenden Feuer der Scham. Wer einmal derartigen psychischen Schmerz erlebt hat, verhält sich beim nächsten Mal angepasster.

Diesen psychologischen Problemen und Aspekten muss sich ein Clownspieler stellen. Der eingeführte Clownname ist eine erste Antwort darauf. Der Trick ist simpel: Wir geben uns einen anderen Namen; das Über-Ich ist nun verwirrt und unsicher bezüglich seiner Zuständigkeit. Selbst wenn es aber nicht auf diesen Trick hereinfällt, zeigt es sich oftmals kompromissbereit und ist damit einverstanden, dass wir als jemand Anderes die fröhlich unzivilisierten Verhaltensweisen des Clowns ausleben.

Der Clownname wurde – wie oben beschrieben – schnell, spontan und intuitiv gefunden. So drückt sich in ihm oftmals schon etwas von der Besonderheit des Spielers aus. Es gibt jedoch noch viele Eigenarten zu entdecken. Früher oder später brauchen wir vielleicht einen neuen Clownnamen, der dann das künstlerische Etikett für die individuellen Besonderheiten des Clowns sein wird.

Die kurze Workshoppause ist vorbei. „Mir gefällt mein Clownname nicht!" merkt Silvia an. „Windhund ist kein richtiger Clownname. Ich fühle bei diesem Namen nichts, er ist so steif und streng. Da habe ich mich vergriffen. Ich brauche was Warmes, was mit Feuer, vielleicht etwas Italienisches!" Silvia wird umgetauft. Aus der Menge der Vorschläge greift sie sich zielstrebig den Namen „Carbonara!" heraus.

„Wir nähern uns jetzt dem Clownspiel vor Zuschauern. Aufgabe eins: Der Clown betritt die Bühne, sagt seinen Namen und geht wieder. Wie ihr das machen werdet, wird sich aus eurer aktuellen Stimmung ergeben. Wir nutzen die Gefühle des Augenblicks. Sie prägen die Art des Geschehens. Weil noch niemand weiß, welche Stimmung er haben wird, wenn er auf die Bühne geht, wenn er durch den Vorhang tritt, wenn er sich zwei oder drei Schritte den Zuschauern nähert, wenn er seinen Namen sagt, wenn er langsam oder schnell wieder abgeht, kann sich niemand vorher ausdenken, wie er das alles machen wird. Stellt bitte alle Planungen ein und lasst euch von euch selbst überraschen!"

Viele Clownübungen sind einfach und schwer zugleich. So auch diese. Hinter der Aufgabe, den Namen aus der augenblicklichen emotionalen Befindlichkeit heraus zu präsentieren, verbirgt sich eine beachtenswerte Komplexität. Die Übung führt uns wieder zum zentralen Element des Clownspiels das wir schon gestern kennengelernt haben: Dem authentischen Spiel. Wer in dieser Übung cool auf die Bühne geht, schnell seinen Namen sagt und wieder verschwindet, hat die Namenspräsentationsübung nur abgehandelt und in ihren Möglichkeiten nicht ausgekostet. Wer sich einen Witz ausdenkt, z.B. so tut als hätte er seinen Namen vergessen, wird keine interessante, schon gar nicht eine komische Wirkung erzielen. In dieser Phase des Clownspiels können wir nichts planen oder konstruieren. Wir müssen uns ganz darauf einlassen, was sich ergeben wird und uns so in der bereits angedeuteten Ehrlichkeit trainieren. Die Regel, augenblickliche Befindlichkeiten und Gefühle als Basis für das Spiel zu nutzen, ist eine zentrale Grundlage des Clownspiels. Sie wird auch hier in den Vordergrund gestellt. Diese schon gestern vollzogene Weichenstellung führt uns auf das versprochene Gleis ungeahnter Möglichkeiten der Komik. Ein „Rumkaspern" ist nicht möglich. Der Focus wird auf das Selbst des Spielers gelenkt. Seine Wahrnehmung und seine Gefühle werden zur Basis des Clownspiels. Die Grundfrage für den Spieler lautet: „Was erlebe ich augenblicklich?" Die Antworten auf diese Frage werden zur steten Quelle des clownesken Spiels.

Manch ein Clownschüler muss an dieser Stelle schmerzhaft erfahren, dass er im Unterricht nicht lernt sich zu verstellen, sondern ganz „er selbst" in der Figur des Clowns zu sein. „Der Clown, das bin ich selbst. Und darum ist es leicht und zugleich unendlich schwer ein Clown zu sein!" so hat es einmal eine Schülerin unserer Schule treffend zum Ende ihrer Ausbildung ausgedrückt. Bleibt anzumerken, dass Selbsterfahrung aber nicht das Ziel einer Clownausbildung ist. Sie ist Teil des künstlerischen Prozesses, der den Spieler zum Clown werden lässt.

Demjenigen, der sich mitten in diesem Prozess befindet, mag der Weg manchmal verworren und unübersichtlich erscheinen. Wie ein Bergsteiger, der einen langen und abenteuerlichen Aufstieg unternimmt, kann er nur ab und zu den gesamten Weg sehen, der zu seinem Ziel führt. Hat er jedoch den Gipfel erreicht, kann er die Weitsicht genießen und mühelos die gesamte Wegstrecke überblicken. Manch ein Gipfelstürmer erkennt: „So verworren und unübersichtlich, wie mir der Aufstieg unterwegs erschien, war er gar nicht!"
Es gibt also keine geheimnisvollen Tricks, mit denen wir uns verstellen können. Der Trick ist es, sich nicht zu verstellen, ganz einfach und ehrlich zu sein und dies zum Ausgangspunkt des Spiels zu machen. „Du bist der Trick!" Clownspiel ist nicht die Kunst des Verstellens und des Versteckens. Clownspiel ist die Kunst der Enthüllung.

Wie sehr es im Clownspiel nicht ums Verkleiden, sondern um das „Entkleiden" im psychologischen Sinne geht, schlägt sich auch darin nieder, dass wir uns als Anfänger nicht mit Schminken und Kostümieren beschäftigen. Diese künstlerischen Aspekte werden wichtig, wenn wir das Markante des einzelnen Clowns enthüllt haben. Schminke und Kostüm unterstreichen dann die Besonderheiten, geben eine künstlerische Form und dienen, auch wenn es paradox erscheinen mag, der Demaskierung. Gleichzeitig sind Schminke und Kostüm wie die Verpackung eines Geschenkes zu verstehen. Erst wenn man ein Geschenk hat, kann man es angemessen verpacken. Schöne Hüllen können nur kurz über einen ansonsten mageren Inhalt hinwegtäuschen.

Schauen wir jetzt zu den aufschlussreichen Schwierigkeiten, denen wir bei der Etüde: „Namen authentisch präsentieren" begegnen.
Christian, alias Clown Spam, betritt die Bühne. Sein Blick ist gesenkt. Er öffnet unbeteiligt den Vorhang. Noch immer hat er keinen Blick für die Zuschauer, wirkt wie ein aufgezogener Roboter. In der Bühnenmitte bleibt er stehen. Plötzlich, als wäre er geweckt worden, schnellt sein Blick zu den Zuschauern. Militärisch ruft er: „Spam!" So plötzlich wie er vor den Zuschauern erwacht ist, verschwindet er wieder. „Kein Platz für Gefühle", deute ich unter anderem beim kurzen Feedback an.

Giesi, alias Clownin Mücke, kommt vorsichtig und introvertiert auf die Bühne. Sie hat beide Arme wie eine Zwangsjacke um sich gelegt. Zitternd und leise präsentiert sie ihren Namen: „Mücke!" Sie dreht sich und verlässt ohne weiteren Kontakt zu den Zuschauern die Bühne. „Stell' trotz deiner Ängstlichkeit mehr Kontakt zu den Zuschauern her!" rate ich ihr. „Mücke ist eine Clownin. Sie versteckt sich nicht, wenn sie Gefühle hat!"

Andreas, alias Clown Wichtig, stolpert als Letzter auf die Bühne, fällt und steht wieder auf. Jetzt steht er mit dem Gesicht zum Vorhang. Er dreht sich um und tut, als würde er die Zuschauer überraschend entdecken. Dann geht er scheinbar freudig auf sie zu. Hier bemerkt er die Skepsis des Publikums. Für Augenblicke ist er verunsichert und wirkt trotz seiner großen Statur klein. Vorsichtig versucht er seinen Namen zu sagen. „Wichtig!" Er spürt, dass die Zuschauer diese Schüchternheit mögen und wiederholt, weiterhin vorsichtig, aber nun mit einem zaghaften Strahlen im Gesicht „Wichtig?!" Die Zuschauer lächeln. Es scheint, als hätten sie sich mit Wichtig ausgesöhnt. Wichtig lächelt, strahlt, freut sich und geht beglückt ab.

„Andreas, deine Übung bestand aus zwei Teilen. Im ersten hast du uns eine Show vorgeführt. Dann hast du gespürt, dass die bei uns Zuschauern nicht ankam. Dadurch geschah der entscheidende Knacks. Im zweiten Teil warst du dann einfach und echt. Das hat uns gefallen. – Viele von uns gehen von der falschen Annahme aus, dass Clowns witzig sein wollen. Das stimmt nicht. Clowns wollen nicht witzig sein. Clowns wollen ernst genommen werden. Das ist wie bei kleinen Kindern. Auch sie wollen ernst genommen werden. Trotzdem schmunzeln wir über ihre Versuche sich seriös zu verhalten. Kleine Kinder wollen sich vergnügen, auch darin ähneln sie Clowns. Kleine Kinder verbergen ihre Gefühle

nicht, blasen sie manchmal sogar mächtig auf. Auch darin ähneln sie Clowns. – Andreas, hast du dich während der Übung wohl gefühlt?"
Andreas: „Erwischt! Stimmt. Im ersten Teil habe ich eigentlich nichts erlebt. Ich habe mich nicht wohl gefühlt. Das merke ich aber erst jetzt. Im zweiten Teil, als ich unsicher wurde und merkte, dass die Zuschauer mich doch mochten, fühlte ich mich beschämt, aber es war nicht unangenehm."

„Interessant. In jener Phase, in der Andreas sich wohl gefühlt hat, haben wir Zuschauer uns ebenfalls wohl gefühlt. In der Phase, in der er sich unwohl gefühlt hat, haben wir uns ebenso unwohl gefühlt. Der Wohlfühlfaktor ist ein Indikator, der uns anzeigt, dass das Spiel o.k. ist. Das Beste ist also, wir fühlen uns beim Clownspiel immer pudelwohl! Wenn ich an die zwölf kleinen Etüden zurückdenke, die wir gerade erlebt haben, so war das allerdings selten der Fall. Meist herrschte eine angespannte, etwas bedrückte Atmosphäre. Wir haben gespürt, dass die Natürlichkeit, die wir in Gruppenimprovisationen erlebt haben, beim Bühnenspiel verloren gehen kann. Dafür gibt es mehrere Gründe. Auf der Bühne wollen wir glänzen. Also schmieden wir einen Plan und legen fest was wir gleich tun und wie wir uns dabei fühlen werden. Die so fabrizierten Gefühle wirken jedoch unecht. Manche denken sich sogar kleine Gags aus. Wir haben aber erlebt, dass konstruierte Gags nicht zünden, aufgesetzt erscheinen, hohl und leblos wirken. Daher lassen wir zunächst die Finger von Gags. Damit können wir noch nicht umgehen. Ein weiterer Grund dafür, dass wir auf Gags und scheinbar witzige Einfälle zurückgreifen, resultiert daraus, dass wir es noch nicht aushalten pur, leer, nichts tuend auf der Bühne zu stehen. Ohne Handlung, ohne Gags hinter denen wir uns verstecken können, fühlen wir uns nackt und verletzlich. Als Clown haben wir jedoch die Aufgabe verletzlich zu sein.

Wir konnten auch erleben wie schwer es ist, zu sich selbst, nach innen zu spüren und gleichzeitig außen, bei den Zuschauern zu sein. Viele von euch haben nach innen gespürt, wirkten dabei jedoch merkwürdig abwesend. Wenn sie die Zuschauer angeguckt haben, haben sie wiederum den Kontakt zu sich verloren. Das zeigt wie anspruchsvoll es ist, was wir hier lernen. Wir müssen uns selbst spüren, realisieren was in uns abläuft und gleichzeitig einen offenen, sensiblen Kontakt zur Außenwelt, insbesondere den Zuschauern, halten. Jede Fähigkeit für sich genommen ist schwierig. Und wir sollen beide gleichzeitig ausführen!"
Giesi stöhnt: „Ist das schwer!"
„Keine Sorge. Die zweite Fahrstunde ist immer die Schwierigste. Gerade wenn man glaubt, man könne schon perfekt Autofahren, merkt man, was man noch nicht kann. Wir müssen in Fahrtrichtung gucken und gleichzeitig durch die Rückspiegel den Verkehr hinter uns im Blick be-

halten. Zusätzlich sollen wir lenken, schalten und vorschriftsmäßig den Blinker betätigen. Und doch lernen wir es, oft in weniger als 25 Stunden. Wir erwerben Fahrpraxis und bald können wir zeitgleich Autofahren, uns mit dem Beifahrer unterhalten, mit ihm streiten oder ihm einen Heiratsantrag machen."
Giesi: „Das macht mir Hoffung!"
„Als Fahrlehrer habe ich ein paar Tipps für euch. Tipp 1: Atmen! Die Atmung der Spieler war in der zurückliegenden Übung oftmals angespannt. Diese Spannung hat sich auf das Spiel und die Zuschauer übertragen. In der nächsten Übung geht es daher zunächst nur um die Atmung. Wir kommen auf die Bühne, atmen einmal, vielleicht auch zwei- oder dreimal in aller Öffentlichkeit ein und aus und gehen wieder. Während der gesamten Etüde halten wir Kontakt zu den Zuschauern."

Giesi, alias Clownin Mücke, betritt die Bühne. Ihr Mund ist geschlossen. Sie hält die Hände in den Hosentaschen. Mücke bleibt vor den Zuschauern stehen. Sie atmet dreimal ein und aus. Dann geht sie wieder. – Ich erinnere mich: In der Kaffeepause habe ich gesehen, wie Giesi lächeln kann, wie ihre Augen funkeln, wenn sie mit feinem Humor und stets in ihrer Mundart, unbefangen und natürlich schwätzen kann. Auf der Bühne dagegen wirkt sie unnahbar und künstlich. „Giesi du kannst mehr. Bitte wiederhole die Übung noch einmal. Tipp 2: Bring dich vor dem Auftritt außer Atem. 20 Kniebeugen, vielleicht ein paar Liegestützen, das kannst du selbst entscheiden. Wenn du dann außer Atem bist, setzt du die rote Nase auf und betrittst die Bühne. Viel Vergnügen!"

Wir hören wie Giesi sich hinter dem Vorhang außer Atem bringt. Dann ist es einen Augenblick still. Ein Sprung in die rote Nase. Jetzt ist sie Mücke. Sie betritt schnaufend die Bühne. Mückes Mund ist geöffnet. „Zuschauerkontakt!“ erinnere ich. Mücke schaut verlegen. Da! Für einen Moment ist es wieder da, jenes Lächeln, das ich in der Pause gesehen habe. In einem Gemisch aus Unsicherheit, Verlegenheit, Scham und Zögern nähert Mücke sich den Zuschauern. Ihre Atmung ist noch immer sehr belebt. „Giesi, genieß Mückes Unsicherheit!“ bestärke ich sie. Jetzt kommt der Augenblick, an dem Mücke öffentlich ein- und ausatmen soll. „Zuschauerkontakt halten!“ fordere ich. Mücke wird noch verlegener, schließlich rot und möchte so gerne weggucken. „Bleib bei uns. Jetzt bist du interessant!“ Sie atmet einmal tief ein und aus. „Mücke, bist du mutig? Traust du dich schon freihändig zu atmen?“ Mücke zuckt verunsichert mit den Schultern. Aber Giesi hat verstanden. Mücke nimmt langsam die Hände aus den Hosentaschen, weicht einen Schritt zurück, schafft es aber, den Blickkontakt zu halten. Schließlich hat sie ihre Hände ganz aus den Hosentaschen geholt und will zum öffentlichen und freihändigen Ein- und Ausatmen ansetzen. Sie stockt. Ein verlegenes Schmunzeln durchzieht ihr Gesicht. „Es geht nicht!“ Der Zauber des

Scheiterns entfaltet sich. Die Zuschauer sind berührt. Sie lächeln. „Tipp 3: Sprich in deinem Dialekt!“ „Esch geeht nischt!“ - „Wie bitte?“- „Esch geeht nischt!“ Das klingt einfach, echt und herzlich. Die Zuschauer lachen. „Isch kann so nisch vor all de Leut atme! Wirklisch nisch!“ Mücke dreht sich um und geht. Wer aufmerksam hinschaut wird bemerken, dass sich ihr Gang unmerklich verändert hat. Er besitzt nun einen Hauch von jener unbeschwerten Selbstverständlichkeit, die ein Clowngang haben kann.

„Tipp 4“, fügt Olav nach Giesi's Etüde an, „lass dich überraschen!“ „War das meine dritte Fahrstunde?“ fragt Giesi wieder auf Hochdeutsch. „Wir sind in einen Stau geraten und mussten überraschend eine Doppelstunde machen. – Glückwunsch. Du hast zwei psychische Schutzmechanismen aufgegeben, den geschlossenen Mund und die Hände in den Hosentaschen. Dadurch konntest du dich öffnen. Du wurdest sensibel, lebendig und clownesk.“
Giesi: „Die Sprache hat mir den Kick gegeben. Das ist meine eigentliche Sprache. So reden wir daheim. Es ist die Sprache meiner Kindheit. Im Hochdeutschen fühle ich mich eigentlich nicht wohl. Bin ich rot geworden?“
„Ja. Aber das musst du als Erfolg verbuchen. Du hast deine Schutzmechanismen abgelegt und bist verletzlich geworden. Damit hast du uns etwas von unserem Menschsein erzählt. Danke. Das interessiert uns Zuschauer. Das ist die Aufgabe des Clowns!“
Olav: „Mein Magen erzählt mir gerade auch etwas von meinem Menschsein.“
„Mittagspause!“

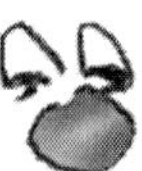

„Vor der Pause haben wir etwas über die Bedeutung der Atmung erfahren. Atmen wir aus, so können wir Gefühle freilassen. Stockt der Atem, so stocken die Gefühle und die Dynamik der Handlung wird unterbrochen. In diesem Sinn ist die Atmung als Motor der Gefühle zu verstehen. Die Zauberformel heißt „Loslassen". Das ist das Gegenteil von „Festhalten". Aber beim Spiel, insbesondere beim Vorspiel auf der Bühne, ist das nicht immer einfach. Die Bühnensituation ist eine Stresssituation. Wer hier seine Atmung fließen lassen kann, hat es leichter natürlich, lebendig, emotional, echt zu wirken. Clowntheater ist die Kunst öffentlich auszuatmen. Diesem Phänomen begegnen wir als Anfänger, aber auch als Fortgeschrittene und Profis wird es uns immer wieder beschäftigen.
Mit diesem Verständnis über die Bedeutung der Atmung können wir nun zur Namenspräsentationsübung zurückkehren. Erinnern wir uns: Diese

Etüde fiel uns unter anderem schwer, weil wir die Atmung noch nicht aktiv einsetzen konnten. Bevor wir die Übung gleich noch einmal machen, möchte ich zusätzlich daran erinnern: Keine Show! Kein Theater! Was geschehen will darf geschehen. Aber es muss nichts geschehen. Unser Verstand hat bei dieser Übung Pause. Unsere Fantasie braucht ebenfalls nichts zu tun. Wir müssen nichts vorführen. Wir müssen niemanden unterhalten. Wir müssen nicht originell sein. Wir brauchen nur da zu sein. Hurra, wir brauchen nichts zu können! Viel Vergnügen!"

Betrachten wir nun exemplarisch, wie es Anna mit dieser Übung ergeht. Anna, alias Clownin Zitronella, hat sich hinter der Bühne warm gemacht und ihre Atmung kräftig in Schwung gebracht. Sie betritt die Bühne, bleibt stehen. Sie wirkt vorsichtig, bedacht. In ihren Mundwinkeln deutet sich ein zartes Lächeln an. Der Blickkontakt zu den Zuschauern macht sie verlegen. Ihr Lächeln jedoch bleibt. Sie tritt zwei Schritte nach vorne – ein Anflug von Schüchternheit. Ihr Lächeln jedoch bleibt. Jetzt will sie ihren Namen sagen. Tief einatmen. Ausatmen. Lächeln. Lachen. Zitronella muss lachen. Sie bemüht sich ihren Namen zu sagen, doch das Lachen siegt. Noch einmal. Einatmen. Ausatmen. Und wieder – lachen. Auch der dritte Versuch misslingt. Zitronella will ihr Lachen unterdrücken. Es gelingt nicht. Ein wunderbarer Konflikt! Ich fordere: „Zitronella, jedesmal, wenn es dir nicht gelungen ist deinen Namen zu sagen und jedesmal, wenn es dir nicht gelungen ist das Lachen zu unterdrücken, musst du „Entschuldigung" sagen. Für Anna, Zitronellas Spielerin, füge ich hinzu: „Lass Zitronella scheitern!" Weiter geht es. Zitronella bemüht sich, das Lachen zu unterdrücken und stattdessen ihren Namen zu sagen. „Entschuldigung!" Je öfter sie es versucht, desto mehr verstärkt sich ihr Lachen. „Entschuldigung!" Ein Lachanfall. „Entschuldigung!" EIN LACHANFALL! Zitronella hat sich nicht mehr unter Kontrolle. Die Zuschauer lachen. „Entschuldigung!" Zitronella lacht weiter, die Zuschauer lachen weiter – ein kollektiver Lachanfall. Zitronella kann nicht aufhören, scheint gar unter dem eigenen Lachen zu leiden. Zitronella krümmt sich. „Entschuldigung!" Lachend verlässt sie die Bühne.

„Selten so gelacht!" meint Silvia. „Du hast mir fast schon Leid getan. Wunderbar. Es gab keinen Grund zum Lachen. Worüber hast du eigentlich gelacht?"
Anna: „Keine Ahnung. Das ist einfach so geschehen. Warum habt ihr denn gelacht?"
Susanne: „Keine Ahnung. Das ist einfach so geschehen."
Silvia: „Wir hatten einen Sportlehrer. Wenn der etwas erklärte, mussten wir ganz still sein. Und gerade dann mussten wir lachen. Ich bin einmal aus der Turnhalle geflogen, weil ich mein Lachen nicht unterdrücken konnte."

Anna: „So ähnlich war das eben auch. Aber warum ich genau gelacht habe, weiß ich wirklich nicht."
Julia: „Ja warum lachen wir eigentlich?"

An Julias Frage haben sich Philosophen, Psychologen, Zoologen, Ethnologen und Wissenschaftler anderer Disziplinen seit über 2000 Jahren abgearbeitet und unzählige Seiten beschrieben. Die meisten ihrer Gedanken sind kompliziert und unübersichtlich, so wie es immer ist, wenn man einen Sachverhalt noch nicht überblickt. Fest steht: Überall wird gelacht. Doch warum gelacht wird, lässt sich explizit nur unzureichend beschreiben. Lachen bleibt ein Mysterium. Ein Wunder. – In jüngster Zeit hat sich eine spezielle Lachwissenschaft, die Gelotologie gebildet. Die Gelotologen fassen in ihren Betrachtungen die Erkenntnisse traditioneller Wissenschaftsdisziplinen zusammen. Eine einfache Antwort im Sinne von „Menschen lachen weil ... „ kann jedoch auch die Gelotologie nicht formulieren. Sie beschreibt, dass Menschen nicht nur aus einer einzigen physischen oder psychischen Ursache, sondern aus unterschiedlichen Gründen lachen. Ein gemeinsamer Nenner ist (noch) nicht auszumachen. Vielleicht ist Lachen eine Kapriole der Evolution.

Zwei Gründe, warum Menschen lachen, sind für das Clowntheater relevant. Erstens: Menschen lachen in Gemeinschaft. Dieses „soziale Lachen" wird im Miteinander eingesetzt um sich friedlich zu zeigen und um Gemeinsamkeit herzustellen. Auch höhere Primaten verfügen über diese Fähigkeit. Gemeinsames Lachen im Zirkus, im Theater, im Kino entspannt. Auch der kollektive Lachanfall der Workshopgruppe kann zum Teil unter diesem Aspekt betrachtet werden.

Zweitens: Das „komische Lachen" ist die Reaktion auf die Wahrnehmung des Komischen. Mit anderen Worten: man lacht, weil etwas komisch ist. Aber wann und warum ist etwas komisch? Für die Analyse des komischen Lachens lassen sich wiederum zwei Aspekte herausarbeiten. Erstens: Lachen kann ein Ventil sein. Es befreit von aufgestautem Unbehagen oder von Angst. In jiddischen Witzen, die den Menschen halfen mit ihrer Ohnmacht gegenüber den Mächtigen fertig zu werden, wird dies besonders anschaulich. Dieser Erleichterungslust, wie sie uns die Psychoanalyse beschrieben hat, kommt als Aspekt des komischen Lachens eine Bedeutung zu. Der Clown kämpft und leidet. Der Zuschauer lacht. Eine Prise dieses Aspektes war auch im kollektiven Lachanfall der Workshopgruppe vorhanden, so wie wir ihn vorhin anlässlich Zitronellas „Entschuldigung!" erlebt haben.

Der zweite Aspekt, dem wir beim Versuch das Rätsel des komischen Lachens zu entschlüsseln begegnen, ist etwas komplexer, jedoch von besonderer Bedeutung. Wir lachen, wenn zwei Dinge nicht zusammenpassen. Wir lachen, wenn sich zwei subjektive Wirklichkeiten aneinander reiben, wenn sich eine Uneinheitlichkeit der Wirklichkeit offenbart.

Mr. Bean muss einen Lastwagen verfolgen. Das schlichte, einfache Fahrrad, auf dem er dem Lastwagen hinterher strampelt, ist viel zu langsam. Aussichtslos. Doch dann überholt ein Auto Mr. Bean. Er hält sich geistesgegenwärtig daran fest, beschleunigt, nimmt kräftig Schwung und überholt mit seinem schlichten Fahrrad ganz lässig eine Gruppe von Radrennfahrern auf ihren Highspeedbikes. Ein überraschender Kontrast. Komik. Zwei subjektive Wirklichkeiten reiben sich aneinander. Es passt einfach nicht, dass Rennfahrer von so einem Gefährt und Faktotum überholt werden. Wir lachen.

Dieser Aspekt des Komischen, das Nichtzusammenpassen von zwei Wirklichkeiten sowie der Kontrast der sich daraus ergibt, erweist sich in der Analyse des Komischen vielfach als gemeinsamer Nenner. Durchforsten Sie einmal ihre Lieblingswitze. In vielen werden Sie diesem Phänomen begegnen. Auch Annas wohlerzogenes „Entschuldigung", stand im krassen Kontrast zu der anarchischen Lust, die sie beim Lachen empfand.

Der Hosenschlitz des Stadtstreichers ist sperrangelweit geöffnet. Das passt zusammen. Nicht komisch. Kein Lachen. Der Festredner der Jahreshauptversammlung steht mit glattgebügelter Hose auf dem Podium. Der Schlitz seiner Hose ist versehentlich nicht korrekt geschlossen. Das passt nicht zusammen. Komisch. Heimliches, stilles Lachen. Die gleiche Situation auf einer Bühne: Es wird gespielt, wie ein Festredner zu einer pathetischen Rede ansetzt. Da wird deutlich, er hat den Schlitz seiner Hose nicht ordnungsgemäß zugemacht. Viel komischer! Lachen. – Komik braucht einen Rahmen, in dem sie ihre Wirkung entfalten kann.

Wo ein Clown auftritt, ist der komische Rahmen automatisch gegeben. Sein Erscheinungsbild vermeldet: Es darf gelacht werden. Sein Äußeres, sein Handeln, allein seine Existenz, sind gleichzeitig der lebendige Widerspruch zur zivilisiert-rational geprägten Welt. Der so offenbarte Kontrast erzeugt Reibung, Spannung, Komik. Der Clown ist der personifizierte Verweis auf die Uneinheitlichkeit der Wirklichkeit.

Wenn man sich dem Thema Lachen intellektuell nähert, gelangt man automatisch in philosophische, psychologische, anthropologische Debatten. Vom Studium der Gelotologie ist jedoch noch niemand Clown geworden. Deswegen antworte ich der Workshopgruppe auf die Frage: „Ja warum lachen wir eigentlich?" in verkürzter Form.

„Sicher ist nur, Lachen ist gesund. Das haben Wissenschaftler anhand von biochemischen Untersuchungen bereits nachweisen können. Ich begreife Lachen als Geschenk der Natur, das die meisten Menschen gerne annehmen. Schön, dass wir lachen können. Stellt euch eine Welt ohne Lachen vor und schon wisst ihr, wie wichtig es ist. Lachen ist eine emotionale Reaktion. Lachen macht das Leben angenehmer und leichter. Im Lachen bauen sich Spannungen ab. So war es auch bei Anna. Ihr Auftritt hat sie gestresst. Sie war angespannt, wankte zwischen Freude und Leid. Beide Pole haben sich aneinander gerieben. Die Spannung steigerte sich, auch weil Annas Atmung fließen konnte. Schließlich hat sich all das wie in einem Gewitter entladen."

„Dann habe ich nicht zugelassen, dass es donnert!" Olav bringt seinen kleinen Auftritt in Erinnerung. Auch er hatte, als er seinen Namen sagen wollte, einen Impuls zum Lachen, konnte ihn aber nicht zulassen. „Ich glaube, ich habe mein Lachen abgewürgt" berichtet er.
„Stimmt. Deine Mundwinkel haben sich immer wieder nach oben gezogen. Das war ein Zeichen dafür, dass du lachen wolltest. Deswegen habe ich dich auch aufgefordert sie oben zu behalten."
Olav: „Und das habe ich nicht gemacht."
„Du konntest es nicht."
Olav: „Ich kann das. Aber in der Situation konnte ich es nicht. Ich habe es mir verboten. Blöd. Aber ich glaube so ist es. Verboten. Etwas hat mir gesagt, mach das nicht. Vielleicht hatte ich Angst mich zu entblössen oder sonst was."
Silvia: „Und ab dem Augenblick warst du kein Clown mehr. Entschuldigung, Olav, davor warst du wunderbar. Danach nicht mehr. Das Leichte war weg. Du hast plötzlich gegrübelt. Man sieht wenn ein Clown denkt. Das stört. Die meisten haben bei dieser Übung gedacht. Ich habe auch gedacht. Schrecklich. Ich habe immer daran gedacht, wie ich wohl gerade wirke. Schrecklich. – Eine Frage: wie stellt man das Denken beim Spielen ab?"

„Das ist eine äußerst vielschichtige Frage. Ich kann sie am zweiten Unterrichtstag nur teilweise beantworten. Es gibt keinen Knopf mit dem wir das Denken ausstellen können. Leider. Wir müssen das Denken zähmen. Es ist gut, dass es dich schon heute stört. Wann immer das Denken dich behindert, kannst du es fortan identifizieren. Auch ein wildes Tier muss beobachtet werden, bevor es gezähmt werden kann. Und es braucht Geduld. Morgen werden wir weitere Hinweise erhalten, wie wir die Denkerei besänftigen und bändigen können. Bis dahin. Ich wünsche euch einen schönen Feierabend!"
Draußen schillert die Frühlingssonne. Angeblich hat die erste Eisdiele wieder geöffnet. Julia macht den Vorschlag sich dort „zum Schwatz bei Eis und Milchkaffee" zu treffen. „Und Glühwein!" ergänzt Andreas. „Ich

komme nach!" ruft Felix den anderen zu. Felix hat noch ein Problem. Lächelnd aber mit gerunzelter Stirn, steht er vor mir und erinnert mich an den Rechtsanwalt, der er nicht werden wollte.

„Ich habe noch zwei Fragen", beginnt er sein Gespräch. „Die eine Frage bezieht sich auf die Bühnenpraxis des Profis. Ein Proficlown spielt doch stets das Gleiche, nehme ich mal an, also weiß er doch ganz genau was er spielt. Ich nehme auch an, dass der Proficlown nicht ohne Plan auf die Bühne gehen wird, jedenfalls bis auf Ausnahmen. Anders kann ich mir das nicht vorstellen. Auch der Kunde will ja wissen, welches Programm er sich einkauft."
„Dann stell mir auch gleich deine zweite Frage!"
Felix: „Ja, eigentlich wollte ich lernen, solche Pläne für die Komik zu machen. Und nun bin ich in einem Kurs für Clownimprovisation gelandet. Ich zweifele, ob ich den richtigen Workshop belegt habe."
„Komm, wir setzen uns. – Du hast Recht. Der Clown tritt mit einer fertigen Handlung auf. Die Choreografie ist ausgearbeitet, der Text ist ausgefeilt, die Handlung ist mit einer emotionalen Partitur unterlegt und das alles wird von einer klar ausgearbeiteten Clownfigur getragen. An all dem hat der Clownspieler in der Regel sehr lange gearbeitet, sodass er sich Abend für Abend auf die Qualität seines Spiels verlassen kann. Soweit bist du aber noch nicht. Du möchtest möglichst schnell möglichst viele Tricks erlernen. Es gibt aber nur einen Trick, der dich erfolgreich machen kann. Du bist der Trick! Um deine Spielerpersönlichkeit zu entdecken, zu fördern und auszubauen braucht es Zeit. In einem Crashkurs kann man kein Instrument erlernen. Zunächst müssen die Grundlagen des Spielens erfahren und vermittelt werden. Vergleichen wir einmal das Erlernen des Clownspiels mit dem Erlernen eines Musikinstruments. Ich zeige dir, wie du deine Geige halten musst, wie du sie stimmen musst, wie du erste Töne erklingen lassen kannst, wie du erste Melodiebögen spielen kannst. Vielleicht wirst du zum Abschluss des Workshops ein kleines Lied spielen. Bis zum großen Solokonzert ist es aber noch hin."
Felix nickt, ich verspüre jedoch gleichzeitig einen leichten Widerwillen, dem diese Zustimmung unterliegt. „Danke!" Er hat keine weiteren Fragen, erhebt sich, greift seine Laptoptasche und verabschiedet sich mit einem überstürzten „bis dann!"

Vor der Eisdiele stehen tatsächlich schon Tische. Die Teilnehmer des Workshops, vermummt mit Schal und Mütze, genießen ihr erstes Eis im Freien. Felix ist nicht dabei.

3

Achtung Glatteis

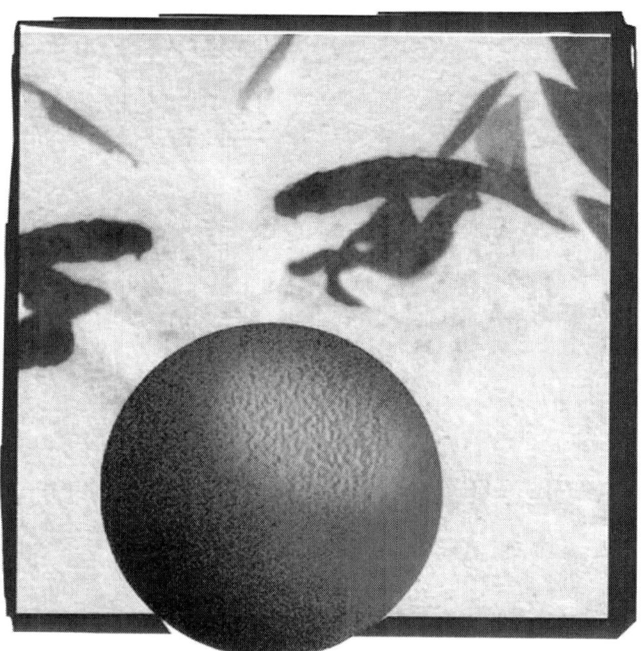

3 ACHTUNG GLATTEIS

„Anfangen!“ Andreas ist putzmunter. Wir stehen zu zweit im Unterrichtsraum.

„Anfangen!“ ruft Andreas erneut den anderen im Umkleidebereich zu. Andreas erstaunt mich. Hinter seiner runden Brille wirkte er zunächst wie Harry Potter vor seinem ersten Rendezvous. „Anfangen! Es ist bereits eine Minute über!“ Jetzt entpuppt er sich als gutgelaunter Provokateur.

Er fragt mich: „Hast du ein Mittel gegen Muskelkater?“

„Bewegung!“ „Und wer muss sich bewegen?“ „Immer derjenige, der Muskelkater hat!“

„Habe ich Muskelkater gehört?“ Giesi fasst sich demonstrativ an ihre Schultern.

„Muskelkater? Oh, meine Beine!“ Auch Julia hat Muskelkater.

„Meine Füße, mein Bauch, meine Arme - alles!“ toppt Silvia.

„Sag, dass du auch Muskelkater hast!“ will Giesi von Olav hören.

„Ich habe keinen Muskelkater.“

„Doch Olav, du hast Muskelkater!“

„Na gut, ein wenig. Im Bauch.“

„Das kommt vom Lachen! Da hilft nur eins: Bewegung! Lachen, lachen, lachen!“ Giesi kitzelt Olav aus. Olav schmunzelt, Giesi lacht.

„Und - ist er jetzt weg?“ Christian hat auch etwas zum Thema Muskelkater anzumerken. Er fährt jedes Jahr in den Skiurlaub und berichtet: „Kenn ich. Am dritten Tag gibt es die meisten Unfälle. Sportmediziner raten am dritten Tag zu einer Pause.“

„Und was raten Clownmediziner für den dritten Tag?“ will Silvia wissen.

„Wir wissen nicht, was Clownmediziner werdenden Clowns raten. Aber ich empfehle „Anfangen!“ parodiert Andreas einen alten Werbespot.

„Vielleicht haben Clowns am dritten Tag ebenfalls eine Krise?“ fährt Silvia fort.

„Unsere Krise hatten wir gestern!“ statuiert Susanne.

Andreas hat durchgezählt. „Elf! Zwei fehlen noch. Felix und sein Laptop!“ merkt er keck an.

Niemand hat Felix gesehen.

Giesi erinnert sich: „Hat Felix nicht heute einen Auftritt exakt 285 km von hier?“

„Den hat er für Freitag angekündigt. Wir fangen an! Sprung und ausgiebig durchrekeln!“

Clowntheater ist Körpertheater. Folglich gehört ein clownspezifisches Körpertraining zum täglichen Programm. Clowntheater ist Emotionstheater. Folglich gehören Atmung, Stimme und Emotionen in ihrer zirkulären Kausalität ebenfalls zum täglichen Übungsprogramm. Der Clownspieler muss, wie jeder Schauspieler, innere Vorstellungsbilder entwickeln und glaubhaft nach außen tragen. Deswegen begegnen wir im täglichen Basistraining Imaginationsübungen.

Unser heutiges warm-up haben wir wieder mit einer ausgiebigen Rekelei begonnen. Unserem Körper ist das Rekeln bestens bekannt. Jedes Mal wenn wir erwachen, rekeln wir uns intuitiv. Als Clowns wollen wir besonders wach sein. Folglich rekeln wir uns besonders gründlich. Wir schicken das Rekeln durch alle Körperpartien. Aber Achtung! Wir rekeln uns nicht wie ein Soldat der pflichtgemäß den Befehl „wach rekeln!" ausführt. Wir rekeln uns wohlig, intensiv, als Liebhaber des eigenen Körpers. Wir sind sensibel und verständnisvoll. Später werden wir erleben, dass Clowns sich selbst lieben. Später, wenn wir als Clowns handeln, werden wir erleben, dass wir mit ganzer Aufmerksamkeit bei unserem Tun und Handeln sind. Clowns handeln intensiv. Clowns tun ganz. Hier im Training werden die Wurzeln des Clownseins erfahren und geübt.

Die darauf aufbauenden Übungen des heutigen Trainings wecken Körper und Geist. Schütteln, Dehnen, Strecken und ein anschließendes Hüpfen bringen die Atmung in Wallung. Jetzt kann man sie besonders intensiv wahrnehmen. Es folgt eine meditative Phase, die von der stetig ruhiger werdenden Atmung geprägt ist. Wir stehen aufrecht. Der Körper ist wohl gespannt. Die geistige Aufmerksamkeit wird in der Wahrnehmung der Atmung gebündelt. Aus dieser Konzentration lassen sich innere Vorstellungsbilder entwickeln. „Stellt euch vor, es ist Sommer. Ihr steht am Strand!" Unsere sinnliche Fantasie imaginiert Sonne, Wind, salzige Luft. Wir spüren den heißen Sand unter den nackten Fußsohlen. „Lasst die Bewegungsimpulse zu!" Spitze Steine pieken. Dann sind wir endlich im Wasser. Ganz schön kühl. Wir werden übermütig, spritzen uns mit Meerwasser gegenseitig nass. - Lebensfreude gehört zur Grundausstattung des Clowns. - Wir gehen in die Strandbar. Fruchtige Cocktails munden, insbesondere wenn man geschwitzt hat. Wie angenehm beschwingt wir uns fühlen. Alkohol! Alles wirkt so leicht. Keine Macht den Gedanken. Alle Macht dem Gefühl. Wir fühlen uns so beschwingt. Zeit zum Singen. Jeder singt sein Lieblingslied. Clowns lieben Musik. Clowns singen laut und gern. Clowns singen herzhaft. Christian singt das Kinderlied: „Auf der Mauer auf der Lauer, sitzt 'ne kleine Wanze!" Christian singt es anderen vor. Beifall. Es gefällt. Noch mal! Christian dirigiert und alle singen mit. „Auf der Mauer ...!"

„10 Minuten Pause! Fenster öffnen und lüften!"

Draußen steht Felix. „Guten Morgen. Entschuldigung!" ruft er mir aus dem Hof entgegen. „Ich habe verschlafen!" Felix war, wie er mir versichert, nur fünf Minuten zu spät. Die Eingangstür war schon verschlossen und er wollte mit seinem Klingeln das warm-up nicht stören. Während der kurzen Pause erzählt mir Felix von der letzten Nacht. „Ich bin auch Sciencefiction-Autor! Ich habe die Nacht vor meinem Laptop verbracht." Dann erfahre ich, dass bereits zwei seiner fantastischen Geschichten unter Pseudonym erschienen sind. „Was machen wir heute?“

Ich illustriere die nächste Übung. „Gestern sind wir noch allein auf die Bühne gegangen. Heute gehen wir zu zweit auf die Bühne. Wir bringen einen besonderen Freund mit. Erinnert euch an eure Kinderzeit. Vielleicht hattet ihr eine Puppe oder einen Teddy als besten Freund. Vielleicht war es auch ein Bär, ein Nilpferd oder ein anderes Kuscheltier. Eurem besten Freund konntet ihr alles anvertrauen. Er hat euch immer zugehört. An diese Idee knüpft die nächste Übung an. Bevor wir auf die Bühne gehen nehmen wir uns einen Gegenstand. Hier im Raum finden wir z.B. Kissen, Tücher und Decken. Einer dieser Gegenstände wird euer bester Freund sein. Wenn ihr gleich mit diesem Freund auf die Bühne kommt, teilt ihr ihm alles mit, was ihr erlebt. Das wird oft banal, scheinbar belanglos und bedeutungslos sein. Ein Beispiel: Stellen wir uns vor, ihr habt einen Schuh als besten Freund gewählt. Vielleicht habt ihr ihn „Sohle“ genannt. Nun steht ihr auf der Bühne und spürt gerade, wie eure Augen blinzeln. Dann könnt ihr sagen: „Sohle, meine Augen blinzeln!“ Vielleicht blinzeln sie danach nicht mehr. Dann könnt ihr sagen: „Sohle, meine Augen blinzeln nicht mehr!“ Teilt Sohle alles mit, was ihr hört, riecht, seht, spürt oder schmeckt; insbesondere auch was ihr fühlt. Sohle will alles wissen. Denkt euch aber nichts aus. Sohle ist nur an Tatsachen interessiert. Und: Kümmert euch nicht darum, ob die Zuschauer alles verstehen, was ihr Sohle mitteilt. Schließlich ist es ja ein intimes Gespräch.“

Diese Übung führt abermals ins Zentrum clownesker Spieltechnik. Wieder geht es nicht um Fantasie und Show. Wir suchen die Einfachheit des Clowns. Erleben pur. Die Spieler erfahren, wie leicht das Spielen ist, wenn es einfach, banal, emotional, eben unintellektuell gestaltet wird und darüber hinaus die persönlichen Schutzmechanismen überwunden werden. Verfolgen wir zunächst, wie Susanne die Etüde mit Bravour absolviert.

Susanne wählt ein kuscheliges, rotes Samttuch als Lieblingsgegenstand. Sie geht hinter den Bühnenvorhang, hüpft einige Male und setzt ihre Clownsnase auf. Jetzt ist sie „Suse“. Suse greift ihr Tuch und drückt es fest an sich. Sie atmet tief ein.
„Komm Tuch. Jetzt müssen wir. Ich habe etwas Angst. Wo geht es denn hier raus? Ah, guck Tuch, da ist der Schlitz. Ich traue mich gar nicht ihn aufzumachen. Da sind die Leute. Horch mal, Tuch! Ich glaube, die haben uns beide schon bemerkt. Komm jetzt!“

Susanne hat alles richtig gemacht. Das Tuch hat einen Namen, es heißt Tuch. Suse plappert unkontrolliert los und teilt Tuch gleich etwas von ihrem Gefühlsleben „Ich habe etwas Angst“ mit. Susanne hat Suse schon im Off lebendig werden lassen. Sie muss ihr Spiel nicht mühsam auf der Bühne aufbauen, ist vom ersten Augenblick an die lebendige Clownin Suse.

Suse öffnet vorsichtig den Vorhang.
„Da, guck! Wie die gucken! Die machen mir Angst! Du Tuch, ich habe Schweiß auf der Stirn! Spür' mal!“
Suse führt das Tuch zur Stirn.
„Danke, dass du den Schweiß abgewischt hast. Ich habe immer Schweiß auf der Stirn, wenn ich aufgeregt bin.“
Suse steht einen Augenblick nichts tuend da, atmet tief ein und aus. Ihr Blick fällt zu den Zuschauern. Sie hält ihr Tuch mit beiden Händen fest und drückt es schließlich fest an sich. Da bemerkt sie: „Oh! Mein Herz klopft! Es klopft ganz doll. Du, ich höre mein Herz in der Hose klopfen, nein - oh - ich bin so aufgeregt, dass ich mich schon verspreche, es klopft nicht in der Hose, es klopft im Ohr, nein, da auch nicht! Aber ich höre es. Ich schwitze immer noch. Komisch. Ich tue gar nichts und trotzdem schwitze ich überall. Ja wirklich - überall!“
Suse lacht.
„Ich schwitze sogar am Po!“
Suse lacht noch mehr.
Susannes Spielfreude bricht durch. Ohne Zurückhaltung öffnet sich Suse den Zuschauern und ruft ihnen freudestrahlend entgegen:
„Ich schwitze am Po!“
Wir lachen.

Wir Zuschauer erleben das Auf und Ab von Suses Emotionen, fühlen, wie sie zwischen Freud und Leid hin- und hergeworfen wird. Wir mögen ihre Einfachheit und Emotionalität. Suse ist echt, positiv und humorvoll. Deswegen lachen wir über sie.
Schauen wir einmal ins Detail. Suse entglitt ein interessanter Versprecher: „Oh! Mein Herz klopft! Es klopft ganz doll. Du, ich höre mein Herz in der Hose klopfen, nein - oh - ich bin so aufgeregt, dass ich mich schon verspreche ...“ Wir können darüber spekulieren, wie es zu diesem Versprecher und zu der anschließenden Kaskade fröhlich kognitiven Durcheinanders gekommen ist. Vielleicht wollte Suse Tuch mitteilen, dass sie ihr Herz hört, dachte aber gleichzeitig: „Mir rutscht das Herz gleich in die Hose!“ Schon war aus der Kollision beider Inhalte ein Versprecher geboren. „Du ich höre mein Herz in der Hose klopfen!“ Trotz dieses Versprechers nahm Suse sich nicht zusammen und stolperte fröhlich in den nächsten Versprecher. Suse war unkontrolliert. Suse versteckte sich

nicht. Suse ließ sich gehen und amüsierte sich, so wie Clowns es gerne tun, am Ende in aller Öffentlichkeit. „Ich schwitze sogar am Po!" Clowntheater ist die Kunst sich öffentlich zu vergnügen.

In diesem kleinen Beispiel wird deutlich, wie aus dem authentischen Erleben und Präsentieren ein komischer Augenblick entsteht. Nicht ein vorher erdachter Gag oder ein witziges Wortspiel ist es, was die Zuschauer berührt. Es ist die unmittelbar dem Spiel zur Verfügung gestellte Emotionalität, die, genährt durch den Humor des Spielers, das Clownsein entstehen lässt. Aus konventioneller Sicht gesehen, hat Suse versagt. Sie hat sich mehrmals versprochen. Sie hat sich daneben benommen. Es ist in unserer Kultur nicht üblich, andere darauf aufmerksam zu machen, an welch intimen Stellen man schwitzt. Das Clownspiel jedoch braucht diese charmanten Entgleisungen. Folglich muss der Spieler seinem Clown diese gestatten und ermöglichen, ihn in alle Fettnäpfchen treten lassen.

Dies ist jedoch einfacher erkannt als getan. Als Lebewesen sind wir immerfort darauf eingestellt Körper, Geist und Psyche zu schützen. Dies hat die Natur gut eingerichtet. Versagen die Schutzmechanismen, droht Leid. Die Integrität des Lebewesens ist in Gefahr. Hinsichtlich der künstlerischen Kreation komischer Augenblicke ergeben sich aus dieser vorzüglichen Einrichtung jedoch Schwierigkeiten. Für den Clown müssen etliche Schutzmechanismen gelockert oder aufgehoben werden. Der Clown darf vor Entgleisungen nicht gewarnt und geschützt werden. Der Clown muss ungeahnt und fröhlich in Fettnäpfchen aller Art treten. Daraus folgt: Der Clown darf von seinem Spieler nicht vor Scheitern und Blamagen jeglicher Art geschützt werden.

Konstruieren wir zur Illustration ein simples Beispiel: Wir gehen durch eine Straße. Es ist sehr windig. Ein Dachziegel fliegt geradewegs auf unseren Kopf zu. Wir springen zur Seite. Wir haben uns erfolgreich geschützt. Stellen wir uns diese Szene jedoch in einem Slapstickfilm vor, so ahnen wir, dass der Zuschauer enttäuscht sein wird. Er will sich amüsieren und wartet auf Missgeschicke und Leid aller Art. Er will, dass der Dachziegel auf dem Kopf landet. Gut, das kann er haben. Wir haben aber noch was Besseres für den Zuschauer. Was ist, wenn der Spaziergänger im allerletzten Augenblick das von oben nahende Unglück erkennt, einen großen Sprung zur Seite macht und schwups ... mit blankgeputzten Schuhen in einer Wasserpfütze landet? - Der Clown darf von seinem Spieler scheinbar geschützt werden, um dadurch in ein anderes, vielleicht noch größeres Malheur zu geraten.

Das verlangt dem Clownspieler einiges ab. Komische Momente wollen nicht vermieden werden. Komische Momente wollen unbemerkt und gezielt herbeigeführt werden. Der Clownspieler muss die stete Bereitschaft haben, seinen Clown aufs Glatteis zu führen. Dort soll er ums Gleichgewicht ringen, schlittern, ausrutschen und stolpern, schließlich als Dummer dastehen. Clowntheater ist die Kunst sich öffentlich zu blamieren. Wer am Rande der Eisfläche steht, sich festhält und beteuert: „Nein! Ich gehe nicht aufs Eis, das ist viel zu glatt!“ wird niemals die Chance bekommen hinzufallen. Aber genau das erwarten die Zuschauer. Sie wollen erleben, wie sich der Clown in schwierigen Situationen verhält, unbeholfen wird, durcheinandergerät, den Überblick verliert und nach einem überraschenden Sturz auf spiegelglatter Fläche ein dummes Gesicht zieht.

In Susannes Etüde, von der wir für unsere Überlegungen ausgegangen sind, fallen keine Ziegelsteine, es gibt keine Wasserpfützen und kein Glatteis. Die Mechanismen des Selbstschutzes finden sich jedoch bis in die Poren unseres Verhaltens. Als Susanne bemerkte, dass sie als Suse durcheinander gerät, hätte sie sich schützen können. Sie hätte sinngemäß sagen können: „Halt mal, vor euch mach ich mich doch nicht zum Affen. Ich werde mich doch hier nicht blamieren. Einen Moment mal bitte!“ Dann hätte sie in aller Ruhe überlegen können, was sie eigentlich sagen will. Durch diese Notbremse hätte sie ihren Versprecher vermieden. Die kleine Blamage wäre abgewendet gewesen. Das Clownspiel jedoch wäre durch diese Blockade augenblicklich erstickt.

Es braucht also einen Spieler, der in Anbetracht der bevorstehende Missgeschicke, Blamagen und Entgleisungen nicht die Bremse zieht. Es gilt: Bremse lösen und Gas geben! Bitte kein Fettnäpfchen auslassen!

Doch kein Grund zur Panik! Die Dualität zwischen Spieler und Spielfigur schafft eine erfrischende Freiheit. Dem Clownspieler passiert bei diesen Abenteuern nichts. Es ist der Clown, dem all das widerfährt. Die Clownfigur leidet und muss in jedem Fettnäpfchen ein Vollbad nehmen. Der Spieler, der die Figur durch alle diese Situationen führt, hat seinen ausgiebigen Spaß. Es gilt die Schauspielregel: Die Figur stirbt, der Spieler geht feiern.

Ein häufig gemachter Fehler: Clowns dürfen sich nicht vornehmen in Fettnäpfchen zu treten. Clowns dürfen sich nicht vornehmen witzig zu sein. Clowns wollen nicht komisch sein! Aber sie wirken so. Ein Widerspruch? Nein. Clowns wollen seriös wirken. Clowns wollen alles richtig machen und stolpern ungeschickt durch Situationen, in denen sie vieles falsch machen. Das ist komisch. Clowns die witzig sein wollen, sind albern. Suse wollte nicht komisch sein. Suse ist gescheitert. Das machte sie komisch.

Der Clown nimmt sich das Unheil nicht vor, das er anrichtet. „Meine Damen und Herren, willkommen in meiner Bäckerei! Ich werde für sie einen Kuchen backen! Dazu brauche ich Mehl, noch mehr Zucker, alle Eier und ganz viel Schokolade! Ich zeige ihnen zunächst, wie man ein Ei richtig aufschlägt!“ ... Das Schicksal nimmt seinen Lauf und der Clown, der es anrichtet, ist am meisten davon überrascht. Bald steht er in einer Mehlwolke, rutscht aus und landet mit dem Gesicht in der Rührschüssel. Diese kleine Handlung kann höchst komisch wirken, wenn das Chaos dem Clown unbeabsichtigt widerfährt. Diese kleine Handlung kann höchst albern wirken, wenn der Clown das Chaos mutwillig anrichtet.

Ernsthafte Handlungsmotive sind ein guter Schutz gegen Albernheit. Stan und Olli arbeiten als tüchtige Klaviertransporteure, versuchen Versicherungen zu verkaufen oder eröffnen ein Fachgeschäft für Elektroartikel. Bei diesen seriösen Vorhaben geht etliches zu Bruch. Unbeabsichtigt! Beide nehmen sich nicht vor: Heute liefern wir mal ein Klavier und damit es witzig ist, machen wir dabei viel kaputt. Stan und Olli wollen stets alles richtig machen. Dann nimmt das Schicksal seinen Lauf.

„Der Clown darf nicht willentlich komisch sein. Wir Clownspieler lassen die Komik zu. Und damit das wiederum geschehen kann, üben wir „ganz einfach sein“. Dabei richten wir unsere Aufmerksamkeit auf alle die inneren und äußeren Eindrücke, die wir erleben. Wir sagen, was wir gerade riechen, hören, schmecken, sehen, spüren, fühlen oder tun. Wir vertrauen darauf, dass so das Spiel entsteht. Susanne hat uns als Erste gezeigt, wie das geschehen kann. Nach der Pause haben alle die Gelegenheit, mit einem Freund auf die Bühne zu gehen.“

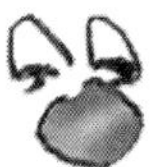

„Während der Mittagspause haben einige über Susannes kleinen Auftritt gesprochen. Ich habe gehört, dass sich manche von euch nun unter Leistungsdruck fühlen. Stress brauchen wir aber nicht. Wir brauchen Ehrgeiz. Und wir brauchen die Erlaubnis, jede Improvisation auf unsere ganz eigene Art zu machen. Eine Improvisation ist immer ein Abenteuer. Niemand weiß, wie es ausgehen wird. Vieles kann daneben gehen. Vieles darf daneben gehen. Lasst uns für alle Fehler dankbar sein. Anhand von ihnen können wir die Spieltechniken des Clowns begreifen!“

Christian steht als Clown Hasso mit „Krustel“, einem lädierten Teddy, auf der Bühne. Christian macht den klassischen Fehler, als Clown kreativ und fantasievoll sein zu wollen. So steuert er am „Hier und Jetzt“, an den Tatsachen des Augenblicks völlig vorbei. Schauen wir auf einen

charakteristischen Augenblick dieser Improvisation.
Hasso: „So Krustel, jetzt stehen wir auf der Bühne!“ (er hält Krustel in Richtung Scheinwerfer). Da Krustel, ein Stern! (er tut, als würde Krustel ihn etwas fragen, dabei aber zu leise sprechen, deswegen hält er Krustel nun an sein Ohr.) Was ein Stern ist? Ein Stern ist etwas, das in der Nacht funkelt. Wie? Ja es ist Nacht! Was sagst du? Du hast nachts Angst?!“

Christian hat auf das Klischee eines Bauchredners und seiner Puppe zurückgegriffen. Er hält sich an dieser Idee fest. Er erfindet Dinge und flüchtet damit aus der Realität. Vielleicht traut er dem Erleben des „Hier und Jetzt“ noch nicht genügend künstlerische Wirkungskraft zu. Vielleicht hält er es noch nicht aus, plan- und aufgabenlos auf der Bühne zu stehen und nur aus dem gegenwärtigen Erleben heraus Clown zu sein. Er hat noch nicht erfahren, dass es gut tut, von Augenblick zu Augenblick durchs Clownsein zu stolpern. Hätte er als Hasso gesagt: „Da ist ein Scheinwerfer, der erinnert mich an einen Stern!“ so wäre er bei den Tatsachen geblieben. Noch clownesker wäre es gewesen, wenn Christian seine Ängstlichkeit und Unsicherheit bezüglich der Bühnensituation bewusst wahrgenommen und dies Erleben Hasso zur Verfügung gestellt hätte. Vielleicht hätte Hasso dann gesagt: „Du Krustel. Ich sehe den Scheinwerfer. Er leuchtet uns an. Ganz hell. Der leuchtet extra auf uns. Alle können uns sehen. Alle gucken. Unheimlich. Wir stehen hier und alle glotzen. Ein bisschen Angst habe ich schon. Sogar ganz viel. Liebe Zuschauer, wir haben Angst. Also ich habe Angst. Krustel hat keine Angst. Du Krustel, ich muss jetzt irgendetwas machen. Ich halte es sonst hier nicht aus. Ich möchte etwas Originelles erfinden, damit mich alle toll finden und nicht merken, dass ich so unsicher bin ...“ Über einen derartig plastischen Einblick in die Mysterien psychischen Geschehens, gewürzt mit Humor, hätten sich die Zuschauer amüsiert.

Um so einfach und ehrlich spielen zu können, braucht der Spieler die Fähigkeit zur Selbstwahrnehmung. Was höre ich? Was sehe ich? Was rieche ich? Was schmecke ich? Was spüre ich? Was fühle ich? Zusammengefasst: Was erlebe ich? Und: Was möchte ich deswegen tun? Was theoretisch so einfach erscheint, ist in der Praxis jedoch schwierig. Die Fähigkeit zur Selbstwahrnehmung will geübt werden. Im morgendlichen Training sowie etlichen Clownübungen ist Gelegenheit dazu. Manchmal gerät das Clownspiel dabei in die Nähe zur Psychotherapie. Das Ziel bleibt aber immer die Vertiefung der künstlerischen Technik.

Wie aus Selbstwahrnehmung Clownspiel wird, verdeutlichen die nächsten beiden Spielausschnitte. Hier wird nichts erfunden. Das Spiel baut auf dem tatsächlichen Erleben auf.

Tim, alias Clown Karajan, steht mit Blume, einer schon leicht vertrockneten Rose auf der Bühne. Karajan: „Du, Blume. Ich stehe hier und mache nichts. Gar nichts! Außer gucken. Ich gucke zu den Zuschauern. Sonst nichts. Da! Eben hat mein Fuß gewippt! Schon wieder. Blume! Schon wieder hat mein Fuß gewippt! Peinlich. Der soll nicht so nervös sein. Der soll aufhören. Wenn der wippt kann jeder sehen, wie aufgeregt ich bin. Peinlich. Fuß, hör' auf zu wippen! So, Blume. Jetzt gibt er Ruhe. Ich habe ihm gesagt, dass ich das nicht will. Oh nein! Schon wieder! Immer muss der blöde Fuß wippen!"

Kirstie, alias Pizza, zu Kisso, einem alten Sofakissen: „Kisso, ich habe schon wieder geatmet. Ich atme die ganze Zeit. Immerzu. Und ich halte dich ganz fest. Du bist so weich. Oh, mein Magen hat geknurrt. Kisso, mein Magen hat geknurrt! Ich habe Hunger. Horch mal. (sie hält Kisso an den Bauch, wartet auf das nächste Knurren). Jetzt knurrt er nicht mehr. Wenn er knurren soll, knurrt er nicht. Dann atme ich eben wieder. Weißt du Kisso, ich finde hier geschieht überhaupt nichts Interessantes. (ihr Magen knurrt wieder). Er hat schon wieder geknurrt!"

Bereits gestern haben wir festgestellt, dass unser Verstand zumeist mitspielen will. Er stört jedoch und es gelingt uns nur schwer ihn abzuschalten. Im folgenden Beispiel begegnen wir diesem Problem erneut. Oliver, alias Clown Olivio, steht mit Balle, einem prall aufgeblasenen Luftballon auf der Bühne. Olivio hält Balle zwischen den Fingerkuppen beider Hände. Olivio ist angespannt, wirkt wie ein Prüfling vor einer unlösbaren Mathematikaufgabe. Olivio fühlt sich unwohl und wirkt blockiert. Er schweigt. Deswegen greife ich in seine Improvisation ein.
„Olivio, ab jetzt hast du es gut. Du braucht nicht mehr überlegen, was du zu Balle sagen willst. Ich mache das für dich. Ich spreche dir vor, was du zu Balle sagen sollst. Sag' ihm als erstes: Dieter bestimmt jetzt, was ich zu dir sage!"
Olivio: „O.K.! Balle, Dieter bestimmt jetzt, was ich zu dir sage!"
„Sag ihm: Olivio fühlt sich unwohl!"
Olivio: „Dieter sagt, Olivio fühlt sich unwohl!"
„Sag Balle: Olivio ist sauer!"
Olivio: „Olivio ist sauer!"
„Sag Balle, warum du sauer bist!"
Olivio: „Weil nichts klappt!"
„Warum klappt nichts?"
Olivio: „Warum! warum? Weil nichts klappt!"
„Sag Balle, warum nichts klappt!"
Olivio: „Weil mir nichts einfällt!"
„Und warum fällt dir nichts ein?"
Olivio: „Ich weiß nicht. Es fällt mir einfach nichts ein, ich denke und denke und es fällt mir nichts ein!"

„Was tust du?“
Olivio: „Ich denke und denke aber es fällt mir nichts ein!“
„Sag das noch einmal!“
Olivio: „Ich denke und denke aber es fällt mir nichts ein. Verflucht! Blödes Denken!“ (Olivers wütendes Gesicht und die rote Clownnase bilden das erste Mal eine Synthese. Für einen Augenblick wird Olivers Clowngesicht sichtbar.)
„Und - denkst du gerne?“
Olivio: „Ja. Nein. Nein. Es nervt!“
„Was möchtest du tun?“
Olivio: „Nicht mehr denken!“
„Dann tu' das!“
Olivio: „Das geht nicht!“
„Was willst Du also tun?“
Olivio: „Ich weiß es nicht?“
„Doch, du weißt es!“
Olivio: „Blöder Kopf! Hör endlich auf zu denken! (haut sich plötzlich auf den Kopf) Aufhören! (er haut noch einmal) Aua! (weinerlich) Ich habe mir wehgetan! Blöder Kopf! (haut sich erneut) Aua! Blöder Kopf! (haut sich erneut) Aua! (realisiert, dass Balle dabei heruntergefallen ist und nun vor seinen Füßen liegt) Komm her! Du sollst herkommen. (tritt zu, ein lauter Knall) Balle ist kaputt! (hebt die Überreste auf) So kapuuuutt!“ ...

Oliver konnte die Hilfsangebote annehmen. Wir haben gemeinsam gegen seinen mächtigen Verstand gekämpft und dabei einen simplen Trick angewendet. Olivios Aufmerksamkeit wurde auf das gelenkt, was er die ganze Zeit tat: Denken. Und da der Charakter der Übung daraus besteht, alles zu sagen, was man gerade tut und erlebt, konnte Olivio sagen: „Ich denke und denke, aber es fällt mir nichts ein. Verflucht! Blödes Denken!“ Das Spiel wurde in das „Hier und Jetzt“ transportiert. Die Werte waren vertauscht. Denken wurde zum Makel. Das Clownspiel konnte beginnen.

Der Verstand ist nicht der große Helfer des Clownspiels. Er will sein Bestes tun und meint, mit Besonnenheit und Weitblick der Garant für erfolgreiches Handeln zu sein. Also beschließt er: „Ich entscheide und bestimme was gemacht wird!“ Dabei blockiert er triviale Aussagen, weil er sie für künstlerisch nicht wertvoll hält und lenkt den Clownspieler von einem wesentlichen Teil seines künstlerischen Vermögens ab, nämlich ein fühlendes, spürendes, mit allen Sinnen und Empfindungen wahrnehmendes, körperliches Lebewesen zu sein.

„Lieber Verstand! Bitte nimm all dein Können zusammen. Sieh ein, dass du vom Clownspiel noch keine Ahnung hast. Respektiere bitte, dass das Clownspiel immer wieder auf Banalitäten aufbaut. Es ist das Klügste, wenn du den Hauptquellen des Clownspiels, der sinnlichen Wahrnehmung, den Emotionen, dem Körper, dem Humor und dem Vergnügen den Vortritt lässt. Danke, das ist sehr klug von dir!“

Wenn angehende Clowns erfahren, wie sie beim Spielen durchs Denken behindert werden, beginnt ein Kampf. Der Verstand begreift zwar, dass er für das Clownspiel in den Hintergrund treten muss, kann gleichzeitig aber nur schwer von seiner Gewohnheit ablassen. Manchmal gerät er gar in Panik, führt sich auf, als dürfe er nie mehr denken und tut als sei die Person, für die er denkt, in größter Gefahr.

„Lieber Verstand! Wir möchten lediglich, dass du in den Hintergrund trittst. Wir schließen dich nicht aus. Du darfst beim Clownspiel als stiller und passiver Zuschauer dabei sein. Nur Mitspielen ist nicht angesagt! Später brauchen wir dich wieder. Halte dich bereit. Merke dir die spieltechnischen Regeln, damit du sie bei Bedarf, aus dem Hintergrund, wie ein Souffleur reinflüstern kannst!“

Nachdem wir über Olivers Improvisation gesprochen haben, hat Christian noch eine Frage auf dem Herzen: „Kann ich die Übung noch einmal machen? Ich habe vorhin noch nicht verstanden, worum es geht. Und ich habe mich über mich geärgert, weil ich so dicht war. Du hast gesagt, wenn man sich beim Spielen wohl fühlt ist man ein Clown. Ich habe mich überhaupt nicht wohl gefühlt.“
„Was möchtest du anders machen?“
„Ich will riskieren, dass keiner lacht. Es soll sich ergeben, was geschieht. Nichts planen, nichts ausdenken. Am besten gar nicht denken. Nur spüren und fühlen. Und ich brauche einen anderen Freund. Ich habe meinen MP3-Player dabei! Mit dem mache ich zuhause das Gleiche. Ich spreche alle meine Ideen drauf!“
„Hat er schon einen Namen?“
„Samsung!“
Christian geht hinter den Vorhang und bereitet sich auf die kleine Etüde als Clown Hasso mit seinem Freund Samsung vor. Sein mutiger Neuversuch wird vorab mit einem spontanen Beifall der anderen Teilnehmer belohnt.
„Siehst du Samsung, da sind wir. Ich war vorhin schon hier. Mit Krustel. Den habe ich angelogen. Ich habe ihm erzählt, dass da ein Stern ist. Dabei ist das ein Scheinwerfer. War alles ausgedacht. Jetzt wird nichts ausgedacht. Jetzt wird nur gespürt. Komm wir spüren. Gar nicht so einfach. Wenn man plötzlich spüren soll. Erst mal durchatmen. Atmen ist wichtig. Total. Siehst du, jetzt tritt es ein, wir sind nicht witzig. Gar nicht. Na gut. Sind wir eben nicht witzig. Sind wir eben langweilig. Die Scheinwerfer blenden. Der eine Scheinwerfer ist heller als die anderen. Be-

stimmt 200 Watt mehr. Oder die anderen sind älter."
Hasso redet wie ein Wasserfall. Ich fordere ihn auf: „Hasso, rede schneller!"
Hasso legt los wie ein Rennwagen, der endlich zeigen kann, wie viel PS in ihm stecken. Hasso berichtet, was er alles sieht, stellt zugleich Überlegungen an, aus welchen Materialien wohl die Vorhänge gefertigt sind, überlegt ob sie gegen Feuer imprägniert sind und hält nebenbei ein kurzes Referat über Brandgefahren im Theater.
Ich bitte Hasso: „Super! Erzähl genau so weiter und mach dabei alle 20 Sekunden einen Knicks!"
Hasso erzählt weiter über Hakendübel und Seilspannvorrichtungen, sowie deren elektrische Leitfähigkeit. Aber es gelingt ihm nur zweimal, dabei einen Knicks zu machen.

Auf Christians Improvisation folgt ein interessantes Auswertungsgespräch.
Silvia: „Warum hast du nur zweimal einen Knicks gemacht?"
Christian: „Das mochte ich nicht."
Silvia: „Die zwei Knickse waren das Beste! Du sahst so zum Schießen aus!"
Christian: „Ja, aber ich mach mich doch nicht zum Affen!"
Silvia: „Aber ich denke, dafür sind wir hier!"

Christian will wissen, warum er immer schneller reden sollte.
„Weil du das gut kannst. Damit konntest du an dein Talent anknüpfen. Du hast wie ein Wasserfall geredet. Super! Und du hast dabei Spaß gehabt. Ich hätte dich auch auffordern können, mehr im Hier und Jetzt zu sein und dir mehr Raum für die authentische Wahrnehmung zu nehmen. Das fällt dir aber im Augenblick noch schwer. Ich vermute, dieser Teil der Arbeit ist für dich absolutes Neuland. Also war ich nicht hartnäckig. Vielleicht hättest du sonst wieder eine stockende Improvisation erlebt, ähnlich einem Auto das nicht anspringen kann. Also habe ich dich in dem unterstützt, was du gut kannst. In diesem Sinne hat sich das Auto als Rennwagen erwiesen. Es hat sich etwas anderes ergeben, als geplant. So ist das bei Experimenten. Eine Clownübung hat immer etwas von einem Versuch. Columbus wollte den Seeweg nach Indien entdecken und hat Amerika entdeckt. Ein Mönch wollte künstliches Gold herstellen, hat aber das Schwarzpulver erfunden. Du wolltest deine sinnliche Wahrnehmung einsetzen, hast uns aber mit deiner ausgeprägten Erzähl- und Assoziationskraft beeindruckt. Es wäre schade, wenn wir diese interessanten zufälligen Ergebnisse eines Experimentes übergehen würden. Ich kann mit vorstellen, dass du mit diesem Redetalent ein guter Vielschwätzerclown sein könntest. Aber auch in anderen komischen Rollen, etwa einem schrillen Verkäufer oder einem verrückten Professor könnte

dein Talent zum Tragen kommen. Trotzdem Vorsicht! Das Ergebnis dieses Experiments ist nur ein vorläufiges Ergebnis. Es gibt noch viel zu entdecken. Brich die Suche nach neuen Ausdrucksmitteln nicht ab. Bleib neugierig. Entwickele auch deine sinnlichen Fähigkeiten weiter!"

Zum Abschluss hat Kirstie eine Frage: „O.K. Clowns sollen ganz einfach sein. Meistens wird es dadurch auch witzig, das habe ich heute gesehen. Aber warum dürfen Clowns auf der Bühne nicht fantasieren und herumspinnen. Heute Morgen, beim Warmmachen, da haben wir das doch auch gemacht, da haben wir uns doch auch verstellt. Wir waren am Meer. Wir haben Cocktails geschlürft und waren beim Boxkampf. Da durften wir das alles."
„Das warm-up unterscheidet sich von den Bühnenübungen. Morgens machen wir uns warm, physisch und psychisch. Danach nutzen wir das Training, um unsere darstellerischen Grenzen zu verschieben. Manchmal übertreiben wir dabei und blasen uns gewaltig auf. Als Jugendlicher habe ich Handball gespielt. Manchmal haben wir mit einem Medizinball trainiert. Danach wirkte der eigentliche Ball wie ein federleichtes Wurfgeschoss. Im Clowntraining ist es ähnlich. Wir sind mächtig laut, gemein, wütend, aggressiv, hässlich, geil, fürchten uns mächtig, sind überschwänglich, drehen ab und suchen oftmals die Nähe zum Verrücktsein. So ein Clowntraining ist ein Vollbad in der Fülle all unserer menschlichen Gefühls- und Verhaltensmöglichkeiten."
Kirstie: „Stimmt. Ich bin richtig mitgerissen worden. Aber wie ist das nun mit der Fantasie der Clowns?"
„Clowns haben sehr viel Fantasie. Aber es ist ihre spezielle Clownfantasie. Wir müssen uns davor hüten, Fantasie als ein intellektuelles Produkt zu betrachten. Die Fantasie der Clowns entspringt ihrer Unvoreingenommenheit und ihrer anarchistischen Freiheit."
Kirstie: „Als Kind habe ich einmal Popov gesehen. Da hat er ein Picknick in der Sonne gemacht. Der Scheinwerfer war die Sonne. Am Ende hat er das Licht des Scheinwerfers in einer Tasche eingefangen. Das war eine seiner berühmtesten Nummern. Wie findest du so was?"
„Eine schöne, poetische Clownnummer. Als die Szene noch frisch war, hat sie mich sehr berührt."
Kirstie: „Dann bin ich ja beruhigt. Ich dachte schon, so etwas machen wir hier nicht. So verspielt wie Popov möchte ich einmal spielen können."
„Aber Popov ist Popov. Du bist Kirstie und heißt als Clownin Pizza. Über Pizza wollen wir noch vieles erfahren. Nicht über Popov. Wir wollen aus dir keinen kleinen Popov, sondern eine große Pizza machen!"
Giesi: „Lecker! Jetzt weiß ich, was es gleich zum Essen gibt. Una grande Pizza Kirstie per favore!"
„Eine gute Idee. In diesem Sinne „Bon apetito, bis morgen um 9.00 Uhr!"

Julia: „Bello! Bellissimo!"
Andreas: „Andiamo! Ciao!"
Giesi: „Ciao, ciao!"
Olav: „Bella Ciao!"

4

Oh Wunder!

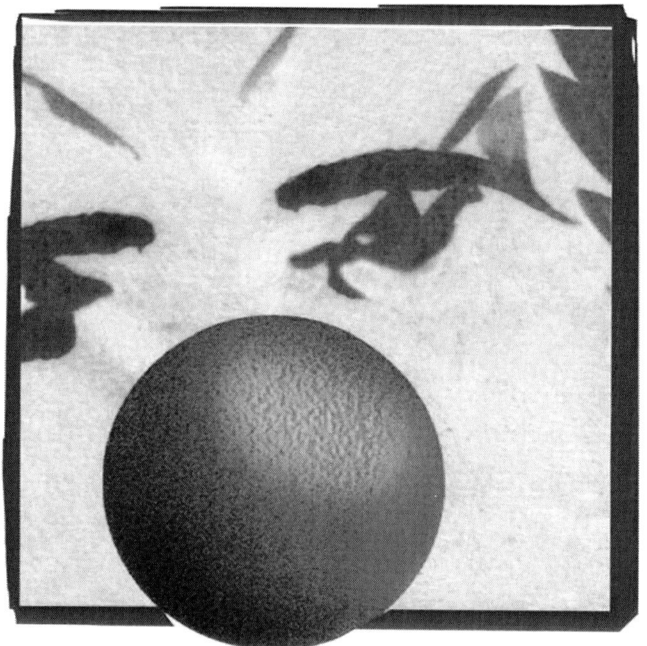

4 OH WUNDER!

„Guten Morgen!" „Bon giorno!" „Buenos dias" „Moin, moin!"
Wir stehen im Kreis und warten. Andreas zählt. „Alle da! Alle pünktlich! Nur Oliver und Christian ziehen sich noch um!"
Wir warten. Schließlich schaut Oliver durch die Tür: „Hat jemand meine schwarze Trainingshose gesehen?" Achselzucken. Oliver verschwindet wieder. Wir warten. Christian schaut durch die Tür, auch er vermisst seine schwarze Trainingshose: „Hat die jemand gesehen?" Achselzucken. „Schau doch mal in der Dusche! Da habe ich meine gestern auch gefunden!" Christian verschwindet wieder. Wir warten und wundern uns, warum sowohl Olivers als auch Christians Hose verschwunden sind. „Ich habe sie!" hören wir Christian aus dem Foyer. Er erscheint in schwarzer Trainingshose. Oliver kommt ebenfalls. Er präsentiert sich in einer knappen, äußerst hautengen schwarzen Trainingshose. Es ist offensichtlich, dies ist nicht seine Hose. Sein Blick führt zu Christian und bleibt an dessen Hose haften. Christian erschrickt: „Oh! Die Hose kam mir gleich etwas weit vor! Entschuldigung!" Beifall. Die typengleichen Hosen der Größen XL und M werden getauscht.
Erneuter Beifall. Wir können beginnen.

Sprung in die Arbeit. Wir überreden Körper und Geist wach zu werden. Rekeln, Dehnen, Schütteln - mit ein paar Hüpfern wird unsere Atmung geweckt. Mit Klopf- und Massageübungen, wie sie einst schon Pfarrer Kneipp zum Wohlfühlen verordnet hat, wird unsere Muskulatur erwärmt. Der Körper erwacht. Der Geist rekelt sich. Gleich wird er seine Augen aufschlagen.

Welche Bedeutung eine wache, aufmerksame Wahrnehmung für das Clownspiel hat, haben wir bereits erfahren. Die Regel: „Erst wahrnehmen, fühlen und spüren, dann spielen", wird im Verlauf des Clownwerdens zur Selbstverständlichkeit. Im folgenden Übungskanon werden die Grundlagen der Wahrnehmung vertiefend erforscht.

„Wir schließen die Augen. Am ersten Tag haben wir die Welt bereits mit geschlossenen Augen erforscht. Heute nehmen wir uns noch mehr Zeit dafür. Wir erforschen einen Sinn nach dem anderen. - Unsere Hände beginnen. Unsere Handflächen, insbesondere unsere Fingerkuppen verfügen über ausgeprägte Spür-, Fühl- oder Tastmöglichkeiten. Lasst eure neugierigen Hände die Welt erkunden. Vielleicht machen sie als Erstes einen tastenden Ausflug über die Oberflächenlandschaft eures T-Shirts, eurer Hose, erreichen die abenteuerliche Landschaft eurer Füße und gelangen so auf die unendliche Weite des Fußbodens. Könnt ihr die zart wechselnden Temperaturschwankungen wahrnehmen? Welchen Eindruck macht die neu entdeckte Oberfläche auf eure empfindsamen Handflächen? Ist sie weich, hart oder rau? Vielleicht begegnet ihr unerwarteten Überraschungen. Vielleicht begegnet ihr einem Krümel. Jede Erhebung, jedes Tal ist ein Wunder. Die neugierigen Hände mögen nicht innehalten. Sie setzen ihre Reise durch diese abenteuerliche Welt immer fort."

24 neugierige Hände befinden sich auf Forschungsreise. Unser Übungsraum ist voller Wunder. Selten haben wir ihnen in unserem Bewusstsein so viel Raum gegeben, wie in dieser einfachen Wahrnehmungsübung. Der Tastsinn erweist sich als interessanter Stellvertreter für die sonst mit der Orientierung betrauten Augen.

Nach einer Weile lenke ich die Aufmerksamkeit auf die Wahrnehmung der Nase. „Jetzt kommen wir in die Welt der Riechwunder. Unsere Nase übernimmt die Neugier der Hände und wird nach und nach unterschiedlichen Gerüchen begegnen."

Die Fenstervorhänge sind frisch gewaschen und riechen anders als der große Bühnenvorhang. Doch auch dieser riecht nicht überall gleich. An einer Stelle riecht er tatsächlich nach Banane. Ein Wunder! Die Wand riecht nach kühlem Beton, ganz anders als der warme Holzfußboden. Die Gerüche der Lebewesen die sich in diesem Raum bewegen sind höchst verschieden. Viele Wunder!

Entwicklungsgeschichtlich gesehen gehört der Geruchssinn zu den ältesten Sinnen des Menschen. Viele Gerüche sind mit intensiven Gefühlen gekoppelt. Riechen ist ein unmittelbares Tor in die Welt der Gefühle und daher für den Clownspieler von besonderem Interesse.

„Wir bleiben achtsam. Wir bleiben neugierig. Horcht! Die Welt der Töne ist voller Wunder!" Man kann still sitzen und von dort den vielfältigen Tönen im Raum lauschen. Auch die Geräusche hinter den Geräuschen sind interessant. Einige Teilnehmer nähern sich den Schallquellen. Es macht Vergnügen eigene Töne zu erzeugen. Ein Karton ist nicht nur ein Karton, ein Karton ist auch ein vorzügliches Musikinstrument. Es knirscht, klappert, knallt, und kracht. Ein Raum, prall gefüllt mit Klängen. Draußen hupt ein Auto.

„Weiter geht es in die Welt des Lichts. Behutsam, langsam, vorsichtig. Ein Auge öffnet sich einen winzigen Spalt. Ein Hauch von Licht dringt ein. Schemenhaft erscheinen Dinge. Wunder. Schaut sie an. Betrachtet sie von nah, fern, oben und unten!"

Unsere visuelle Wahrnehmung steht gewöhnlich im Vordergrund. Sehend erkennen und begreifen wir die Welt. Aus dem Riechmenschen ist im Verlauf der Evolution ein Sehmensch geworden. Das Sehen hat von allen sinnlichen Wahrnehmungen die unmittelbarste Verbindung zum Intellekt. Also Vorsicht! Wenn wir die Augen allzu weit öffnen, ist der Charakter der Übung gefährdet. Wunder können nicht mit dem Intellekt erfasst werden.

Die Forscher, die sich hier vorsichtig durch den Raum bewegen, erinnern in ihren skurrilen Körperhaltungen an Biologen, die ganz nah an ihre Objekte heran kriechen, um sie selbstvergessen und mit großer Sorgfalt von allen Seiten zu begutachten.

„Wir nehmen Abschied von der Welt der Sehwunder. Augen schließen! In der Mitte des Raumes findet ihr Dinge, die eure Geschmacksnerven erregen werden!"

Nachdem die Teilnehmer das Tablett mit Würfelzucker, Rosinen, Gummibärchen, Salzstangen, Chips, bitteren Mandeln und Brausepulver entdeckt haben, entsteht ein munteres Experimentieren mit unterschiedlichen Geschmackseindrücken. Einige lieben das Mixen von Geschmäkkern. Manche entdecken das Vergnügen andere zu füttern oder gefüttert zu werden. - Eine konzentrierte Wahrnehmungsübung endet in einem Picknick clownesker Art.

Hören wir in das anschließende Gespräch hinein:
Andreas: „Jetzt weiß ich, Salzstangen heißen Salzstangen, weil es Stangen mit Salz daran sind! Durst! Ich habe Wein, Bier und Cocktails vermisst!"
Giesi: „Eigentlich müssten Salzstangen Krachstangen heißen. Sie machen einen Riesenkrach beim Knabbern!"
Olav: „Man müsste ein Dunkelrestaurant erfinden, wo man sich ganz auf den Geschmack konzentrieren kann!"
Tim: „Besser ein Riechrestaurant!"
Olav: „Vom Riechen werde ich nicht satt!"
Silvia: „Man riecht doch sehr deutlich, dass dies ein Arbeitsraum ist. Vielleicht sollte ich die Riechübung besser auf einer Frühlingswiese machen!"
Tim: „Ich fand selbst den Schweiß interessant. Manchmal musste ich mich echt zusammennehmen, damit ich die Augen nicht aufmache, um zu sehen, an wem ich gerade schnuppere!"
Christian: „Einmal habe ich gedacht, jetzt gucke ich wie ein Frosch, jetzt sehe ich genau so viel wie er."

Julia: „Beim Fühlen war es schön leise. Die Wand hat tausend kleine Pickel und jeder ist anders. Wie eine Mondlandschaft!“
Susanne: „Ich mache das manchmal von alleine. Im Bus zum Beispiel, da schließe ich die Augen und horche. Oder im Fahrstuhl. Augen zu und nur spüren wie er hochfährt - runterfahren ist noch besser!“

Aus Eindruck wird Ausdruck. Darstellende Künstler müssen ihre Wahrnehmungsfähigkeit erkunden und trainieren. Die oben skizzierte Übung ist ein erster Schritt dazu. In der folgenden Gruppenimprovisation sollen die neuen Erfahrungen spielerisch eingesetzt werden.

„In unserer nächsten Übung werden wir noch mehr Wunder erleben. Wir setzen die rote Nase auf. Eino, zweio, dreio ... zehno! Jawohl! Jetzt machen wir eine Reise durchs Weltall. Unsere Reise führt zu einem fernen Planeten. Damit bei der Abreise kein Clown verloren geht, stellen wir uns eng zusammen. Jawohl. Willkommen an Bord. Wir bitten Sie die Augen während unseres kurzen Hyperspeedspacefluges zu schließen. Vielen Dank. Wir sind bereits erfolgreich gestartet und befinden uns auf dem Weg zu einem unentdeckten Planeten am Rande der Galaxis. Maximales Tempo. Achtung, Ankunft in 30 Sekunden. Achtung, Ankunft in 15 Sekunden. Ankunft in 10 Sekunden. 5,4,3,2,1. Landung erfolgt. Wir bitten Sie die Augen vorsichtig wieder zu öffnen und wünschen Ihnen einen schönen Aufenthalt auf diesem wundervollen Planeten!“

Während des Fluges habe ich diverse Gegenstände im Studio verteilt. De facto befinden wir uns immer noch im Übungsraum. Mittels der Weltraumgeschichte gilt jedoch die Vereinbarung, dass wir gerade auf einem phantastischen Planeten gelandet sind. Wir machen uns auf und erkunden vorsichtig die neue Welt. Merkwürdige Dinge gibt es hier. Wozu wohl dieser Gegenstand gut ist? Zwei Beine, nein: vier Beine. Er ist beweglich. Rums! Jetzt ist er umgefallen. Da, etwas Braunes. Vorsicht! Es ist kein Tier. Aber ganz weich. Flauschig. Zart. Riecht aber muffig. Bäh! Nur weg damit. Oh, dieses kleine Teil leuchtet. Nein, es spiegelt. Schön. Es glitzert sogar ein wenig. Aber es ist kalt. Mal in den Mund nehmen. Schmeckt nicht. Ist nur kalt. Trotzdem, es gefällt. Ab damit in die Hosentasche. Hey, das schwarze Teil bewegt sich. So groß! Unheimlich. Riesig! Weg von diesem Ungeheuer. Erstaunlich. Hier ist der Boden angenehm weich. Man kann sich wunderbar darauf legen. Von unten sieht alles ganz anders aus. Hey, da funkelt etwas. ...

Für Erwachsene kann diese simple Spielaufgabe höchst anspruchsvoll sein. Erwachsene sind sachlich und rational. Sie kennen fast alles. Ihre Welt kennt kaum Wunder, ist gar entzaubert. Bisweilen sind sie von der ganzen Welt gelangweilt. Die Welt der Kinder ist voller Wunder. Sie begegnen Dingen und Erscheinungen zum ersten Mal. Alles will bestaunt und begriffen werden. Die Welt ist ein Spielplatz für Abenteuer aller Art.

Wundern gehört zu den grundlegenden Tätigkeiten des Clowns. In der nüchternen, versachlichten Welt des 21. Jahrhunderts ist er derjenige, der noch Staunen kann. Seine Art, der Welt zu begegnen, kann die Zuschauer verzaubern. Clowntheater ist Poesie ohne Worte. Clowntheater ist die Kunst, sich öffentlich zu wundern. Einer der Stars des Zirkus Roncalli war Clown Pic, mit seiner poetischen Seifenblasennummer. Nüchtern betrachtet spielte ein pierrotähnlicher Clown mit überdimensionalen Seifenblasen. Faktisch waren die Zuschauer begeistert. Pic rollte in einer Sternenkugel in die Manege. Im Schein blau funkelnden Lichts begann er mit schillernden Seifenblasen zu spielen. Zunächst kleine, dann immer größere, schließlich die allergrößten Seifenblasen, die man je gesehen hat. Pics Art, das Wunder der Seifenblasen zu entdecken, damit zu spielen, sich verzaubern zu lassen, verzauberte auch sein Publikum. - Diese Art, das Leben, die Welt als Wunder anzunehmen, müssen Erwachsene sich zurückerobern.

Nach unserem Ausflug auf den „wundervollen“ Planeten, tauschen wir die Erlebnisse und Erfahrungen aus, die wir als Clowns in jener fremden Welt gemacht haben.
Susanne: „Das war für mich, als wenn ich eine besondere Brille aufhatte. Diese Brille hat mich alles anders sehen lassen. Natürlich wusste ich, dies ist ein Stuhl, dies ist ein Löffel, dies ist eine Plastikplane. Aber ich wusste es gleichzeitig nicht. Ich habe die Dinge neu gesehen, neue Details an ihnen entdeckt. Im Kunststudium sind wir mal mit unterschiedlichen Brillen im botanischen Garten gewesen, das war sehr ähnlich.“
Felix: „Was hältst du von folgender Idee. Ein Außerirdischer, in weißem Overall, vielleicht mit Antennen auf dem Kopf, landet auf einer Hochzeitsfeier. Er geht herum, versucht zu verstehen, trinkt, probiert und überreicht dem Brautpaar schließlich ein Geschenk. Vielleicht einen glitzernden Karton. Weiter bin ich noch nicht. Jedenfalls kann ich mir das als Grundidee für einen Walkact vorstellen. So eine Nummer benötige ich noch.“
„Eine gute Idee. Aus der Sicht eines Außerirdischen lässt es sich überall vorzüglich wundern. Wir waren mit einer Clowngruppe einmal beim Bürgermeister eingeladen. Sechzehn Clowns landeten in seinem repräsentativen Dienstzimmer. Ein attraktives Reiseziel für Clowns. Eine abenteuerliche Welt. Ihr könnt euch vorstellen, was für ungewöhnliche Gegenstände es dort gibt. Schade, dass er die Musikinstrumente, die auf seinem Schreibtisch standen, selbst benötigt hat. Auch sein Stempelkissen hätten wir gerne als Andenken mitgenommen. Der Herr Oberbürger trug die auf seinem Planeten übliche Schutzkleidung. Und ein Glückspilz war er auch. Vor seinem Schreibtisch stand ein Karussell mit Rädern

unten dran. Seine drei Frauen hatten wohl noch nie Besuch von einem fremden Planeten. Jedenfalls guckten sie ganz scheu. Der Herr Oberbürger aber hat sich sehr über unseren Besuch gefreut! Dann wollte er einmal so aussehen wie wir. Deswegen haben wir ihm eine rote Nase geschenkt und die hat er sich dann gleich für das Abschiedsfoto aufgesetzt."
Felix: „Du meinst, dann kann ich als Außerirdischer noch mehr spielen?"
„Theoretisch ja. Aber ein Walkact sollte in der Praxis reifen. Beginn ganz klein und probiere Schritt für Schritt aus, wie man diese Nummer ausbauen kann. Sei erst einmal zurückhaltend und vorsichtig. Nur beobachten und gucken. Keine Show. Nur Clownsein. Weniger ist schwer, jedoch viel mehr!"
Felix: „Vielleicht probiere ich es morgen einmal aus!"
„Viel Glück. - Mittagspause!"
Andreas: „Ein Wunder!"
Christian: „Ich muss euch unbedingt einen kurzen Film zeigen. Kann ich das zum Ende der Pause machen?"
Andreas: „Noch ein Wunder. Was gibt es denn so Dringendes?"
Christian: „Überraschung! Ein Stummfilm!"

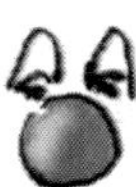

Am Ende der Mittagspause sitzen wir zusammen und schauen Stan Laurel und Oliver Hardy zu, wie sie aus dem Gefängnis ausbrechen. Auf der Flucht müssen sie in aller Eile die Sträflingskleidung gegen ihre Anzüge wechseln. Doch siehe da, irgendetwas mit den Hosen stimmt nicht. Oliver's Hose ist viel zu eng, Stan's Hose viel zu weit. Wir lachen. Diese Situation erinnert uns an die Verwechslungskomödie, die wir von Christian und „unserem" Oliver am heutigen Morgen erlebt haben.
„Christian, hast du das gewusst, als du die falsche Hose angezogen hast? – Nein, Zufall! Aber dann fiel mir dieser Film ein." - „Ihr beide habt echt ein bisschen Ähnlichkeit mit Dick und Doof!" – „Sollen wir das als Kompliment auffassen?" - „Als Kompliment!" – „Sind das nun Clowns?" – „Das sind keine echten Clowns!" – „Doch!" – „Jedenfalls keine Zirkusclowns!" – „Auch keine Bühnenclowns!" – „Filmclowns!" – „O.K. Filmclowns!" – „Ich fand aber nicht alles witzig. Manches war auch langatmig!" – „Vielleicht müsste man die Höhepunkte herausschneiden!" – „Aber die beiden ergänzen sich gut!" – „Von denen können wir echt viel lernen!" – „Und was?" – „Zum Beispiel, dass man sich gut ergänzen muss."

„Jetzt knüpfen wir noch einmal an die Übung des gestrigen Tages an. Erinnert euch: Ein Clown kommt mit seinem Freund auf die Bühne und erzählt ihm, was er erlebt. Jetzt kommt eine zusätzliche Komponente hinzu. Wir öffnen das intime Verhältnis der beiden. Alles was wir unserem Freund anvertrauen, erzählen wir gleich noch einmal den Zuschauern. Alles wird zweimal gesagt. Dafür verwenden wir die Redewendung: „Meine Damen und Herren!“ Ein Beispiel: Kisso, ein Schmusekissen, ist euer Freund. Ihr steht auf der Bühne und sagt: „Kisso, jetzt stehen wir hier!“ Für die Zuschauer, fügt ihr hinzu „Meine Damen und Herren, jetzt stehen wir hier!“ Bleibt, ich wiederhole mich, einfach.“

Was auf den ersten Blick wie eine einfache Ergänzung erscheint, entfaltet in der Praxis eine besondere Wirkung. Erst die Öffnung des Spiels an die Zuschauer bewirkt, dass sich die clowntypische Atmosphäre vollends entfalten kann. Der Clown ist ein öffentliches Wesen. Im Clownunterricht wird dieses Phänomen durch das Prinzip „learning by doing“ erfahren. Die eben skizzierte Übung wird mehrere Male durchgeführt. Schauen wir, was Giesi, alias Mücke, in dieser Etüde widerfährt. Die Fragestellungen, die sich daraufhin ergeben, werden uns zu interessanten Aspekten des Clownspiels führen.

„Mücke“ steht mit ihrem Freund „Schlappe“, einem flauschigen Pantoffel, vor den Zuschauern. Mücke genießt es im Mittelpunkt zu stehen. Keck und frech schaut sie in den Zuschauerraum. Dabei wandert ihre Zunge, von ihr noch unbemerkt, auf der Unterlippe hin und her. In diesen kleinen, unkontrollierten Bewegungen manifestiert sich ihre Anspannung. Ich mache Giesi darauf aufmerksam: „Spür' was Mückes Zunge macht!“ Giesi könnte dieses Verhalten jetzt abstellen und sich wohlerzogen und anständig verhalten. Zum Glück tut sie es nicht. Giesi lässt Mücke und ihrer Zunge die Freiheit, sich daneben zu benehmen.

Mücke: (zu Schlappe) „Meine Zunge bewegt sich!
Meine Damen und Herren, meine Zunge bewegt sich!
Schlappe, meine Zunge ist nervös.
Meine Damen und Herren meine Zunge ist nervös.
Schlappe, die Zunge geht immer hin und her.
Meine Damen und Herren, die Zunge geht immer hin und her!“
Jetzt lässt Mücke die Zungenbewegungen auch während des Sprechens zu, was eine komische Verfremdung ihrer Aussprache zur Folge hat.
(zu Schlappe) „Die hört gar nicht auf! Meine Damen und Herren, die hört gar nicht auf!“
Christian lacht.
„Schlappe, da lacht einer! Meine Damen und Herren, einer von Ihnen hat gelacht. Oh Schlappe, jetzt lachen noch mehr. Meine Damen und Herren, jetzt lachen noch mehr! Schlappe, jetzt lachen alle. Meine Damen und Herren, jetzt lachen alle! Schlappe, das freut mich, aber ich finde das auch peinlich. Meine Damen und Herren, ich finde das auch peinlich. Schlappe, die amüsieren sich über uns.“

Mückes Aussagen sind trivial, deswegen wirken sie im direkten Kontakt zu den Zuschauern komisch. Julia erklärt, was durch die Öffnung an die Zuschauer geschieht. „Die Wirkung ist eine andere. Wenn Mücke uns ansah, fühlte ich mich viel mehr angesprochen. Ich war mehr dabei, direkter dabei und nicht außen vor. Ich war beteiligt. Ich hatte mehr vom Spiel, vielleicht war ich sogar Teil des Spiels. - Ach ja, Giesi, wenn deine Haare zu sehr in die Stirn fallen, kann ich deine Augen nicht mehr sehen. Dann bricht der Kontakt sofort ab."
Giesi: „Aber soll der Clown die Zuschauer ständig angucken, das geht doch nicht!"
„Ob ein Clown kurz, häufig oder fast immer die Zuschauer anguckt ist eine ästhetische Frage und abhängig vom Typ des Clowns und seines Spiels. Manchmal reichen gut gesetzte kurze Blicke, manchmal braucht es mehr. Mit den Augen stellen wir einen persönlichen Kontakt zu den Zuschauern her. Wir müssen also dafür sorgen, dass die Augen während des Spiels, zum Beispiel durch Haare nicht verdeckt sind. Gesichter ohne Augen wirken tot. Große Augen sind von Vorteil. Große Augen in einem kleinen Körper sagen uns „dies ist ein Kind" und aktivieren das archaische Programm: Schützen! Denkt an klassische Clownbilder. Meistens werden die Augen durch Schminke betont, oft gar überbetont. Die Augen spielen bei jeder menschlichen Begegnung eine Rolle. Mit den Augen schließen wir Bekanntschaften und Freundschaften. Es gibt in diesem Zusammenhang ein weiteres archaisches Prinzip, das in uns wirkt. Bei jeder neuen Begegnung stellen wir unbewusst die Frage „Freund oder Feind?" Für unsere Vorfahren war das eine lebenswichtige Frage. Deswegen hat uns die Natur mit diesem Erkennungshandwerkszeug ausgerüstet. Die Ergebnisse einer sekundenschnellen Scannung gelangen selten ins Bewusstsein, aber sie entfalten ihre Wirkung aus dem Unterbewusstsein. Ein Blickkontakt kann uns also helfen, Freundschaft mit den Zuschauern zu schließen. Auf die richtige Dosierung kommt es an. Und: Nur heftig Verliebte können sich ununterbrochen in die Augen schauen."

Die Öffnung des Spiels ist ein zentrales Merkmal des Clowntheaters. Wo im Schauspiel in der Regel mit einer vierten, durchsichtigen Wand gespielt wird, der Zuschauer also sinnbildlich wie durch ein Schlüsselloch dem Geschehen beiwohnt, ist im Clowntheater die Tür weit geöffnet. Das ist einer der ganz großen Trümpfe im medialen Umfeld des 21. Jahrhunderts. Film und Kino können perfekt sein. Die Illusionsmöglichkeiten sind übermächtig. Das Theater darf sich nun auf seine ihm innewohnenden Stärken besinnen: Einfachheit, Direktheit und Lebendigkeit. Der offene Spielstil des Clowntheaters ist eine prickelnde Erfrischung für den medial gesättigten Zuschauer der heutigen Zeit.

Der direkte Zuschauerkontakt verleiht dem Spiel eine vergnügliche Intimität, die sich wiederum potenziert, weil der Clown keine Geheimnisse vor den Zuschauern kennt. Üblicherweise verschließen sich Menschen und bewahren sich eine ihnen angemessene Intimsphäre. Der Clown statuiert das Gegenteil. Die Psyche seiner Kreatur ist sperrangelweit geöffnet. Der Clown verbirgt nicht, er offenbart. Für diese Ehrlichkeit wird er geliebt. - Die psychologische Wirkung des direkten Zuschauerkontakts ist nicht zu unterschätzen. Es ist als würde sich die Distanz zwischen Bühne und Zuschauerraum auflösen, als würde sich der Clown unmittelbar vor den Zuschauer begeben und ihn allein mit seinen Träumen, Freuden und Sorgen berühren. Ein intimes Verhältnis erwächst. Gleichzeitig lässt der unmittelbare Zuschauerkontakt das Spiel im Hier und Jetzt geschehen und vermittelt so den Charakter der Einmaligkeit. All das trägt zum Charme des Clownspiels bei.

Die Selbstverständlichkeit mit der Clowns bei sämtlichen freudigen und leidvollen Erlebnissen von den Zuschauern beobachtet werden, führt mitunter zu einem amüsanten Paradoxon. - August betritt die Manege. Hunderte von Zuschauern blicken auf ihn: „Sehr verehrtes Publikum. Endlich bin ich alleine. Gut, dass mich hier niemand sehen kann! Ich habe nämlich ein Geheimnis, das niemand erfahren darf!"

Es gibt ein weiteres Wesensmerkmal, in dem Clowns sich von Menschen unterscheiden: Clowns sträuben sich nicht gegen Gefühle. Clowns ziehen Gefühle geradezu an. Das Spiel des Clowns ist ein stetiges Vollbad im Fluss der Gefühle. Clowntheater ist Emotionstheater. Gefühle gehören zu den Mysterien des Menschseins. Viele Gefühle werden nicht wahrgenommen, manche absichtlich übersehen oder können nicht akzeptiert werden. Wer Gefühle zeigt, macht sich verletzlich. Clownschüler müssen jedoch die Bereitschaft entwickeln, das stete emotionale Sein des Clowns zuzulassen. Um eine Auseinandersetzung mit der individuellen Gefühlswelt kommt der Clownspieler mithin nicht herum. So viel sei jedoch versprochen: Ein ausführliches Gefühlsbad kann erfrischend, wohltuend und äußerst belebend wirken.

„Wir müssen uns daran gewöhnen, als Clown ehrlich und emotional zu sein! Dazu reden wir im Augenblick noch sehr viel. Bald jedoch wird nichts mehr doppelt gesagt. Danach werden wir als Clown fast gar nicht mehr sprechen. Noch ein paar Tipps zum Umgang mit Gefühlen. In der letzten Übung haben wir erlebt, wie sich - auch durch die Öffnung des Spiels - Gefühle mehr und mehr in den Vordergrund schieben. Manche von euch konnten diese Gefühlsfluten schon zulassen. Für manche war es noch ungewohnt, sich in aller Öffentlichkeit der Herrschaft der Gefühle zu unterwerfen. Wehrt euch nicht gegen Gefühle. Der Clown ist ein emotionales Wesen. Wenn ein Gefühl anklopft, lasst es herein, füttert es, lasst es wachsen, lasst es sich richtig breit machen. Zeigt allen, dass ihr Besuch von einem Gefühl habt. Und: Verheimlicht nicht, wie sich dieser Besuch bei euch aufführt!

Das Gefühlsleben des Clowns ist wie das Wetter im April. Im Kampf zwischen Sommer und Winter kommt es zu Kapriolen. Noch ist es kühl. Dann schiebt sich ein Sonnenstrahl hinter einer Wolke hervor. Sonne! Es wird warm, wärmer! Sommer! Die Vögel zwitschern. Ein laues Windchen säuselt. Es weht. Ein Wind. Ein Sturm! Gewitter! Es blitzt und donnert. Hagelkörner prasseln nieder und werden Schnee. Alles ist weiß. Dunkle Wolken. Dahinter die Sonne verborgen. Regentropfen, ein Sonnenstrahl. Sonnenstrahlen. Ein prächtiger Regenbogen. Die Vögel zwitschern. Echtes Aprilwetter! - Clowngefühle sind extrem. Clowns fühlen nicht halb. Clowns fühlen ganz.

Vielleicht werdet ihr schon bei der nächsten Etüde einigen dieser Wetterkapriolen begegnen. Erstmals spielen zwei Clowns miteinander. Beide stehen sich im Abstand von zwei Metern gegenüber, schauen sich und manchmal auch die Zuschauer an. Was wir bisher unserem besten Freund, dem Lieblingsgegenstand anvertraut haben, teilen wir jetzt unserem Partnerclown mit. Die Zuschauer werden wieder mit „Meine Damen und Herren" angesprochen. Lasst euch keine Zeit zum Grübeln. Habt Mut zu Wiederholungen. Viel Vergnügen!"

Julia, alias Clownin Hummel und Tim, alias Clown Karajan stehen sich gegenüber und spielen sich gleichsam innerhalb der Spielregeln warm. Nach und nach geraten sie auf emotionales Glatteis, werden dort kräftig ins Schlittern geraten und ... Doch eins nach dem anderen. Betrachten wir zunächst den erfreulich banalen Anfang ihrer Improvisation. Beide haben den Mut bei Null anzufangen.

Karajan: „Wir stehen uns gegenüber!"
Hummel: „Ja, wir stehen uns gegenüber!"
Karajan: „Ich sehe dich!"
Hummel: „Ich sehe dich auch!"
Karajan: „Sonst geschieht nichts!"
Hummel: „Ja, sonst geschieht nichts! Aber wir stehen uns gegenüber."

Sie wiederholen ihren Zustandsbericht mehrere Male. Dann dreht sich Karajan zu den Zuschauern.
Karajan: „Meine Damen und Herren, jetzt stehen wir uns nicht mehr gegenüber. Ich gucke Sie an und Hummel guckt mich an."
Hummel: „Ja, ich gucke dich an und du guckst die Zuschauer an. Jetzt dreh ich mich auch einmal zu den Zuschauern. Meine Damen und Her-

ren, jetzt gucken wir Sie beide an!“

Karajan: „Jawohl meine Damen und Herren, jetzt gucken wir Sie alle beide an! Aber gleich gucken wir wieder zu uns. Ich dreh mich wieder zu Hummel. Hummel jetzt guck ich dich wieder an!“

Hummel: „Meine Damen und Herren. Er guckt mich an. Ich gucke ihn aber nicht an!“

Karajan: „Ja, ich gucke dich an und du guckst mich nicht an!“

Hummel: „Oh, meine Damen und Herren, Karajan ist etwas genervt.“

Karajan: „Jawohl meine Damen und Herren, ich bin etwas genervt.“

Hummel: „Meine Damen und Herren, Karajan ist immer noch etwas genervt.“

Karajan: „Ja, ich bin genervt.“

Hummel: „Karajan ist sehr genervt.“

Karajan: „Ja, ich bin sehr genervt.“

Hummel: „Ich weiß nicht, warum Karajan so genervt ist.“

Karajan: „Ich bin genervt, weil ich wollte, dass wir uns beide umdrehen und wieder angucken. Aber du hast nicht mitgemacht.“

Hummel: „Jawohl, ich habe nicht mitgemacht!“

Karajan: „Ja, und das nervt mich!“

Hummel: „Ja, und das nervt ihn.“

Karajan: „Jawohl. Es nervt. Es nervt und nervt. Du machst nicht mit!“

Hummel: „Jawohl. Ich mache nicht mit. Meine Damen und Herren, Karajan möchte, dass ich ihn wieder angucke.“

Karajan: „Jawohl Hummel, das möchte ich. Dreh dich um! (dreht sich jetzt ebenfalls wieder zu den Zuschauern) Meine Damen und Herren, ich möchte, dass Hummel mich wieder anguckt.“

Hummel: „Das mache ich!“ (dreht sich zu Karajan, der aber weiterhin die Zuschauer anguckt) „Karajan, dreh dich um und guck mich an!“

Karajan: „Meine Damen und Herren. Jetzt klingt Hummel etwas genervt!“

Hummel: „Ja! Dreh dich endlich um!“

Karajan: „Meine Damen und Herren, jetzt ist Hummel genervt! Ich habe nämlich noch nicht gemacht, was sie von mir wollte!“

Hummel: „Ja! Mach es endlich!“

Karajan: „Meine Damen und Herren. Hummel hat einen Wutanfall!“

Hummel: „Ja, ich habe einen Wutanfall!“

Beide Clowns halten sich emotional nicht zurück und zappeln eine Weile in den komplizierten Verwicklungen ihrer Begegnung. Schließlich stehen sie sich – endlich – doch gegenüber:

Karajan: „Hummel, jetzt gucken wir uns an!“

Hummel: „Ja, jetzt gucken wir uns an. Karajan, du guckst mich aber nicht richtig an. Du guckst mir auf die Füße. Guck mich richtig an!“

Karajan: „Mach ich doch!“

Hummel: „Jetzt guckst du mir auf den Bauch, guck mir in die Augen!“

Karajan: „Hummel, das geht nicht!“

Hummel: „Das geht!“

Karajan: „Das geht nicht!“
Hummel: „Doch Karajan, das geht! Versuch es!“
Karajan: „Gut Hummel, ich versuche es!“
Hummel: „Meine Damen und Herren, Karajan versucht mir jetzt in die Augen zu gucken! Los guck!“
Karajan: (versucht es) „Es geht nicht. Ich werde verlegen! Meine Damen und Herren, ich werde verlegen. Hummel hat so schöne grüne Augen!“
Hummel: „Oh, meine Damen und Herren, ich habe so schöne grüne Augen. Meine Augen machen Karajan verlegen!“
Karajan: „Jawohl, meine Damen und Herren, ihre Augen machen mich verlegen! Gleich werde ich rot!“
Hummel: „Gleich wird er rot! Tatsächlich, jetzt wird er rot!“
Karajan: „Jetzt bin ich rot! Meine Damen und Herren ich schäme mich!“
Hummel: „Er schämt sich! Karajan jetzt tust du mir leid.“
Karajan: „Jetzt tue ich dir leid!“
Hummel: „Dann schau mir eben nur in ein Auge! Ich mache das andere zu!“
Karajan: „Danke. Ich probiere es!"
Hummel: „Karajan, jetzt siehst du total bescheuert aus!“

Die Begegnung beider Clowns gleicht wirklich dem Wetter im April. Regen und Hagel überraschen. Die Sonne scheint, wenn man es nicht vermutet. Zum Ende der Improvisation geschieht etwas Unerwartetes.

Karajan: „Ja, ich sehe total bescheuert aus. Das mache ich nur für dich!“
Hummel: „Danke!“
Karajan: „Bitte!“
Hummel: „Danke!“ (gibt ihm einen Kuss auf die Wange)
Karajan: „Meine Damen und Herren, Hummel hat mich geküsst.“
Hummel: „Meine Damen und Herren, das wollte ich nicht! Es ist einfach so über mich gekommen. Oh. Jetzt werde ich rot!“
Karajan: „Oh, meine Damen und Herren, jetzt wird Hummel rot!“

Beifall.
„Julia und Tim, wir danken euch für diese großartige Liebesgeschichte.“
Tim: „Bitte!“
„Danke Julia, dass du die Genervtheit bei Karajan wahrgenommen hast.“
Julia: „Bitte!“
„Danke dir Tim, dass du sie als Karajan zugegeben hast.“
Tim: „Bitte, bitte!“
Julia: „Das mit dem Kuss ist mir jetzt noch peinlich. Ich habe nicht überlegt. Ich habe mich einfach gehen lassen. Karajan sah so hilflos aus.“
Tim: „Danke!“
Julia: „Bitte!“

Tim: „Danke!“
Silvia: „Das war aber genau so ein charmantes Fettnäpfchen, von dem Dieter immer redet.“
„Danke!“
„Bitte, bitte!“
„Danke! – Das war eine schöne Abschlussübung für den heutigen Tag. Bis Morgen!“

Felix ist weiterhin auf der Suche nach Präsentationsmöglichkeiten für ein neues Zauberprogramm:
„Ich habe einmal einen fabelhaften Kollegen beobachtet, dem passierten tausend Missgeschicke. Aber alle geschahen nebenbei, er hat nie ein Missgeschick in den Vordergrund gestellt. Das Kaninchen guckte zu früh aus dem Hut, er hat versucht es zu überspielen und ein Tuch darüber geworfen. Jeder Zuschauer konnte das sehen. Das war urkomisch. Als er das Kaninchen dann für den nächsten Trick benötigte, war es nicht mehr da. So passierte ihm ein Fauxpas nach dem anderen. Am Ende tauchte das Kaninchen im falschen Trick auf. In deinem Unterricht mussten wir heute alle Missgeschicke betonen. Ich will aber in meinem Programm ebenfalls ein Understatement mit Missgeschicken verwenden und nicht dick auftragen.“
„Gut so, das ist vielleicht die anspruchsvollere Art. Ich glaube nur, dass du noch nicht so weit bist, diese Spieltechnik effektvoll anwenden zu können. Erst einmal solltest du üben alle Fettnäpfchen wahrzunehmen und voll in sie hineinzutreten. Später kann dein Spiel filigraner werden. Dann kannst du manche Fettnäpfchen auslassen, dafür in andere umso überraschender hineintreten. – Sicherlich kennst du „Dinner for One“. Wann tritt der Butler beim Servieren gegen den Tigerkopf und wann nicht? Wann wendet er sich diesem Missgeschick zu, wann übergeht er es? Daraus entsteht die komische Spannung.“
Felix: „Wie kann ich außerhalb des Unterrichts den Umgang mit Missgeschicken proben?“
„Schau dir an, wie Mr. Bean im Restaurant ein „Steak Tartare“ bestellt. Schau dir an, wie er von Missgeschick zu Mischgeschick stolpert. Das Restaurant ist überhaupt ein vorzüglicher Ort um zu studieren, wie Menschen mit Missgeschicken umgehen. Beobachte dich selbst und andere. Loriot lässt ebenfalls einige seiner besten Sketche in Restaurants spielen.
Felix: „Danke!“
„Bitte!“
Felix: „Eine Frage noch. Du liebst Wiederholungen!“
„Ja!“
Felix: „Danke!“
„Bitte!“
Felix: „Danke!“

5

Ein Clown ist ein Clown

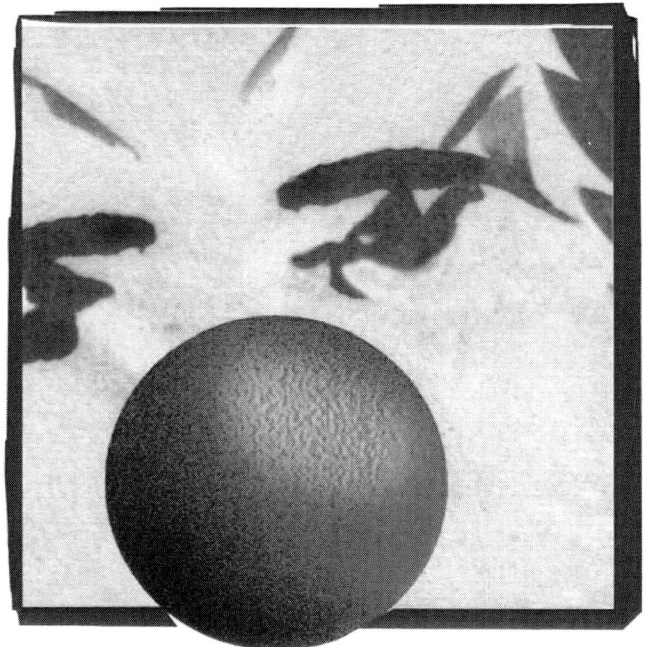

5 EIN CLOWN IST EIN CLOWN

Susanne und Olav haben ein angeregtes Gespräch miteinander. Die Frage: „Was ist ein Clown?" erhitzt ihre Gemüter. Susanne ist der Meinung, dass ein Clown immer an der roten Nase zu erkennen ist und dass diese sein wesentlichstes Merkmal ist. Olav hingegen fasst den Clownbegriff wesentlich weiter.
Olav: „Für mich sind alle, die mit Witz und Humor spielen, Clowns - egal ob sie eine rote Nase aufhaben oder nicht. Auch Dick und Doof sind Clowns. Mr. Bean ist ein Clown und Charlie Chaplin ist für mich der Größte von allen. Das hat nichts mit der roten Nase zu tun. Das hängt damit zusammen, wie sie sich verhalten."
Susanne: „Und Hape Kerkeling, Kurt Krömer, Olli Dietrich und alle, die man immer im Fernsehen sehen kann, sind das Clowns?"
Olav: „Ich weiß, dass es die gibt, ich weiß aber nicht was die machen. In meinem rollenden Zuhause gibt es kein Fernsehen."
Julia: „Dann verpasst du nichts!"

Über Geschmack lässt es sich bekanntlich streiten. Und so ist Julias Bemerkung der Startschuss zu einer kontroversen Debatte. Fazit: In der Unmenge dessen, was im Bereich Komik und Comedy im Fernsehen geboten wird, findet sich hin und wieder etwas, was für gut befunden wird. Schließlich kommt Susanne zum Ausgangspunkt des Gesprächs zurück.
„Aber sind das alles Clowns?"
Klärungsbedarf. Anstatt des morgendlichen warm-ups befinden wir uns in einer Theorieeinheit.

„Setzen wir uns. – Was ein Clown ist, erklärt sich zunächst durch die Praxis unseres Workshops. Von Übung zu Übung erfahren wir mehr über das Wesen des Clowns. Dennoch bleiben ein paar übergeordnete Fragen offen. Eins vorweg: Wir sprechen über Kunst. Die Grenzen zwischen den unterschiedlichen komischen Disziplinen sind fließend. Genau wie z.B. in der Musik, lässt sich nicht alles in eine Schublade pressen. Ist dies Jazz? Oder ist es Weltmusik? Ist es Jazz mit Weltmusikanteilen? Ist es Weltmusik mit Jazzanteilen? Egal was es ist, Hauptsache es ist Musik. Dennoch: Klare Begriffsumschreibungen können hilfreich sein, wenn man sich über seine Kunst austauschen will. Frage: Welchen Beruf hat ein Clown? Arbeitet er als Verkäufer, Taxifahrer, Zahnarzt oder ist er in einer Bank tätig? Welche Steuerklasse hat er? Ist er rentenversichert? Wo wohnt er? Wo und wie verbringt ein Clown seinen Jahresurlaub? Diese Fragen verdeutlichen: Für einen Clown gelten die üblichen bürgerlichen Etiketten nicht. Ein Clown hat keinen Personalausweis. Ein Clown geht keiner Arbeit nach. Ein Clown bezieht keine

Rente. Denn: Ein Clown ist ein Clown. Er existiert nur in unserer Fantasie und wird in der Kunstwelt des Zirkus, Varietés und Theaters verkörpert. Der Clown ist eine Kunstfigur."
Susanne: „Wie ein Engel?"
„Ein schöner Vergleich. Es ist nicht wichtig, ob ein Engel Flügel hat oder nicht. Es ist nicht wichtig, ob ein Clown eine rote Nase hat oder nicht. Wichtig ist, dass beide da sind, wenn man sie braucht! Menschen haben sich in ihrer Vorstellung Engel geschaffen, weil sie Engel brauchen. Menschen haben sich Clowns geschaffen, weil sie Clowns brauchen. – Aber kehren wir zur Grundfrage zurück. Was ist mit Dick und Doof? Was ist mit Chaplins Tramp, was ist mit Mr. Bean, was ist mit Kurt Krömer und all den anderen, die ihr vorhin genannt habt? Strenggenommen sind dies keine Clowns, weil sie vorwiegend in der Welt der Menschen agieren. Sie sind bürgerlich gekleidet, haben eine Wohnung, fahren Auto, gehen zeitweilig einer beruflichen Tätigkeit nach und haben eine Biographie. Sie sind „komische Figuren". Dennoch sind sie in vielen Verhaltensweisen den Clowns sehr ähnlich. Deswegen werden sie manchmal auch als „Alltagsclowns" bezeichnet."

Silvia: „Ich habe im Zirkus zwei Clowns gesehen, die haben eine Nummer gespielt, in der sie ein Restaurant eröffnet haben. Restaurants gehören doch in unsere Alltagswelt. Waren das nun Clowns oder komische Figuren?"
„Wahrscheinlich waren es Clowns, die in der Welt der Menschen zu Gast waren. Das ist typisch. Clowns versuchen in der bürgerlichen Welt zu siedeln. Sie eröffnen Restaurants, locken Gäste in ihre improvisierten Frisiersalons oder versuchen sich als Operndiven. Es gibt einige derartige Clownnummern. Aber was diese Clowns auch anstellen, sie bleiben Clowns. Sie haben keine bürgerliche Identität und richten bei ihren tollpatschigen Versuchen in unserer Alltagswelt zu siedeln nur eine fröhliche Unordnung an. Fazit: Lebt die Figur in der Kunstwelt, so ist sie ein Clown. Lebt die Figur annähernd in der uns bekannten Alltagswelt, so ist sie eine komische Figur. Die Grenzen sind fließend."

Silvia: „Und spielen wir auch noch komische Figuren?"
„In diesem Workshop erlernt ihr das pure Clownspiel. Es ist die via regia, der Hauptweg ins Reich der komischen Darstellung. Komische Darsteller aller Genres benutzen Clownspieltechniken als Basis für ihre Kunst. Das Clownspiel ist also auch die Grundlage für das Spiel mit komischen Figuren. Aber dafür muss man sich zusätzlich mit dem klassischen Rollenstudium beschäftigen."
Silvia: „Also ist das noch schwerer."
„Nein, nur anders, manchmal sogar leichter, weil sich die Kreation komischer Figuren an bürgerlichen Koordinaten orientieren kann. – Bleiben

wir deshalb also beim Phänomen Clown. Der Clown ist ein Mysterium. Mit nur einem Erklärungsansatz werden wir seinem Wesen nicht gerecht. Schauen wir uns also einen weiteren Aspekt des Clowns an, der auch für unsere Praxis als Clownspieler von Bedeutung ist. Ich fasse ihn gern in einer Formel zusammen: Menschenwesen minus bürgerliche Erscheinungsmerkmale, minus zivilisierte Verhaltensweisen plus Humor gleich Clown. So gesehen enthüllt der Clown etwas von jenem Teil unseres Wesens, das sonst verdeckt ist."
Olav: „Und was ist da verdeckt?"
Andreas: „Das Tier!"
Christian: „Die Bestie!"
Giesi: „Der Engel!"
Christian: „Die engelartige Bestie!"
Giesi: „Der bestienartige Engel!"
„Versuchen wir es einmal mit der Formulierung „Zivilisierter Barbar". Wie wir wissen, hat die Menschheit nicht immer so zivilisiert gelebt wie heute. Sie hat einen langen Prozess der Zivilisation durchgemacht. Die Art wie wir zusammen leben hat sich im Verlauf der menschlichen Entwicklung also über viele tausend Jahre erst ergeben. Fress- und Ess-Sitten, Tischsitten, der alltägliche Umgang mit dem Körperlichen, all das ist im Prozess der Zivilisation erst entstanden. Äußerlich sind wir zivilisiert, dafür sorgt die Erziehung. Unser Erbgut ist aber nach wie vor das Gleiche wie vor Tausenden von Jahren, dafür sorgen die Gesetze der Biologie.
Silvia: „Erich Kästner hat darüber ein schönes Gedicht gemacht:

„Einst haben die Kerls auf den Bäumen gehockt,
behaart und mit böser Visage.
Dann hat man sie aus dem Urwald gelockt,
bis zur dreißigsten Etage.

Da saßen sie nun, den Flöhen entflohen,
in zentral geheizten Räumen.
Da sitzen sie nun am Telefon.
Und es herrscht noch genau derselbe Ton
wie seinerzeit auf den Bäumen.

Sie hören weit. Sie sehen fern.
Sie sind mit dem Weltall auf Fühlung.
Sie putzen die Zähne. Sie atmen modern.
Die Erde ist ein gebildeter Stern
mit sehr viel Wasserspülung.

Sie schießen die Briefschaften durch ein Rohr.
Sie jagen und züchten Mikroben.

Sie versehn die Natur mit allem Komfort.
Sie fliegen steil in den Himmel empor
und bleiben zwei Wochen oben.

Was ihre Verdauung übrig lässt,
das verarbeiten sie zu Watte.
Sie spalten Atome. Sie heilen Inzest.
Und sie stellen durch Untersuchungen fest,
dass Cäsar Plattfüße hatte.

So haben sie mit dem Kopf und dem Mund
den Fortschritt der Menschheit erschaffen.
Doch davon mal abgesehen und
bei Lichte betrachtet sind sie im Grund
noch immer die alten Affen."

„Beifall für Silvia, Dank an Herrn Kästner. Ja, dieses Gedicht hilft uns beim Verstehen dessen, was ein Clown ist. Wir haben gelernt uns zu benehmen und unsere Triebe zu beherrschen. Im Kern sind wir aber immer noch die alten Affen. Der Clown lebt auf charmante Art etwas von diesem äffischen Sein. Er kann sich nicht benehmen. Er kann seine Affekte nicht beherrschen. Er benimmt sich, den Maßstäben des kultivierten Umgangs nach, daneben. Er ist unerzogen.

Wir können das noch besser verstehen, wenn wir Erkenntnisse der Psychoanalyse zur Hilfe nehmen. Das Menschenkind kommt unerzogen, unzivilisiert auf die Welt. Es lernt: Dies tut man, dies tut man nicht!" Im Verlauf der Erziehung wird es mit vielen Zivilisationsregeln ausgestattet. Aus diesen Geboten und Verboten bildet sich, als Teil der menschlichen Psyche, das Über-Ich. Wie eine Aufsicht wacht das Über-Ich darüber, dass die Zivilisations- und Verhaltensregeln eingehalten werden. Es ist – vereinfacht gesehen – die Aufsicht über den archaischen Teil des Menschen. Bricht es weg, kommen die affenartigen Teile wieder zum Vorschein. Gibt man Humor dazu, so entsteht ein Clown. Der Clown, um es wieder in eine Formel zu gießen, ist somit Mensch minus Über-Ich plus Humor. – Aber bitte: Nie den Humor vergessen, sonst entstehen Bestien. Erst der Humor macht in dieser Formel aus dem Menschen ohne Über-Ich den Clown.

Für uns Praktiker ist wichtig: Der Clown hat ein schwaches, sehr schwaches oder gar kein Über-Ich. Noch einfacher: Der Clown ist unerzogen. Er handelt nach archaischen Prinzipien. Er ist triebgesteuert. Dadurch ist sein Verhalten sehr durchsichtig. Wer einem Clown zuschaut, kann deswegen einen Blick auf den Boden der menschlichen Seele erheischen. Und dieser Blick tut gut, weil wir uns vom Clown verstanden fühlen.

Dieser Erklärungsansatz lehnt sich an tiefenpsychologische Erkenntnisse an. Er erklärt eine Menge, aber nicht alles. Was fehlt? Er erzählt uns zu wenig vom Zauber, der von einem Clown ausgehen kann, von der Poesie, von der er umgeben ist. Schauen wir uns deshalb abschließend einen weiteren, simplen Erklärungsansatz an. Er bezieht sich auf das, was die Philosophen als metaphysische Grundsituation des Menschen bezeichnen würden – oder wie es viel einfacher in einem Rock-Song beschrieben wird: „Everybody has a hungry heart!" – Unsere Welt ist nicht perfekt. Es gibt Sorgen und Leid. Wir Menschen träumen von einem Leben, das leichter, unproblematischer, sorgenfreier ist und das aus sich heraus einen Sinn ergibt. Der Clown ist eine Antwort auf diese Sehnsüchte. Clowns entführen uns in eine Welt, in der vieles leichter, unproblematischer, sorgenfreier, fröhlicher ist. Es ist eine Welt, in der alles wie es ist grundsätzlich gut ist und in der es keine verzagte Sinnsuche gibt. Der Clown genügt sich selbst. Im Antlitz eines Clowns erhaschen wir einen Vor-Schein vom Paradies. Menschen haben Clowns erfunden, weil sie Clowns brauchen.

Alle diese Erklärungsansätze beschreiben zusammen, was ein Clown ist und welche Funktion er für uns Menschen haben kann. Aber allein durch das Wissen darüber sind wir noch kein Clown. Clown wird man, indem man übt ein Clown zu sein. Also - zwei Minuten Pause, dann beginnen wir unser warm - up!“

Strecken, Dehnen, Rekeln, den Körper wecken. Das Programm ist den Teilnehmern bekannt. „Heute tanzen wir. Die Hände beginnen. ... Die Arme tanzen mit. ... Die Schultern tanzen mit. ... Der Brustkorb tanzt mit. ... Der ganze Körper wird betanzt!“ Nach wenigen Minuten haben wir eine fröhliche und energiegeladene Stimmung aufgebaut, wie man sie sich als Höhepunkt einer Party nur wünschen kann. Ein Clown warm-up muss nicht kompliziert sein. Wesentlich ist der Geist mit dem es durchgeführt wird. „Tanzen, tanzen, tanzen, wie es uns gefällt. Jawohl, fort mit allem, was uns behindert. Jawohl. Es ist egal wie es aussieht. Jawohl. Wir wollen uns vergnügen!“ Unser Über-Ich bekommt eine Pause verordnet. Wir üben die Kunst des Genießens und Vergnügens. Clowntheater ist die Kunst sich öffentlich zu vergnügen. Und: Clowns tun nicht halb, Clowns tun ganz!

Nach dem warm-up wenden wir uns wieder den Clownetüden zu. Im folgenden Übungskanon wird der Schwerpunkt von der clownesken Selbsterfahrung in den Bereich des eigentlichen Spiels verschoben. Die Teilnehmer sollen als Clowns agieren, mehr spielen und stetig verrückter werden. Anders formuliert: Die Kontrolle von „Über-Ich“ und Verstand soll im Spiel zu Gunsten des Clownspiels aufgegeben werden. Wie wir sehen werden, wird auch in diesen Übungen der Reiz des Clownspiels wieder vom Spiel mit Banalitäten ausgehen.

„Wir arbeiten jetzt in Clownduos. Einer von euch beiden ist ein allwissender Clown. Er weiß alles. Er ist der Lehrer, der sein Wissen gerne weitergibt. Der andere Clown ist ein wissensdurstiger Schüler. Er weiß noch nichts. Beide mögen sich und haben ein konkurrenzloses, gutes Verhältnis zueinander. Der Lehrerclown zeigt dem Schülerclown z.B. einen Stuhl und sagt: „Stuhl“. Der Clownschüler wiederholt dies gerne und sagt „Jawohl, Stuhl“. Vielleicht zeigt der Lehrerclown dann auf den Fußboden und sagt: „Fußboden!“, worauf der Schülerclown wiederum „Jawohl, Fußboden“, sagt. So simpel geht es endlos weiter. Und es ist festgelegt: Beide Clowns fühlen sich bei dieser Übung sauwohl. - Erforscht den besonderen Reiz, der von der Banalität dieser Übung ausgeht. Viel Vergnügen!“

Nach einer Weile tauschen wir die Rollen. Jeder soll einmal Lehrer- und einmal Schülerclown gewesen sein.
„Es ist nicht wichtig, welche Objekte ihr benennt. Keine Kreativität. Keine Originalität. Ihr dürft euch wiederholen. Vergesst das „Jawohl" nicht! Jedes Mal! Der Schwerpunkt dieser Übung soll ganz auf dem clownesken Seinsgefühl liegen!"

Kirstie beschreibt dies in der anschließenden Reflexion sehr anschaulich:
Kirstie: „Ich hatte so ein richtiges Clownfeeling. Je länger ich so einfache Dinge mit größter Selbstverständlichkeit immer und immer wieder gesagt habe, desto blöder habe ich mich gefühlt. Ich bin immer zufriedener, fast glücklich geworden, alles war so einfach. Und mit Mücke habe ich mich prima verstanden. Wir haben uns super ergänzt. Noch mal bitte!"

Doch nicht allen fällt es auf Anhieb leicht, so banal und einfach, fernab von Fantasie, Kreativität und Intellekt zu sein.
Silvia: „Ich konnte mich nur schwer überwinden. Und ich glaube mein Partner Andreas auch."
Andreas: (ironisch) „Vielleicht haben wir beide ein zu starkes Über-Ich!"

„Die aufbauende Variation: Wir wechseln die Partner. Jetzt sind zwei allwissende Clowns zusammen. Jeder von euch hat einen ausgezeichneten Lehrmeister gehabt und Begriffe wie „Stuhl, Fußboden, Lichtschalter" oder „blauer Papierkorb" gelernt. Jetzt trefft ihr mit einem ebenso gut ausgebildeten Clown zusammen. Auch ihr beide bewegt euch durch den

Raum. Dabei werdet ihr abwechselnd – und nicht ohne Stolz – wie-derum Dinge benennen. Und auch hier wird euer Partner dies mit einem „Jawohl!" wiederholen. Also: „Ein Stuhl!"- „Jawohl, ein Stuhl!" – „Der Fußboden!" – „Jawohl, der Fußboden!" Bitte vergesst nie das Wort „Jawohl". Ohne „Jawohl" fehlt der Übung etwas Elementares. Und nochmals: Baut keine Konkurrenz zueinander auf. Ihr seid gute Freunde, die sich in ihrem Wissen ergänzen!"

Am Beispiel von Andreas alias Clown „Wichtig" und Giesi alias Clownin „Mücke" soll wie folgt die Übung skizziert werden:
Wichtig: (zeigt auf seine Hose) „Meine Hose!"
Mücke: „Jawohl, deine Hose! – Ich habe auch eine Hose."
Wichtig: „Jawohl, du hast auch eine Hose. – Meine Hose hat einen Fleck. Da ist er!"
Mücke: „Jawohl, da ist der Fleck!"
Wichtig: „Jawohl, da ist der Fleck! Das ist ein Kaffeefleck!"
Mücke: „Jawohl, das ist ein Kaffeefleck! Da, auf der Fensterbank steht eine Kaffeetasse!"
Wichtig: „Jawohl! Da steht eine Kaffeetasse!" (Beide gehen hin).
Mücke: „Jawohl, das ist eine Kaffeetasse! Da ist noch etwas Kaffee drin!"
Wichtig: „Jawohl, da ist noch etwas Kaffee drin!" (trinkt einen Schluck, reicht dann den Becher an Mücke weiter).
Mücke: „Jawohl, da ist noch etwas Kaffee drin!" (trinkt den restlichen Schluck und reicht den Becher an Wichtig zurück).
Wichtig: „Jawohl, jetzt ist die Tasse leer!"
Mücke: „Jawohl, jetzt ist die Tasse leer! Wir beide haben den Kaffee ausgetrunken!"
Wichtig: „Jawohl. Wir beide haben den Kaffee ausgetrunken!"

Die Spielaufgabe ist simpel. Manch einer muss sich überwinden so einfach zu spielen. Gerade weil sie aber banal ist, lässt sich in ihr, fernab von jeglicher Fantasie und Kreativität, das Wesen des Clowns bestens erspüren. Einfach sein und genießen ist die Devise.

Gleichzeitig werden mit dieser Übung Prinzipien des Clownspiels eingeführt, die nachfolgend vorgestellt werden sollen. „Ihr seid gute Freunde!" hatte ich den Spielern für diese Übung mit auf den Weg gegeben. Dies Freundschaftsgebot soll von nun an für sämtliche Improvisationen und Szenen gelten. Nun fallen manchem vielleicht jene oft klassischen Nummern ein, in denen Clowns aneinander geraten, sich zum Beispiel mit Torten bewerfen oder gar prügeln. Ein Widerspruch? Nein! Clowns dürfen, sollen sich gar weiterhin miteinander streiten und raufen. Wichtig ist der Geist in dem all diese Dispute ausgetragen werden. Es ist ein

Unterschied, ob auf einer freundschaftlichen oder auf einer feindlichen Ebene gestritten wird.

Ein Streit zwischen Feinden ist hassbeladen. Feinde lieben sich nicht. Feinde kümmern sich nicht um das Wohl des anderen. Ihr Streit ist destruktiv. Er stellt nichts her, baut nichts auf, er zerstört. Ein solcher Hass-Streit kann aufgrund der Extreme menschlichen Fühlens und Verhaltens für Zuschauer interessant sein und jeder Mensch sollte wissen, dass er zu den schrecklichen Optionen menschlichen Verhaltens gehört. Der Hass-Streit hat daher im Schauspiel, insbesondere der Tragödie, seine unbedingte Berechtigung. Für den Zuschauer geht vom Hass-Streit allerdings das unterschwellige Gefühl einer Bedrohung aus. Er wird ihn daher mit Interesse, aber aus Distanz betrachten. Clowntheater jedoch sucht die Nähe zum Zuschauer. Es will in eine direkte Korrespondenz mit seiner Seele treten. Dazu muss das entsprechende Tor vorsichtig und nachhaltig geöffnet werden. Hass und Feindschaft würden es augenblicklich wieder verschließen. Damit sichdas Tor zur Seele des Zuschauers weit öffnen kann, braucht es eine warmherzige Atmosphäre. Nur so kann herzliches Lachen gedeihen. Der Streit unter Clowns gleicht Auseinandersetzungen zwischen heftig verliebten Paaren. Beide leiden. Der Zuschauer jedoch weiß und spürt, welches unumstößliche Verhältnis zwischen ihnen existiert, kann sich zurücklehnen und sich ob der Dummheit der Beiden unterhalten lassen. Er kann sich gewiss sein: Alles wird gut. Es geht gar nicht anders. Beide sind für immer und ewig ineinander verliebt.

Stan und Olli sind ein vorzügliches Beispiel, für eine allzeit unkündbare Freundschaft. Wie oft hat Stan Olli durch seine Tollpatschigkeit und Ahnungslosigkeit in die allerschwierigsten Situationen gebracht? Wie oft hat Olli seinen Freund Stan ungerecht behandelt? Beide hadern, zanken und kämpfen unaufhörlich miteinander. Trotzdem: Sie werden sich nie verlassen. Sie sind und bleiben unzertrennliche Freunde.

Die Regel „Clowns sind immer Freunde“ legt den Grundstein für den chronisch positiven Charakter des Clownspiels, aus dem sein besonderer Charme entsteht. Über diese Wirkung hinaus, hat sie eine zusätzliche spieltechnische Bedeutung. Anfänger müssen lernen, das Spiel als solches überhaupt entstehen zu lassen. Feinde treffen aber gepanzert und gerüstet aufeinander und erinnern an Ritter, die vor lauter Rüstung und Bewaffnung zur Unbeweglichkeit verdammt sind. Clownimprovisationen, die in diesem Sinne geführt werden, enden bald, indem sich beide gegenüberstehen und mit verbaler Kraftmeierei aufeinander eindreschen. Beide Clowns erinnern dann an mächtige Hirsche, die mit ihren Geweihen ineinander verkeilt sind. Die Handlung stagniert. Unerfahrene Spieler weichen übereilt auf derartige Handlungsstereotypen aus. Das Freundschaftsgebot hilft, nicht in die Sackgasse des Gegeneinanders zu geraten.

Auch das zweite Prinzip, das mit der obigen Etüde eingeführt wurde, umfasst einen atmosphärischen und einen spieltechnisches Aspekt. Es spiegelt sich in dem Wort „Jawohl“, das von Wichtig und Mücke bereits inflationär verwendet wurde.

Der Workshopgruppe erläutere ich das Jawohl--Prinzip mit folgendem Beispiel:
„Zwei Kinder treffen sich in einem Sandkasten. Ein Kind sagt: „Komm, wir graben ein tiefes Loch!“ Das zweite Kind antwortet: „Nein!“ Das erste Kind macht einen neuen Vorschlag: „Wir bauen eine Straße!“ – „Nein!“ Zwischen beiden Kindern kann kein Spiel entstehen. Wenn jedoch auf den Vorschlag: „Komm, wir graben ein tiefes Loch!“ begeistert mit „Jawohl!“ geantwortet wird, ist der Anfang für eine Spiel getan. „Jawohl! Und da verstecken wir was!“ „Jawohl, ein Geheimnis!“ „Jawohl!“ Beide graben voller Begeisterung das tiefste Loch, das in diesem Sandkasten je gegraben wurde. Vielleicht stoßen sie bei ihrer Exkursion auf Wasser. Vielleicht bauen sie ein Schwimmbad. Vielleicht begegnen sie dabei Flipp dem Regenwurm und er darf als erster das Nichtschwimmerbecken ausprobieren. - Platz für alle Abenteuer der Welt. Das Wort „Jawohl!“ hilft, dass sie geschehen können.“

Dieses „Jawohl!" hat also nichts mit einem preußischen Gehorsamkeitsjawohl zu tun. „Jawohl" steht für „Ja, so ist es, wunderbar, au ja, das machen wir!" Es hilft Spiel entstehen zu lassen, bewirkt, dass es nicht stockt und stetig weitergeht. Hier zu Beginn wird es stetig ausgesprochen, gar inflationär gebraucht. Sobald es jedoch zum selbstverständlichen Prinzip geworden ist, kann es stumm seine Wirkung tun. Das Jawohl-Prinzip ist der Motor des Clownspiels und trägt zum chronisch positiven Charakter des Spiels bei. Jawohl! Clowns sagen niemals nein.

„Wir haben das Jawohl-Prinzip kennengelernt und verstehen nun auch den Vorteil der Regel „Clowns sind immer Freunde". Wir haben als Lehrer und Schüler geübt banale Dinge wie „Ein Stuhl!" „Jawohl, ein Stuhl!" zu sagen. So gebildet sind wir mit einem ebenso wissenden Clown zusammengetroffen und haben uns gegenseitig mitgeteilt, was wir alles wissen. Nun erweitern wir dieses Prinzip. Zusätzlich zu den Benennungen: „Dies ist ein Vorhang!" „Jawohl, dies ist ein Vorhang!" sagen wir jetzt auch was wir tun. Also: „Dies ist ein Vorhang. Ich fasse den Vorhang an!" „Jawohl, du fasst den Vorhang an! Ich fasse ihn auch an!" „Jawohl, wir fassen ihn beide an. Ich lasse ihn wieder los und gehe hinter den Vorhang!" „Jawohl, du bist hinter den Vorhang gegangen, jetzt sehe ich dich nicht mehr!" „Jawohl, du siehst mich nicht mehr! Ich habe mich ja auch versteckt!" – Durch das ständige Benennen dessen was wir tun, haben wir unvermutet ein Versteckspiel eingefädelt. Wir sind zum Handeln verführt worden. Eigentlich hat Sprache für Clowns eine zweit- vielleicht sogar drittrangige Bedeutung. Clowns reden nicht. Clowns handeln. In dieser Übung setzen wir die Sprache jedoch ein, um ins Handeln zu gelangen. Die Handlungen sollen zunehmend verrückter, kopfloser, eben clownesker werden. Lasst euch keine Zeit zum Denken. Deswegen: Vermeidet Pausen. Füllt sie mit Wiederholungen. Je mehr Worte, desto besser. Das überlastet unseren Verstand. Bringt ihn durcheinander und genießt diesen Zustand. Dann kann clowneskes Handeln entstehen.

Noch eine wichtige Kleinigkeit. Wir benutzen unsere Clownnamen. Sie helfen uns einfach zu sein. Also: „Jawohl Peperoni, ich habe mich versteckt!" „Jawohl Schwips, du hast dich versteckt. Ich suche dich jetzt!" „Jawohl Peperoni, such mich! Ich bin hinter dem Vorhang!" – Viel Vergnügen!"

Anna, alias Clownin Zitronella und Andreas, alias Clown Wichtig haben ihre Improvisation begonnen, indem sie, im wahrsten Sinne des Wortes einen Schritt nach dem anderen gegangen sind.
Zitronella: „Wichtig, jetzt gehen wir noch einen Schritt vorwärts!"
Wichtig: „Jawohl Zitronella, wir gehen noch einen Schritt vorwärts!"
Zitronella: „Jawohl Wichtig, geschafft! Los noch einen Schritt!'
Jetzt stehen sie vor der weißen Wand des Studios.
Wichtig: „Zitronella, wir stehen vor einer Wand."
Zitronella: „Jawohl Wichtig, wir stehen vor einer Wand. Hier geht es nicht weiter."
Wichtig: „Jawohl Zitronella, hier geht es nicht weiter. Ich haue mal dagegen (tut es) Au. Ich habe mir weh getan!"
Zitronella: „Jawohl. Du hast dir weh getan! Wichtig, ich tröste dich!"
Wichtig: „Jawohl. Du musst mich jetzt trösten. Puste Zitronella!"
Zitronella: „Jawohl! Ich puste!" (tut es)
Wichtig: „Du pustest und pustest aber es wird nicht besser."
Zitronella: „Wichtig, ich kann nicht doller pusten!"
Wichtig: „Zitronella, du bist ein schlechter Puster!"
Zitronella: „Jawohl, ich bin ein ganz schlechter Puster!" (pustet weiter)
Wichtig: „Jawohl, du bist ein sauschlechter Puster!"
Zitronella: „Jawohl, ich bin ein supersauschlechter Puster!"
Wichtig: (pustet ihr kräftig ins Gesicht) „So musst du pusten!"
Zitronella: (erstaunt) „Du hast mir ins Gesicht gepustet!"
Wichtig: „Jawohl Zitronella, ich habe dir ins Gesicht gepustet! Und ich puste gleich noch einmal! (tut es) Deine Haare wehen. Sie kitzeln dich

im Gesicht!"
Zitronella: „Jawohl, kitzele weiter!"
Wichtig: „Du siehst süß aus, wenn ich dich kitzele!"
Zitronella: „Jawohl! Ich sehe süß aus! Mach weiter!"
Wichtig: „Jawohl! Zitronella! Ich bin dein Superpuster!"
Zitronella: „Ja, du bist mein Superpuster!"

Dieser kleine Improvisationsausschnitt glänzt nicht durch eine besondere Situationskomik. Die amüsante Wirkung geht auch nicht von dem besonderen, originellen oder hochwertigen literarischen Text aus. Die clowneske Wirkung besteht aus der Art und Weise wie Clown Wichtig seiner Zitronella ins Gesicht pustet und wie sie darauf reagiert. Ihre Haare wehen sanft in die Augen und sie muss, will sie dem nicht ausweichen, diese leicht zukneifen. Zitronella ähnelt einer Pusteblume, die sich den sanften und erfrischenden Frühsommerwind gefallen lassen darf. Das Spiel beider Clowns gleicht in diesen Augenblicken einem zarten, ersten und unschuldigen Liebesspiel. Hier wird deutlich: Es ist nicht wichtig was ein Clown tut, wichtig ist, wie er es tut.

Das schöne Spiel der beiden konnte entstehen, weil sie bereits flexibel mit den vorgegeben Regeln umgehen konnten. Nicht jede Aussage wurde durch ein gesprochenes „Jawohl" bestätigt. Trotzdem unterlag das Spiel dem „Jawohl"-Prinzip. – Wie leicht hätte Zitronella sagen können: „Puste mich nicht an!" und wie schnell hätte sie damit, ähnlich dem obigen Beispiel der zwei Sandkastenkinder, das weitere Spiel blockieren können? Ein charmantes Clownliebesspiel wäre beiden entgangen.

Übung macht den Meister. Wir üben mit wechselnden Partnern. Je mehr wir uns in Handlungen verführen lassen, desto mehr wird das Clownspiel zum Bewegungstheater. Das bringt alle zum Schwitzen. Mittagspause!
Felix: „Ich dusche und dann mache ich mich wie angekündigt auf den Weg zu meinem Auftritt."
„Gute Reise und toi, toi, toi!“

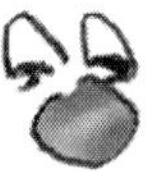

„Die folgende Etüde heißt: „Zwei Clowns bringen einen Stuhl“. Sie knüpft – wen wundert es – an die vorherige an. Es ist aber eine Improvisation vor Zuschauern. Weil wir dafür eine Tür benötigen, setzen sich die Zuschauer so, dass sie gut auf die Eingangstür des Studios gucken können. Durch sie werden beide Clowns kommen, wenn sie den Stuhl hereinbringen. Für diese Übung werden wir alle Regeln und Erfahrungen nutzen, die wir bisher kennengelernt haben. Eure Aufgabe als Clowns besteht darin, die Tür zu öffnen, den Stuhl hereinzutragen, ihn abzustellen, abzugehen und die Tür wieder zu schließen. Dabei werdet ihr das Prinzip anwenden, das wir vor der Pause kennengelernt haben. Also: Alles sagen, was man tut. Zusätzlich soll das Spiel geöffnet werden. Dafür kennen wir die Redewendung: „Meine Damen und Herren!“ Manchmal werdet ihr außerdem das Wort „Glückwunsch!“ benötigen. Es eignet sich vorzüglich, um sich gegenseitig die Hände zu schütteln. Und noch etwas: Das Spiel beginnt wiederum hinter der Bühne, also außerhalb des Studios auf dem Flur. Viel Vergnügen!“

Die Aufgabe, zu zweit einen Stuhl zu bringen und gleich wieder zu gehen, ist so einfach, dass Erwachsene dafür in der Regel wohl nicht länger als eine Minute brauchen würden. Überträgt man sie jedoch an zwei Clowns, so kann es sich unter Umständen eine Weile hinziehen, bis der Stuhl endlich im Raum abgestellt ist. Die Regel, „es ist nicht wichtig, was ein Clown tut, sondern wie er es tut“, bewirkt hier das clowneske Abenteuer. So kann es geschehen, dass manch ein Stuhl niemals ankommt.

Christian und Kirstie haben als „Spam“ und „Pizza“ eine recht klare, eindrucksvolle und zudem fast fehlerfreie Improvisation zu diesem Thema gezeigt. Sie steht im Folgenden als Beispiel für diese Übung.
Spam und Pizza sind schon lautstark hinter der geschlossenen Tür zu hören. Wir Zuschauer verstehen zwar nicht was sie sich dort zurufen, bekommen jedoch einen lebendigen Eindruck von ihrer Spielenergie und ihrer clownesken Geschäftigkeit.
Schließlich wird mit einem Ruck die Tür geöffnet. Wir sehen Spam und Pizza auf dem Flur stehen. Gemeinsam halten sie den Stuhl.
Spam: „Jetzt sind wir gleich drin!"
Pizza: „Jawohl Spam, wir sind gleich drin! Glückwunsch!" (Beide stellen den Stuhl ab, um sich die Hände zu schütteln, versäumen jedoch, den Stuhl wieder hochzunehmen.)
Pizza: „Und jetzt machen wir einen Schritt und dann sind wir drin!"
Spam: „Jawohl. Wir machen einen Schritt. (Beide tun es.) Jetzt sind wir drin! Meine Damen und Herren, wir sind drin!"
Pizza: „Jawohl, meine Damen und Herren, wir sind drin! Glückwunsch! (Beide schütteln sich erneut die Hände). Meine Damen und Herren, wir bringen den Stuhl!"
Spam: „Ach du meine Güte, der Stuhl! Meine Damen und Herren, wir haben den Stuhl vergessen! Wie Sie sehen, der Stuhl steht noch auf dem Flur!"
Pizza: „Jawohl, meine Damen und Herren. Der Stuhl steht noch auf dem Flur! Wir haben ihn vergessen! Spam, was machen wir jetzt?"
Spam: „Ja, Pizza, was machen wir jetzt?"
Pizza: „Keine Ahnung!"

An dieser Stelle unterbreche ich. Bis hier ist das Spiel bestens gelaufen. Durch die unbeantwortete Frage droht die Improvisation nun jedoch zu stocken. Die Regel: „Clowns stellen keine Fragen, Clowns geben Antworten", kennen beide Spieler noch nicht. Deswegen ergänze ich: „Achtung Kirstie und Christian, ab jetzt gilt: Keine Fragen! Wer dennoch eine Frage stellt, muss sie augenblicklich selbst beantworten. Setzt bitte noch einmal an der Stelle ein, an der Spam entdeckt, dass ihr den Stuhl vergessen habt."

Spam: „Ach du meine Güte, der Stuhl! Meine Damen und Herren, wir haben den Stuhl vergessen! Wie Sie sehen, der Stuhl steht noch auf dem Flur!"
Pizza: „Jawohl, meine Damen und Herren. Der Stuhl steht noch auf dem Flur! Wir haben ihn vergessen! Spam was machen wir jetzt? Ich weiß, wir holen ihn!"
Spam: „Jawohl, wir holen ihn. Meine Damen und Herren, wir kommen gleich wieder, wir holen nur kurz den Stuhl."
Pizza: „Jawohl. Den haben wir nämlich vergessen!"
Spam: „Jawohl, jetzt gehen wir, und dann kommen wir mit dem Stuhl wieder!" (Beide gehen.)
Pizza: (zum Stuhl) „Da bist du ja. Du musst jetzt mitkommen."
Spam: „Jawohl, du kommst jetzt mit. Wir tragen dich hinein!"
Pizza: „Jawohl, Spam und ich tragen dich hinein!"
Spam: „Glückwunsch!" (Beide schütteln sich die Hände.)
Pizza: „Glückwunsch!" (Beide schütteln sich erneut die Hände.)
Spam: „Pizza, wir dürfen den Stuhl nicht vergessen!"
Pizza: „Jawohl Spam, wir dürfen den Stuhl nicht vergessen! Den haben wir nämlich eben vergessen. Jetzt vergessen wir ihn nicht. Du stehst da, und ich stehe hier, und in der Mitte steht der Stuhl!"
Spam: „Ja, noch steht er da. Aber nicht mehr lange. Gleich tragen wir ihn rein!"
Pizza: „Jawohl. Gleich geht es los. Glückwunsch!"
Spam: „Glückwunsch! (Beide schütteln sich erneut die Hände.)
Pizza: „Eins, zwei, drei!" (Beide fassen den Stuhl.) Meine Damen und Herren. Schauen Sie. Jeder von uns hat jetzt den Stuhl in einer Hand!"
Spam: „Stimmt! Glückwunsch!" (erneutes Absetzen des Stuhls und Händeschütteln)
Pizza: „Glückwunsch! Und jetzt geht's rein!"
Spam: „Jawohl. Jetzt geht's rein!" (Beide fassen den Stuhl) „Achtung wir kommen!" (Beide gehen entschlossen los, müssen nach zwei Schritten jedoch schon wieder anhalten. In dieser Formation passen sie nicht durch die schmale Tür.)
Pizza: „Spam, wir haben ein Problem."
Spam. „Meine Damen und Herren, wir haben ein Problem!"
Pizza: „Spam, was machen wir jetzt?"

Spam: „Du hast die Frage gestellt, du musst sie beantworten!"
Pizza: „Oh, ich habe eine Frage gestellt. Stimmt. Ich habe gefragt, was machen wir jetzt, und auf diese Frage antworte ich: Wir müssen uns dünner machen!"
Spam: „Jawohl, wir müssen uns dünner machen. Ich fange gleich damit an!" (atmet tief ein und zieht den Bauch dabei ein)
Pizza: „Meine Damen und Herren, Spam macht sich dünn!"
Spam: (mit äußerst angespannter und ebenso dünner Stimme) „Jawohl, ganz dünn. Pizza, du musst dich auch dünn machen!"
Pizza: „Jawohl. Ich mach mich auch dünn!" (atmet tief ein und zieht dabei ebenfalls den Bauch ein)
Spam: (gerade als Pizza sich dünn macht, muss er wieder ausatmen) „Ich kann nicht so lange dünn sein!"

Christian und Kirstie sind bestens aufeinander eingespielt. Beide lassen Spam und Pizza in die nächstliegenden Fettnäpfchen treten und genießen die köstliche Umständlichkeit ihres Spiels. Nach einigen Versuchen gelingt es beiden Clowns doch noch gemeinsam einzuatmen - und selbstverständlich vergessen sie nach dem darauffolgenden „Glückwunsch!" erneut den Stuhl mit hinein zu nehmen. Folglich müssen sie ein weiteres Mal von vorne anfangen.

Spam: „Meine Damen und Herren, wir sind hier, und der Stuhl ist immer noch auf dem Flur. Wir haben den Stuhl schon wieder vergessen!"
Pizza: „Jawohl, meine Damen und Herren, wir haben den Stuhl schon wieder vergessen! Aber wir wissen, wo er ist. Wir gehen unverzüglich los und holen ihn."
Spam: „Jawohl. Unverzüglich. Meinen Damen und Herren, wir kommen gleich unverzüglich mit dem Stuhl zurück."
Pizza: „Jawohl. Unverzüglich. Einen Moment bitte! Dann sind wir unverzüglich zurück!"

Christian und Kirstie haben ein offensichtliches Vergnügen an Wiederholungen. In ihrer überschwänglichen Spielfreude entdecken sie die Regel „Clowns lieben Wiederholungen". Nachdem beide wieder beim Stuhl sind beschließen sie, dass es besser ist, noch einmal ganz von vorne anzufangen.

Pizza: „Entschuldigung meine Damen und Herren. Es ist sehr schwierig zu zweit den Stuhl durch diese Tür zu tragen. Damit nicht wieder etwas schief geht, fangen wir besser noch einmal ganz von vorne an."
Spam: „Jawohl meine Damen und Herren. Ich schließe jetzt die Tür, und dann kommen wir unverzüglich wieder."

Beim nächsten Versuch sind Pizza und Spam clever. Sie haben gelernt, dass sie zu dritt nicht durch die Tür passen. Daher soll Pizza allein den Stuhl tragen. Spam soll sich währenddessen ganz auf das Öffnen und Schließen der Tür konzentrieren. Dieser Plan funktioniert bei der Ausführung bis auf eine wesentliche Einschränkung gut: Unmittelbar nachdem Pizza erfolgreich mit dem Stuhl eingetreten ist, schließt Spam wie besprochen die Tür. Allerdings von der falschen Seite. Unvermutet steht er allein draußen auf dem Flur. Auch Pizza bemerkt, dass irgendetwas nicht geklappt hat. Sie steht alleine, ganz ohne Spam, vor den Zuschauern.

Pizza: „Meine Damen und Herren. Ich bin da. Der Stuhl ist da. Spam ist nicht da. Meine Damen und Herren, Spam ist draußen. Einen Augenblick. Ich werde ihn unverzüglich holen. Unverzüglich! Meine Damen und Herren, ich bin unverzüglich wieder da!"

Pizza geht samt Stuhl wieder ab um Spam zu holen. Durch die geschlossene Tür hören wir beide laut streiten. Sie beschließen einen Rollenwechsel. Spam wird den Stuhl bringen, Pizza wird für das Öffnen und Schließen der Tür verantwortlich sein. Was nun alle Zuschauer ahnen, tritt auch ein. Diesmal steht Spam allein vor den Zuschauern und Pizza ist draußen geblieben. Wieder hören wir hinter der Tür das laute Streitgespräch beider Clowns. Dann wird es jedoch plötzlich ruhig, die Tür wird vorsichtig geöffnet und beide kommen traurig und schuldbewusst herein.

Pizza: „Meine Damen und Herren! Wir können den Stuhl leider nicht bringen."
Spam: „Jawohl. Wir können den Stuhl leider nicht bringen."
Pizza: „Jawohl. Leider. Leider ist er ein bisschen kaputt."
Spam: „Jawohl. Leider. Aber nur die Lehne. Wir haben gezogen und dann war sie ab. Leider."
Pizza: „Leider!"
Spam: „Aber wir können ihn unverzüglich reparieren."
Pizza: „Unverzüglich!"
Spam: „Jawohl, unverzüglich! Meine Damen und Herren, wir kommen unverzüglich wieder!"
Pizza: „Unverzüglich!" (Beide gehen ab, sie schließen die Tür.)
Beide: (im Off) „Blöder Stuhl!"

Für dieses höchst vergnügliche Clownspiel, das uns am Ende in mehrfacher Hinsicht überrascht hat, bekommen beide Spieler viel Beifall. Christian und Kirstie ist die Freude deutlich anzumerken.

Kirstie: „Das war super. Das hat einen solchen Spaß gemacht. Das ging fast wie von alleine. Ich hätte vorher nicht gedacht, dass so etwas dabei herauskommt. Waren wir blöd. Toll. Danke Christian!"
Christian: „Bitte. Danke. Es war mir ein Vergnügen. Warum war das nur so gut?"
Giesi: „Weil ihr die liebenswertesten und fröhlichsten Trottel der Welt gewesen seid."
Silvia: „Am Ende bekam man fast Mitleid. Köstlich wie verzweifelt ihr beide wart. Gut, dass ihr die Letzten gewesen seid. Danach hätte ich mich nicht mehr auf die Bühne getraut."
Christian: „Gut, dass wir die Letzten waren. Dadurch, dass ich die anderen Improvisationen vorher erlebt habe, fiel mir das Spiel leichter. Ich wusste, egal was sich ergibt, alles ist richtig, man darf auch das Thema verfehlen. Und das viele „Glückwunsch" hat geholfen."
Silvia: „Das war super. Besser kann man es nicht machen. Oder?"
„Diese Frage ist wohl an mich gerichtet. Ich werde darauf gleich eingehen. Vorher möchte ich aber erst noch etwas zu den neuen Spielregeln sagen, die wir eben kennengelernt haben. Spam und Pizza haben das Wort „Glückwunsch!" sehr oft verwendet. Auch damit hing das Gelingen ihrer Improvisation zusammen. Was hat es mit diesem Wort auf sich? Gegen den positiven Charakter, den es ausstrahlt, kann man glücklicherweise nichts tun. Immerhin beinhaltet es die Worte „Glück" und „Wunsch". So gesehen wünschen sich beide Clowns ständig Glück und bestärken sich in ihrer Freundschaft. „Glückwunsch" fügt stets die Stimmung eines kleinen Festes hinzu. Es ist ein Aktivator des clownesken Glücks. Spam und Pizza haben mit jedem Glückwunsch eine Portion überschwänglicher Energie aufgetankt. Gleichzeitig haben sie sich gegenseitig die Hände geschüttelt, während sie „Glückwunsch!" zueinander gesagt haben. Manchmal haben sie sich dabei sogar einen Moment lang in die Augen geschaut. Beides verstärkt den Kontakt der Clowns miteinander. Und der ist wichtig. Es ist eine Duettimprovisation, nicht zwei Soloimprovisationen nebeneinander. Im Duett muss man den anderen ständig spüren und einen guten Kontakt miteinander haben. Und wie schnell können wir im Trubel des Spiels den Kontakt verlieren? „Glückwunsch!" schweißt zusammen. Es hilft uns gemeinsam zu sein. Seine Kraft schenkt uns Clownpower.

Wir haben zusätzlich erfahren, dass Clowns keine Fragen stellen. Erinnern wir uns. Als beide das erste Mal bemerkten, dass sie den Stuhl vergessen hatten, habe ich eingegriffen. Pizza sagte: „Spam was machen wir jetzt?" und dieser antwortete wiederum mit einer Frage „Ja Pizza, was machen wir jetzt?" Die Improvisation verlor augenblicklich die Dynamik. Wer eine Frage stellt, schiebt deren Beantwortung in der Regel dem Spielpartner zu. Und wie leicht kann man auf eine Frage mit einer Gegenfrage antworten. Unversehens ist eine Diskussion entstanden und die Handlung bleibt auf der Strecke. Clowns diskutieren nicht. Clowns handeln. Also: Wer eine Frage stellt, beantwortet sie unverzüglich selbst, gerade auch weil dabei ein grotesker Vorschlag wie: „Wir müssen uns dünner machen!" entstehen kann.

Ich bin zum Schluss noch eine Antwort auf Silvias Frage schuldig, ob man eine Improvisation – so wie die von Christian und Kirstie – noch besser machen kann.
Silvia: „Besser kann ich mir Clowntheater gar nicht vorstellen. Das war doch aufführungsreif."
„Es war eine außergewöhnliche Improvisation, in der sich vieles von dem, was wir in den zurückliegenden Tagen behandelt haben, positiv niedergeschlagen hat. Aber diese Improvisation ist aus der Lebendigkeit und Frische des Augenblicks entstanden und deshalb nur schwer wiederholbar. Die Fixierung und Inszenierung von Clownszenen ist noch einmal ein ganz besonderes Kapitel. Um aus einer Improvisation eine wiederholbare Szene zu machen, bedarf es mehr Arbeit, als wir uns im Augenblick vorstellen können. – In der nächsten Woche werden wir weitere Regeln und Tipps kennenlernen. Etliche davon können uns helfen, selbst aus einer solch wundervollen Improvisation mehr herauszuholen. Bleibt neugierig. Wir treffen uns am Montag Punkt 9.00 Uhr wieder. Tschüß, Servus und Ade!"
Christian: „Wer hat Lust sich noch ein paar Dick- und Dooffilme anzugucken?" – „Ich!" – „Ich!" – „Ich!" – „Ich!" „Ich kann leider nicht mehr, meine Kinder warten!" – „Und ich fahre jetzt zu meinem Schatz!" „Meiner besucht mich!" – „SCHÖNES WOCHENENDE!"

6

Viel Vergnügen!

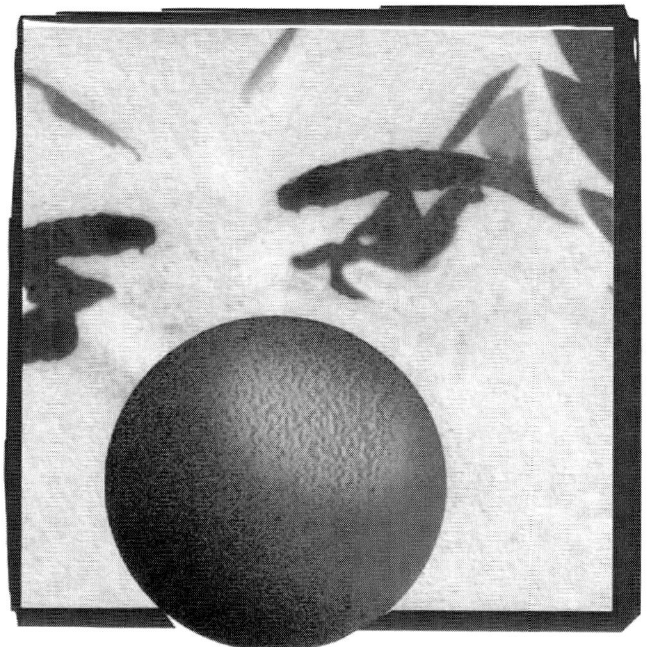

6 VIEL VERGNÜGEN!

7.00 Uhr: Frühstück. Kaffee. Ein großer Bogen Schreibpapier. Ich ziehe einen dicken Strich durch die Mitte. Auf der linken Seite vergegenwärtige ich mir skizzenartig den Verlauf der letzten Woche. „Höhepunkt: Spiel mit Banalitäten/Clowns bringen Stuhl" unterstreiche ich. „Wiederholungsprinzipien nur kurz angesprochen" notiere ich ergänzend. Auf der rechten Seite mache ich mir Notizen für die kommenden fünf Tage. „Humor ja, aber mehr Gefühl! Verrückter!" notiere ich stichwortartig. „Warm-up: Jetzt auch Tiere. Erst die Spielregeln. Bühne kann warten. 7. / 8. Tag auch Statuskomik. Vorsichtshalber merke ich an: „Raum für Wiederholungen, Lerntempo der Teilnehmer beobachten! Weniger ist mehr! Gruppe gut. Achtung Montag: Alle frisch?"

8.50 Uhr: 10 Minuten vor Unterrichtsbeginn. Außer mir ist noch niemand anwesend.
8.52 Uhr: Giesi – etwas abgehetzt – erscheint. „Bin ich die Erste? Ich dachte schon, ich bin die Einzige die zu spät ist. Ich bin einfach nicht zügig aus dem Bett gekommen! Da kann ich ja noch einen Kaffee kochen."
8.53 Uhr: Silvia und Kirstie: „Wie – sonst ist noch niemand da?"
8.54 Uhr: Olav – völlig verschwitzt – kommt vom Joggen. „Ich dusche noch schnell!"
8.58 Uhr: Andreas: „Ah, Kaffee! Gibt es auch Milch?"
9.00 Uhr: Christian und Susanne: „Sorry, wir mussten noch Brot holen. Ah, Kaffee! Übrigens, Felix hat gesimst. Er steht im Stau."
9.01 Uhr: Kirstie: „Julia hat übrigens auch gesimst. Sie ist auf dem Weg!"
9.02 Uhr: Olav hat geduscht.
9.05 Uhr: Anna, Julia, Tim und Oliver: „Morgen!" „Morgen!" „Morgen!" „Gibt es auch Tee?"
9.10 Uhr: Felix ist immer noch nicht da. Ich beschließe „Wir fangen ohne Felix an!" Da steht er samt Aktenköfferchen in der Tür: „Entschuldigung! Habt ihr meine SMS bekommen?"

9.15 Uhr: Wir beginnen. Sprung. Warm-up. Sanfte Klaviermusik begleitet uns in den Tag. „Stellt euch vor" leite ich ein, „ihr habt einhundert Jahre geschlafen". „Kein Problem", gähnt Christian. „Aber irgendwo wohnt trotzdem ein kleiner Bewegungswille. Vielleicht wohnt er in den Armen, den Schultern, der Zunge, den Füßen oder sonst wo. Lasst die ersten Bewegungen zu. Vergrößert sie zu einem Rekeln. ... Dieses Rekeln steckt unseren übrigen Körper an. ... Der ganze Körper wird allmählich mit sanfter, intensiver Rekelei durchtränkt. ... Horcht auf die Musik, sie wird munterer. Lasst euch von der Musik anstecken!"

Alle bewegen sich engagiert. Mental sind gleichwohl die Wenigsten anwesend. Konzentrationsübung: „Wir stehen im Kreis und zählen reihum „Eins, zwei, drei, vier ... zwölf! Dann beginnt es wieder bei eins. Achtet darauf, dass sich ein gleichmäßiger Rhythmus ergibt!" Nach einer Weile ergänze ich die Regel: „Wenn du jetzt mit deiner Zahl an der Reihe bist, kannst du entscheiden, ob du sie laut aussprichst oder ob du sie nur denkst. Unser gemeinsamer Rhythmus darf dabei allerdings nicht verloren gehen!" Diese Variation braucht unsere volle Konzentration. Wir steigern uns, indem wir die Augen schließen. Obendrein verlassen wir beim Zählen unsere Plätze. Dabei soll die Zahlenkette nicht abreißen. Keine Chance mehr zu träumen. Für diese Aufgabe wird unsere ganze Aufmerksamkeit gebraucht. „Glückwunsch!" kommentiert Giesi den Abschluss der Übung.

Mit Hüpf- und Sprungübungen geraten wir das erste Mal außer Atem. Energieübungen, in denen die Bewegungen vom Becken ausgeführt werden, heben das physische Niveau um ein Weiteres.

„Jetzt kleben unsere Füße am Boden fest! Das Becken lässt sich das allerdings nicht gefallen. Es versucht den Füßen zu helfen. Jawohl! Genau so. Das Becken zieht und drückt in alle Richtungen. Es will die klebenden Füße mit Gewalt lösen!"
Diese Arbeit weckt unser Temperament und unsere Emotionen. Ich fordere: „Setzt eure Stimme ein!" Ein Kanon aus feurigen Anfeuerungsrufen und wütenden Schimpftiraden ertönt. Die Verbindung aus energiegeladenen Körperübungen, Stimme und Temperament lässt einen brodelnden Hexenkessel entstehen. „Haltet die Power. Jetzt benutzen wir keine realen Worte mehr. Alle Sprachen der Welt sind durcheinander geraten. Unser Mund plappert und plappert. Hört! Eine wirre Fantasiesprache ist entstanden. Achtung! Unser Becken will immer noch die festgeklebten Füße befreien!"

Die Arbeit ist laut. Sehr laut. Damit bei diesem rüden Übermut die Stimmen keinen Schaden erleiden, ergänzen wir die neue Sprache bald durch warme und weiche Laute. Jetzt tönt es leiser, differenzierter und nuancenreicher. In Kleingruppen experimentieren wir mit den emotionalen Möglichkeiten der Fantasiesprache. Wir machen Komplimente, verehren uns, gestehen uns schüchtern, zaghaft und verschämt unsere Liebe, werden dicke Freunde, streiten uns, zanken miteinander, bekommen Wutanfälle, versöhnen uns und nehmen so ein langes und intensives Gefühlsbad.

„Plappert weiter. Genießt eure Fantasiesprache. Und: Sie verändert sich. Jetzt wird sie zur lautreichen Sprache seltener Tiere, den Emos!

Emos, so haben Wissenschaftler festgestellt, haben eine sehr emotionale Lautsprache!" Und weil ich die Wirbelsäule in die Bewegungen einbeziehen möchte, behaupte ich weiter: „Einige Wissenschaftler vermuten richtig, dass bei Emos ein Zusammenhang zwischen den feinen, virtuos-differenzierten Bewegungen der Wirbelsäule und ihrer Emotionalität besteht." Die Bewegungen der Wirbelsäule machen uns animalischer, wecken das Tier in uns. Die Emos plappern und kauen gleichzeitig. Wir kauen und kauen und kauen. So werden wir allmählich zu einer Kuh. „Das Kauen wird Zentrum unseres Lebensgefühls. Wir kauen und kauen. ... Unsere Lippen kauen mit. Das Gesicht kaut mit. Die Augen kauen mit. ... Wir liegen auf der Weide und kauen. ... Genießt euer Dasein als Kuh! Genießt das naive Lebensgefühl. Tut nicht, als würdet ihr eine Kuh spielen. Seid Kuh!"

Egal, ob wir im Training eine Kuh oder ein anders Tier verkörpern, die äußere Form ist stets sekundär. Eine pantomimisch gelungene Darstellung ist hier nicht wichtig. Der Schwerpunkt der Tierverkörperungen liegt beharrlich auf den Aspekten des unintellektuellen Erlebens und der sinnlichen Imagination. Wir leben das Tier.

„Stellt euch die Weide vor. ... Schmeckt das frische Gras, in eurem Maul. ... Spürt, wie sich beim unablässigen Kauen stets das ganze Maul bewegt. Spürt den breiten Kiefer. ... Spürt eure Kuhaugen. Auch in euren Augen könnt ihr das schlichte Lebensgefühl der Kuh entdecken. ... Wir kauen weiter. Unser Maul ist so tief und weit, dass für das kleine Gehirn darüber wenig Platz bleibt. Spürt die angenehme Gedankenleere. ... Rekelt euch, wenn euch danach ist. Wir Kühe richten es uns wohlig in unserem schlichten Dasein ein. ... Wartet nicht auf das Ende der Übung. Eine Kuh wird viele Jahre alt. ... Wenn Laute entstehen, lasst sie raus. Grübelt aber nicht, wie ihr als Kuh klingen könntet. Das macht keine Kuh. Lasst die Laute einfach geschehen. ... Haltet das schlichte, einfache und genügsame Lebensgefühl der Kuh." Ein Schwarm Stechfliegen stört die friedliche Atmosphäre. Die Fliegen lassen sich auf den Rücken der Kühe nieder. „Verjagt die Fliegen!" Der Kampf ist schwer. Ohne Hände, Arme und Füße müssen sich die geplagten Kühe gegen die flinken Angreifer zur Wehr setzen. Die Rücken erwachen zu ungeahnter Beweglichkeit. Doch kaum ist eine Fliege verscheucht, landet schon die nächste auf irgendeiner anderen Stelle des riesigen Kuhrückens. Den Kühen reicht es endgültig. „Wir wälzen uns mit den Rücken auf dem Boden. Gut! Das tut gut. Kostet das Rekeln aus. Weiter! Langsamer, behaglicher rekeln!" So vollziehen wir den Übergang in ein weiteres Tier. Aus dem Rekeln der Kühe wird das Rekeln von Raubkatzen. „Stellt die Wirbelsäule in den Mittelpunkt eures Bewegungsgefühls. Kostet die Beweglichkeit der langen Raubkatzenrücken aus. ... Dreht euch. So gelangt ihr auf die Raubkatzenbeine. Schleicht ein paar Schritte. ... Lasst die Laute unzensiert geschehen. ... Dort, wo bei Menschen die Eckzähne sind, sind bei uns Raubkatzen die Reißzähne. Spürt sie! Von ihnen geht ein ganz besonderes Lebensgefühl aus. Akzeptiert es. ... Spürt die imaginären Schnurrhaare unter eurer Raubkatzennase. Wir Raubkatzen können sie bewegen. ... Spürt die weiten Nasenöffnungen. Wir Raubkatzen können durch sie außerordentlich gut riechen. ... Bewegt euch als Raubkatze durch den Raum. Spürt, wie der ganze Körper Raubkatze ist! ... Sucht mit eurem Rücken, den Rücken einer anderen Raubkatze. Kämpft Rücken gegen Rücken. Genießt das Miteinander im Kampf! Manchmal gewinnen wir einen Kampf, manchmal verlieren wir einen! Ihr habt viel Zeit miteinander. ... Nach und nach ziehen sich alle Raubkatzen zurück. Wir suchen unseren Schlafplatz. Eine angenehme Müdigkeit zieht in unsere Katzenkörper! Kostet eure Erschöpfung aus. Genießt dieses so körperliche Einschlafen. Aber bleibt Raubkatze! Selbst wenn ihr fast eingeschlafen seid, ihr bleibt bis zum letzten Augenblick der Übung in eurer Rolle. ... Und stopp! Wir ballen die Hände kurz und kräftig zu Fäusten, die Augen öffnen sich, die Übung ist vorbei. Zehn Minuten Pause!"

Die Frühlingssonne scheint durch die Studiofenster und wirft sonnige Schatten auf den Holzfußboden. Hier ist der Boden angenehm warm. Das Training war anstrengend. Die meisten bleiben am Boden liegen und kosten die wohlige Schwere aus. Mehrere Minuten ist es im Studio ungewohnt still. – „Die Zehnminutenpause hat jetzt 15 Minuten gedauert. Wir lüften, dann geht es weiter!

Bitte haltet die roten Nasen bereit! In den kommenden Übungen werden wir zu zweit spielen. Alle Duos werden wiederum parallel im Raum arbeiten. Das hat den Vorteil, dass ihr viel ausprobieren und euch in der Masse unbeobachtet fühlen könnt. Wir werden weitere Regeln des Clownspiels kennenlernen und anwenden. Vieles wird durchs Spielen deutlich, aber ich werde auch immer wieder Hinweise geben, warum dieses oder jenes wichtig ist und worauf man besonders achten soll. Zunächst geht es um die positive Weltsicht des Clowns. Die Übung, die ich euch dazu vorstellen möchte, habe ich vor Jahren auf der Strandpromenade von Norderney kennengelernt. Zwei Urlauberinnen, wohl gerade angereist, spazierten in froher Erwartung auf ein paar schöne Ferientage über die Promenade:

„Herrlich dieses Meer!"
„Ja wunderbar!"
„Und die Wellen!"
„Ja, die Wellen!"

„Schön!"
„Ja schön!"
„Einfach schön!"
„Und ein Himmel ist das!"
„Strahlend blau, kein Wölkchen! Wunderbar!"
„Ja wunderbar. Einfach schön. Herrlich. Der Horizont, das Meer, die Sonne. Wunderschön!"
„Ja wunderschön! Und der Seewind!"
„Ja, so erfrischend!"
„Hier muss keiner in der Hitze braten!"
„Ja, schmoren muss hier keiner!"
„Und überall stehen Bänke!“
„Ja, wer sich setzen will, setzt sich einfach und genießt die Aussicht!“
„Eine herrliche Aussicht!“

Ich bin den Urlauberinnen damals eine Weile hinterher gegangen und habe amüsiert ihrem Dialog gelauscht. Beide Damen hatten eine so frohe und erwartungsvolle Stimmung, dass sie selbst die teils hässliche Bebauung als Attraktion betrachten konnten. Die blendende Urlaubslaune hatte ihnen eine extrem positive Weltsicht verliehen. Was diese Urlauberinnen damals so überschwänglich auf Norderney zelebriert haben, werden wir nun als Clowns tun. Wir gehen mit unserem Partner durch den Raum und benennen dabei wiederum alle Dinge die wir wahrnehmen. So haben wir es schon letzte Woche gemacht. Jetzt sind wir jedoch zusätzlich - genau wie jene Urlauberinnen - von den Dingen begeistert, ja sogar überaus begeistert. Wir kommen zum Beispiel an der Wand vorbei und stellen fest:„Eine weiße Wand! Eine schöne weiße Wand!“ Darauf wird unser Partner ähnlich positiv antworten: „Jawohl, eine sehr schöne weiße Wand! So wunderschön weiß!“ Alles was wir wahrnehmen, wird positiv bewertet. Wir finden alles super, toll, prima, ausgezeichnet, glänzend, sagenhaft und großartig. Selbst der Staub auf der Fensterbank ruft unser Entzücken hervor. „Schaut mal, hier gibt es sogar Staub. Ganz feiner Staub. Herrlich. Das ist schön. Wunderschön. Also wirklich: Ich bin ganz begeistert. Und da, zum Glück sind die Fenster nicht geputzt. Haben wir ein Glück, so können wir Muster auf der Fensterscheibe erkennen. Ausgezeichnet. Gut, dass hier lange nicht geputzt wurde!“ Ihr werdet hier im Studio viel Schönes, Entzückendes, Attraktives, Reizendes, Liebenswertes und Wunderbares entdecken. Viel Vergnügen!“

Der Clownspaziergang beginnt und alle Paare entwickeln schnell die geforderte Grundstimmung. Ich animiere mit der positiven Grundfarbe nicht sparsam umzugehen, sondern sie fett und überschwänglich aufzutragen. Nach wenigen Minuten verliert sich die anfängliche Künstlichkeit und - oh Wunder - die positive Stimmung wird echt. Gute Laune ist ein Perpetuummobile. Gute Laune macht gute Laune.

Was in dieser Übung explizit geübt wird, soll entsprechend dosiert von nun an einen Einfluss auf das gesamte Clownspiel nehmen und es stets in allen Poren durchtränken. Die Dosierung richtet sich nach dem Einzelfall. Künstlerische Intention und Gusto geben den Ausschlag. Ohne einen Tropfen von jenem Elixier, mit dem das Spiel so wunderbar durchtränkt und verzaubert werden kann, kommt keine Clownnummer aus. Meistens braucht es zwei, drei, oftmals gar viele jener Wundertropfen, die Spiel in Clownspiel verwandeln. Es ist unverzichtbarer Bestandteil des Clownspiels.

Die Prämisse des clownesken Positivismus haben wir bereits kennengelernt als wir das „Jawohl – Prinzip" angewendet haben. Auch die Regel: „Clowns sind immer Freunde" gehört hierzu. Das Freundschaftsgebot wird nun durch das Postulat: „Der Clown und die Welt sind Freunde" um ein Vielfaches ergänzt. Dadurch entsteht das Leichte, Warme, Herzliche und Unbekümmerte, das letztendlich die Magie des Clowns ausmacht.

Ein Blick in die Welt der Kinder: Ich habe mich sehr amüsiert, als ich die folgende Geschichte über meinen kleinen Freund J. gehört habe. J., 5 Jahre alt, steht mit seiner Mutter am Teich und füttert Enten. Er und die Enten sind begeistert. Schwupp, J. fällt in den Teich. Einen Augenblick ist sein Kopf unter Wasser. Seine Mutter muss ihm – in kompletter Winterkleidung – unverzüglich ins Wasser folgen und ihn retten. Kaum ist sein Kopf wieder über dem Wasser, sagt er mit leuchtenden Augen, die den Stolz auf das bestandene Abenteuer ausdrücken: „Mama, ich glaube, die Enten wollten mich fressen!"

In dieser Anekdote erfahren wir etwas über die positive Grundstimmung, die Kindern eigen ist, wenn sie geschätzt und geliebt aufwachsen. Sie ist der Grundstimmung des Clowns ähnlich. Für J. ist die Welt ein interessantes, vielversprechendes und schönes Abenteuer. Nichts kann ihn unterkriegen. Der Tag ist schön, er hat die neugierigen Enten gefüttert, ist sogar in den Teich gefallen und gleich, wenn er nach Hause kommt, wird seine Schwester gewaltig staunen, weil er und Mama in Decken eingewickelt, triefendnass aus dem Auto steigen.

Dieses Beispiel verweist gleichzeitig darauf, dass alle Katastrophen, denen Clowns begegnen, trotz des Grundsatzes des clownesken Positivismus nicht ausgeklammert werden. Clowns stolpern durch das Leben und ziehen Missgeschicke mit magischer Energie an. Das macht ihren Reiz aus. Aber all das geschieht in einer positiven Atmosphäre. Wir können die Tollpatschigkeit des Clowns mit all den daraus resultierenden Folgen nur genießen, weil all das Leid auf einem sicheren Fundament geschieht. Wo die positive Grundierung und der entsprechende Rahmen fehlen, versagt uns in Anbetracht eines Desasters das herzliche Lachen. Im Fernsehen sind immer wieder Pleiten-, Pech- und Pannenshows zu sehen, in welchen Privatvideos gezeigt werden, in denen sich – oftmals auch Kinder – manchmal gar heftig weh tun. Herzliches Lachen ist dort nicht möglich. Die Ausschnitte stellen nur den Augenblick des Leids in den Vordergrund, sodass auf vulgäre Art bestenfalls die Schadenfreude der Betrachter bedient wird.

Das Umfeld, der Rahmen und der Charakter der Darbietung entscheiden, ob wir lachen können oder nicht. Clownschicksale bekommen erst durch den clownesken Positivismus ihre ganz typische, eben clowntypische Wirkung, die uns ein herzliches Lachen ermöglicht. Daher: Dem Clown dürfen alle Unglücke der Welt geschehen, aber sie geschehen stets an einem schönen Tag. Und: Für Clowns ist immer ein schöner Tag.
Wird der Protagonist an einem gewöhnlichen Tag exekutiert, ist dies bitter. Wird er jedoch am schönsten Tag seines Lebens zum Schafott geführt, ist dies bittersüß. Durch die positive Grundierung entsteht die besondere geschmackliche Feinabstimmung, die den Reiz guter Clownszenen ausmacht. Schmeckt etwas nur bitter, verweigern wir die Nahrungsaufnahme. Ist es jedoch bittersüß, bekommt es einen besonderen geschmacklichen Reiz. „Mit 'nem Teelöffel Zucker, nimmst du jede Medizin!" Und: Wer Roberto Beninis Film „Das Leben ist schön!" gesehen hat, weiß gar, dass man gleichzeitig lachen und weinen kann.

Vereinfacht gesehen entsteht Komik, indem die Geschmacksrichtungen Bitter und Süß gemischt werden. Wie viel Süße oder Bitterstoffe für die jeweilige Mahlzeit verwendet werden, entscheidet darüber, welche Art von Komik entstehen soll. Wenn etwas nur süß schmeckt, kann es für einen Moment attraktiv munden, verliert dann jedoch sehr schnell seinen Reiz. Erst eine fein abgestimmte Prise Bittergewürz, zusätzlich etwas Pfeffer, vielleicht auch etwas exotische Gewürzmischung, schaffen einen reizvollen, vielleicht provokanten und kontrastreichen Geschmack. – Wer einmal ein bitteres Nahrungsmittel ausgespuckt hat, weiß wie schnell die Zuschauer die Nahrungsaufnahme verweigern werden, wenn etwas nur bitter schmeckt. Daher geschieht im Clownspiel alles Bittere stets auf einem süßen Grund. Der Zuschauer kann sich vergnügt zurücklehnen und sich herzlich über das Leid des Clowns amüsieren.

Die Prämissen des clownesken Positivismus verweisen auf die Anforderungen, die an den Clownspieler gestellt werden. Es reicht nicht aus, wenn man sich auf die Feststellung zurückzieht, dass für Clowns ohnehin immer ein schöner Tag ist. Der Clown muss die positive Weltsicht empfinden und leben. Dazu braucht es einen Spieler, der diese Regel nicht nur äußerlich, sondern vielmehr innerlich umsetzen und das

Glück des Clownseins in allen seinen Poren aufspüren und zulassen kann. Manche Spieler verfügen über eine entsprechende Intuition. Viele müssen sich das Positive erst gestatten und manche müssen es in sich unter großen Mühen freilegen.

Interessant: Lässt man unerfahrene Spieler ohne Regelwerk und ohne Hinweis auf die Prämisse des clownesken Positivismus improvisieren, so hat ihr Spiel oftmals eine negative Färbung. Offenbar liegt es in der Natur der menschlichen Seele, dass es leichter ist, mit dem Gegenüber, gar der ganzen Welt unzufrieden zu sein, als sie schlicht und einfach zu mögen. Auch bei fortgeschrittenen Spielern, die die Grundlagen des Clownspiels beherrschen, schleichen sich immer wieder negative Anteile ins Spiel. Es braucht sensible Antennen, um die kleinen Dosen von Unmut, Aggression, Wut und Bitterkeit wahrzunehmen, die sich stets von Neuem ins Spiel schleichen. Dann gilt es ihren Ursachen auf den Grund zu gehen und das Spiel von ihnen zu befreien. Der Clownspieler muss sich ständig mit sich und seiner Einstellung zur Welt auseinandersetzen, damit seine innere Sonne im Spiel ungetrübt erstrahlen kann. – Um diese Sonne entdecken zu können, habe ich Übungen entwickelt, wie jene „Norderneyübung", von der hier alle Überlegungen ausgegangen sind.

Zurück zur Workshopgruppe. Wir haben die roten Nasen abgesetzt und tauschen die Erfahrungen unseres positiven Studiospaziergangs aus. „Diese Stimmung hat einen Sog erzeugt. Davor kann man sich nicht retten!" fasst Susanne ihre Erfahrungen zusammen.

„Wunderbar. Kostet diesen positiven Sog auch in der folgenden Übung aus. Wir wollen jetzt nicht nur einen Spaziergang durch unser Studio machen, wir wollen zu zweit miteinander spielen. Dafür greifen wir auf alle Spielregeln zurück, die wir kennen. Wir haben die Worte: „Jawohl" und „Glückwunsch" sowie die dahinter stehenden Regeln kennen gelernt. Außerdem haben wir erfahren, dass Clowns immer Freunde sind und keine Fragen stellen. Dabei haben wir auch die Regel „Clowns diskutieren nicht – Clowns handeln" kennengelernt. Und wir haben erfahren: Clowns lieben Wiederholungen. Erinnert euch an Pizzas und Hassos Versuche, immer wieder den Stuhl durch die Tür zu tragen. Ihr Spiel bestand eigentlich nur aus der variantenreichen Wiederholung der stets gleichen Handlungselemente. Das Wiederholungsprinzip ist ein zentrales Element des Clownspiels. Um es fest zu verankern, nehmen wir die Redewendung „Noch mal" in unser Clownvokabular auf. Es wird uns animieren, Handlungselemente einmal, mehrere oder viele Male zu wiederholen. Akzeptiert die Einfachheit die dadurch entsteht. Genießt sie! Macht euch keine Mühe kreativ zu sein und eine besonders interessante Handlung zu erspielen. Schon in Pizzas und Spams Stuhlimprovisation konnten wir erfahren: Es ist nicht wichtig, was ein Clown tut, wichtig ist, wie er es tut. – Kostet die neuen Regeln aus, bringt sie mit den bekannten Regeln zusammen. Viel Vergnügen bei der nächsten Partnerimprovisation!"

Nach der Improvisationsphase sitzen wir im Kreis und werten aus. Das folgende Gespräch, das ich dabei mit Susanne und Olav führe, gibt etwas vom Charakter des Spiels wieder. Es zeigt auch, dass schon die Blockade eines einzelnen Zahnrads das gesamte Getriebe einer Improvisation blockieren kann. Dabei wird deutlich, dass man bisweilen wie ein Detektiv nach den Ursachen einer solchen Blockierung suchen muss und trotzdem, wie im Folgenden, nicht immer ein endgültiges Ergebnis erhält.

Olav: „Ich finde, unsere Sonne hat etwas übertrieben gestrahlt. Da müssen die Zuschauer aufpassen, dass sie keinen Sonnenbrand bekommen – alles ein bisschen heftig dosiert."
Susanne: „Aber wir haben wunderbar miteinander gespielt. Ich genieße das Positive. Dadurch passiert mehr, alles ist einfacher. Das Spiel war wie ein Fluss – ein reißender Fluss. Bis auf einen echten Hänger sind wir von alleine durch das Spiel durchgestolpert. Und dabei waren wir so toll verrückt – wie echte Clowns."
Olav: „Teils, teils. Ich finde, wir waren oft zu übertrieben positiv. Ich bevorzuge eigentlich ein Spiel, in dem die innere Sonne nur eine angenehme Grundwärme erzeugt und nicht gleich alles platt strahlt."
Susanne: „Aber ich fand unser Spiel nicht übertrieben. Suse fühlt sich so an."
Olav: „Na gut, und ich habe mich eben so angefühlt. Und wenn ich Zuschauer gewesen wäre, hätte ich unser Spiel übertrieben gefunden."
Susanne: „Ich nicht. Ich hätte mich amüsiert. Insbesondere über dich. Bei dem Spiel „Setzen – Aufstehen!" hast du ein solches Vergnügen gehabt. Die Zuschauer hätten gekreischt vor Lust! Ihr müsst euch vorstellen: Propper und Suse haben einen Stuhl entdeckt und festgestellt, dass man darauf auch zu zweit sitzen kann. Das hat beide glücklich gemacht."
Olav: „Ja, und Suse wollte noch einmal glücklich sein und ist wieder aufgestanden, um sich gleich noch einmal zu setzen."
Susanne: „Und Propper hat mitgemacht. Einer hat immer „Noch mal!“ gesagt und so haben wir „Setzen – Aufstehen“ gespielt. Und dabei sind wir immer schneller geworden und haben sogar Anlauf genommen, und dadurch haben wir jedes Mal anders gesessen. Mal hat Propper auf Suse gesessen, mal umgekehrt. Manchmal haben wir auch fast gelegen, und einmal haben wir auch auf dem Stuhl gestanden. Und dann hat Propper sich mit Schwung daneben gesetzt, aus Versehen. Danach war es vorbei. Warum?“

Olav: „Dann hat Propper geheult, weil es weh getan hat.“
Susanne: „Und Suse hat ihn getröstet.“
Olav: „Und dabei haben sich beide gesetzt. Und Suse wollte gleich wieder „Setzen – Aufstehen“ spielen.“
Susanne: „Und da wollte Propper nicht mitmachen. Und das war schade.“
Olav: „Propper hatte aber keinen Bock mehr darauf, der wollte mal was anderes machen.“
Susanne: „Also da klemmte es. Plötzlich lief nichts mehr.“
„Es klingt interessant, was ihr von eurer Improvisation berichtet. Ihr habt das Wiederholungsprinzip in clownstypischer Weise ausgenutzt, denn während der Wiederholungen kam es zu diversen Variationen. Anscheinend hat sich dabei sogar die Intensität der Handlung gesteigert. Schließlich seid ihr immer übermütiger geworden. So kam es zu einer echten Überraschung und Propper ist etwas Interessantes passiert. Plötzlich saß er neben dem Stuhl. Aufgrund seines Übermutes hatte er die Situation für einen Augenblick nicht mehr im Griff. Glückwunsch! Das scheint mir doch sehr clowntypisch zu sein. – Olav, hast du dir bei Proppers Sturz wehgetan?“
Olav: „Minimal. Das Steißbein hat etwas abbekommen.“
„Vielleicht hat sich das für dein Unterbewusstsein schmerzhafter angefühlt als es dein Bewusstsein wahrhaben wollte. So etwas geschieht uns ständig. Es könnte also sein, dass aus der Tiefe deiner Psyche, also unbewusst, ein Schutzimpuls entstanden ist, der erwirkte, dass Propper doch besser etwas Anderes machen soll. Um so etwas bei sich feststellen zu können, braucht es eine große Portion Selbstkenntnis. Niemand von uns weiß, wie oft solch tiefe Prozesse unser Verhalten beeinflussen ohne dass wir es erfahren. Manches entscheidet sich in unserem Unterbewusstsein und wir erfahren von diesem Entscheidungsprozess nie etwas. Wir kennen nur das Ergebnis. Und das wäre in diesem Fall: „Ich will nicht mehr „Setzen – Aufstehen“ spielen. Ich will was Anderes spielen!“ Ob dies so war, können wir im nachhinein schwer entscheiden. Hätten wir als Zuschauer diesen Augenblick erlebt, so könnten wir uns darüber möglicherweise ein anderes Urteil erlauben. Das Unterbewusstsein verrät sich oftmals. Dann können wir anhand minimaler Gesten und feiner Mimik ablesen, dass da noch etwas Anderes im Spieler geschieht, als das, was er offiziell kundtut. Vielleicht hätten wir bei Olav eine kleine Schutzbewegung beobachtet. Vielleicht hätten wir in seiner Mimik etwas entdeckt, das uns auf einen solchen Widerspruch hingewiesen hätte.“
Olav: „Das glaube ich aber in diesem Fall nicht. Ich kann mit solch kleinen blauen Flecken umgehen."
„Vielleicht liegt die Ursache für die kurze Spielblockade woanders. Möglicherweise hat sich der Verstand von einem Spieler eingemischt und

wollte die Regie übernehmen."
Olav: „Ich wollte einfach mal was Anderes machen."
„Interessant. Aber warum?"
Olav: „Damit es nicht langweilig wird."
„War dir langweilig?"
Olav: „Mir nicht, aber ich denke bei einem solchen Spiel auch immer an die Zuschauer."
Susanne: „Aber wir hatten keine Zuschauer."
Olav: „Jetzt nicht, aber später."
„Wer sagt, dass sich die Zuschauer gelangweilt hätten? Vielleicht wären sie enttäuscht gewesen, weil es nicht weitergeht mit „Setzen – Aufstehen". Wir Zuschauer lieben Wiederholungen, mehr als es sich der kluge Regisseur in uns vorstellen kann. Wenn der Clown sich bei den Wiederholungen vergnügt, dann vergnügen sich in der Regel auch die Zuschauer."
Olav: „Aber ich habe mich nicht mehr vergnügt."
„Was wollte Propper denn wirklich?"
Olav: „Propper wollte wieder etwas Schönes spielen."
Susanne: „Dann hätte er ja „Setzen – Aufstehen" spielen können."
„Vielleicht wäre es im Sinne clownesker Einfachheit interessant gewesen beim Thema zu bleiben. Vielleicht? Vielleicht lag die Ursache der Blokkade anderswo. Vielleicht war Suse nicht offen für Proppers Empfindungen und das was spielerisch aktuell bei ihm anlag. Vielleicht hat sie allzusehr nach der Regel: Alles ist schön! spielen wollen. Vielleicht?"
Susanne: „Ich habe ihn augenblicklich getröstet."
„Vielleicht lag die Ursache der Blockade auch schon in den Momenten davor. Vielleicht war Proppers Heulen als Reaktion auf den Sturz nicht die echte, authentische Reaktion. Vielleicht hatte er in diesem Augenblick ein ganz anderes Gefühl. Vielleicht hatte Suse ein ganz anderes Gefühl als ihn trösten zu wollen. Vielleicht hat sie sich gefreut, weil er einen so schönen Satz gemacht hat und dabei auf dem Steißbein gelandet ist. Vielleicht, vielleicht. Irgendwo ist eine Kleinigkeit geschehen und dadurch ist euer schönes Spiel plötzlich blockiert gewesen. Wahrscheinlich bekommen wir das im Nachhinein nicht mehr heraus, zumal ihr noch nicht alle Regeln des Clownspiels kennt."
Olav: „Ich möchte noch etwas zur Rolle der Zuschauer wissen. Wenn ich auf der Strasse spiele, muss ich immer an die Zuschauer denken. Sonst habe ich anschließend nichts im Hut!"
„Wenn wir uns im Spiel üben so wie hier, wenn wir uns alle nebeneinander in Improvisationen stürzen, geht es nur um das Spiel miteinander. Da haben Gedanken an spätere Zuschauer keinen Platz. In der anschließenden Auswertung können wir wieder an die Zuschauer denken und uns fragen, was diese möglicherweise gemocht hätten, aber auch was sie gelangweilt hätte. Wir trennen in uns die Aufgaben von Spieler und Regisseur. Beim Spielen sind wir zunächst nur Spieler. So kann es zu Ent-

deckungen kommen, zu denen wir als Regisseur nie kommen würden. Beim Spiel wird das Spiel erfunden. Aber dazu müssen wir uns ganz ins Spiel fallen lassen. Die künstlerische Ausbeute wird anschließend betrieben. Dann können wir reflektieren, welche Zusammenstellung unser Clownsmenü später einmal haben wird und wie es geschmacklich abgestimmt sein soll.

Übrigens: Olav hat in dieser Improvisation anders gespielt, als er eigentlich spielen und wirken will. Er sagte, dass er seine innere Sonne nur zart scheinen lassen will. Das ist interessant. Dabei kann er sie strahlen lassen wie am schönsten Sonnentag des Sommers. Interessant. Die meisten von uns haben bewusst oder unbewusst ganz bestimmte Vorstellungen, wie ihr Clownspiel später einmal aussehen soll. So geraten sie in einen Konflikt zwischen dem was ist und dem was sein soll. Olav hat ein Talent gezeigt, nämlich sehr positiv, mit viel Power spielen zu können, aber als Regisseur oder Autor bevorzugt er ganz andere künstlerische Maximen. Bitte unterdrückt eure Talente nicht. Lasst sie heraus. Was wir damit anfangen können, werden wir später entscheiden. In den ersten Stunden als Geigenschüler spekuliert man auch noch nicht über die großen Symphonien, die man später komponieren und dirigieren möchte. Lauscht dem Klang eures Instruments und lasst ihn frei. – Nach der Mittagspause werden wir neue Spielregeln kennenlernen. Vielleicht treffen wir dabei auf einen Hinweis, der Olav und Susanne bei der Überwindung ihrer Spielblockade geholfen hätte."

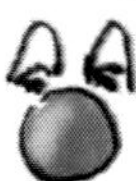

„Wir stellen uns in einem Kreis auf. Noch enger! Jawohl ganz eng. Wir reiben die Hände. Reiben, Reiben, Reiben. Damit entfachen wir unsere Vorfreude. Nach der Mittagspause braucht es etwas Zeit, bis wir uns wieder eine lebendige, abenteuerlustige und erwartungsfrohe Grundhaltung erobert haben. Nebenbei erläutere ich euch die nächste Übung. Ein kurzer Rückblick: Olav und Susanne haben vor der Pause berichtet, wie ihr Spiel unerwartet ins Stocken geraten ist. Was die Beiden erlebt haben kennen alle. Wir spielen und plötzlich klemmt es. Das Spiel will einfach nicht mehr weiter gehen. Wir fühlen uns unwohl, wissen nicht was wir tun sollen und möchten augenblicklich das ganze Spiel abbrechen. Unsere Improvisationen gleichen noch Fahrten in einem unzuverlässigen Auto. Der Motor stottert. Ständig droht der Wagen stehen zu bleiben. Es holpert, und plötzlich stehen wir mit einem Ruck hilflos auf der Stelle. Mit einem solchen Auto können wir nicht an einer Rallye teilnehmen. – Was tun, wenn das Spiel nicht weitergehen will? Was tun, wenn es vielleicht erst gar nicht in Gang kommen will? Die Regel „Noch mal!" ist dafür nicht geeignet. Wir brauchen für diese Fälle ein spezielles Hand-

werkszeug. Deswegen nehmen wir jetzt zwei neue Worte in unser Clownvokabular auf: „Handeln!" und „Weitermachen!" Beide sind miteinander verwandt. „Handeln" ist das Wort, das uns auffordert aktiv zu sein, etwas zu tun. Es ist mit dem Wort „Hand" verwandt. Handeln be-deutet also eine Sache anzupacken. „Weitermachen", ist das Wort, das uns auffordert, mit einer begonnenen Handlung nicht unvermittelt aufzuhören. Das geschieht allzu oft. Meistens, weil ihr noch nicht absehen könnt, wohin euch die Handlung führen wird, wenn sie immer weitergeht. Jede Wanderung wird aber zu einem interessanten Ziel führen, man muss nur weitergehen.
Ein Beispiel: Zwei Clowns stehen vor einem Stuhl. Jeder von ihnen fragt sich, was als nächstes geschehen soll. „Handeln!" und schwupp hat sich einer von beiden den Stuhl genommen und darauf gesetzt. „Was soll ich jetzt tun?" fragt sich der Zweite. „Handeln!" und schwupp sitzt er auf dem Schoß des Ersten. Dieser stöhnt nun unter dem Gewicht des Freundes. Hier hat das Wort „Handeln" die Handlung in Gang gebracht. Bitte nicht aufhören. Wie geht die Handlung weiter? „Weitermachen!" Womit? Mit allem was gerade anliegt. Was liegt gerade an? Das Stöhnen! Der Untere stöhnt über das Gewicht des Freundes. Also: Weiterstöhnen. Und wo soll das Hinführen? Keine Ahnung. Wir sind Abenteurer. Es wird schon irgendwo hinführen. Nur bitte nicht zögern oder bremsen „Weitermachen!" Also weiter stöhnen. Der Obere hört das Stöhnen. Wie wirkt es auf ihn? Was empfindet er dabei? Was will er deswegen tun? „Handeln!" Das Stöhnen nervt ihn. „Handeln!" Schwupp, da hält er dem Stöhner die Hand vor den Mund. Der weiß nicht wohin mit seinem Unmut und beginnt zu weinen. „Handeln!" Ein Taschentuch wird gesucht.
Clowns sind rastlose Abenteurer und nichts kann machen, dass sie aufhören. Es gibt kein Innehalten. Wie jeder Abenteurer wollen sie weiter, weiter und viel weiter! – Los geht's! Neben euch steht der nächste Spielpartner. Das Händereiben hat uns auf das kommende Abenteuer vorzüglich eingestimmt. Also: Sprung, rote Nase aufsetzen, und schon werdet ihr die erste Banalität wahrnehmen, diese benennen, das Wort „Handeln" einsetzen und schwupp habt ihr euch in ein Spiel verwickelt. Viel Vergnügen!"
Zum Handeln brauchen wir Spielobjekte, die bei Bedarf ins Spiel einbezogen werden können. Deswegen platziere ich wieder etliche Requisiten im Raum.

Mit den Regelworten: „Handeln!" und „Weitermachen!" sind wir weiter ins Zentrum des Clownspiels vorgestoßen. Clowntheater bezieht seine Wirkung nicht aus Verbalexkursionen oder Wortakrobatik. Clowntheater ist Handlung pur. Hier geschieht etwas. In der Improvisation erfahren wir die Möglichkeiten einer derartig turbulenten Achterbahnfahrt. Einmal abgefahren macht der Wagen auf seiner Berg- und Talfahrt keinen Halt.

Es gilt Loopings und Steilkurven zu genießen. Der Schwung ist mächtig. Die Fahrt kann lange dauern. Niemand darf bremsen. Doch das ist einfacher gefordert als getan. Viele Spieler agieren mit angezogener Handbremse, bremsen vor brisanten Augenblicken gar vollständig. So sind keine Loopings möglich! Was macht, dass ein Spieler bremst? Woher kommen Spielblockaden? Wie komplex hier die Suche nach Antworten ist, hat sich schon vor der Mittagspause angedeutet, als wir uns bemüht haben, die Ursache für Olavs kurze Spielblockade zu verstehen.

Ein Radfahrer, der vor einer Kurve bremst, tut dies um sich vor einem Unfall zu schützen. Ähnlich verhält es sich mit dem Bremsverhalten in Clownimprovisationen. Leib und Seele dürfen nicht verletzt werden. Dieser Grundsatz bleibt unumstößlich. Etliche psychische Schutzmechanismen jedoch behindern das Spiel, zumal sie für Clowns nicht notwendig sind. Der Umgang mit diesen psychischen Automatismen ist eine der großen Herausforderungen auf dem Weg zum Clownspieler, zumal die meisten Schutzreaktionsmuster unbewusst ablaufen, daher schwer zu identifizieren sind und den Spieler in seinem Verhalten unfrei machen. Wiederum gilt: Selbstreflexion gehört zum Werdeprozess des Clowns. Schon wenn etwas aus dem Unbewussten ins Bewusste gehoben wird, kann kurz- oder langfristig ein Blockademechanismus aufgehoben werden.

Jeder Spieler muss lernen, seine Handlungsimpulse wahrzunehmen, diesen nachzugeben, also zu handeln und damit Spiel entstehen zu lassen. Das Clowntheater fordert impulsive Spieler. Ein kurzer Ausflug in die Theorie des Handlungsimpulses schafft Klarheit. Was ist ein Impuls? Wie kommt er zu Stande? Was bewirkt, dass jemand etwas tut? Mit diesen Fragen haben wir uns augenblicklich in den Mikrokosmos menschlichen Verhaltens begeben. Neurologie und Psychologie konnten in jüngster Zeit Licht in das Mysterium des menschlichen Handelns bringen. Ich leite aus den Erkenntnissen dieser Wissenschaften ein vereinfachtes, praxisrelevantes Modell ab und unterscheide der Übersichtlichkeit halber zwischen drei Arten von Impulsen.
Erstens: Die Natur hat uns mit unmittelbaren, nicht steuerbaren Reaktionsmustern ausgestattet, die uns vor Gefahr schützen. Wir erleben sie, wenn wir z.B. aus Versehen auf eine heiße Herdplatte fassen. Schon bevor wir dies bewusst registriert haben, geschweige darüber nachdenken konnten, haben wir die Hand automatisch weggezogen. Auf diese Handlungsimpulse haben wir fast gar keinen Einfluss.

Die zweite Art von Impulsen ist für das Clownspiel interessant. Wir finden sie bei allen höheren Säugetieren. Beim Menschen sind sie besonders ausgeprägt. Diese Impulse steuern die zum Leben und Überleben gehörenden Zusammenhänge. Die Basis dieser Impulse sind unsere Gefühle. Sie sagen uns, was wir tun müssen. Wenn unser Körper zum Beispiel Nahrung benötigt, erzeugt er das Gefühl des Hungers woraufhin wir entsprechend handeln und Nahrung zu uns nehmen.

Die Komik spielt gern mit dem Gefühl des Hungers und den diesbezüglichen Impulsen. Wenn der Geruch von leckerem Wildschwein durchs gallische Dorf zieht wird es Obelix ganz anders zu Mute. Auch die Magie sexueller Reize und der damit verbundenen Gefühle und Impulse kennt jeder. Im Spannungsverhältnis zwischen dem Impuls „Ich will" und dem Gebot „Ich darf nicht" ereignen sich viele komische Szenen.

Hinweise auf emotional gesteuerte Handlungsimpulse finden sich auch in bekannten Redewendungen:
„Am liebsten hätte ich alles aufgegessen!"
„Am liebsten hätte ich ihm eine gescheuert!"
„Am liebsten wäre ich weggelaufen!"
„Am liebsten hätte ich ihn umarmt!"

In diesen Aussagen spiegelt sich wie Impulse wahrgenommen, ihnen jedoch nicht nachgegeben wird. Die Gebote unseres Zusammenlebens verbieten in vielen Bereichen den puren Umgang mit Handlungsimpulsen. Der Clown jedoch handelt ursprünglich und unzensiert und lässt seinen Impulsen freien Lauf. Clowns können nicht sagen, was sie am liebsten getan hätten, sie haben es bereits getan. So entsteht das Ehrliche und Einfache, das den Clown auszeichnet und zu einer unmittelbar durchschaubaren Figur macht. Muss er jemandem eine Backpfeife geben, so schlägt er zu. Möchte er ihn umarmen, so fällt er ihm um den Hals. Bekommt er Angst, so läuft er weg. Und selbst wenn er von der verbotenen Torte nicht essen darf, unterliegt er seinem Handlungsimpuls und kann gar nicht anders, als von ihr zu naschen. – Vereinfacht gesehen lässt sich festhalten: Aus Gefühl wird Impuls und daraus folgt Handlung. Dies geschieht fortwährend und oft im Bruchteil von Sekunden. Schwupp, da ist der Finger in der Torte. Schwupp. Lecker. Noch mal.

Die dritte Art von Impulsen kann das Clownspiel stören. Es sind jene, im Verstand mit Kalkül und Berechnung entstandenen Ideen, die einer emotionalen Grundlage entbehren. Oft werden sie eingesetzt, um einem Gefühl auszuweichen oder dieses zu überspringen. Folge: Das Spiel wird sprunghaft, und der emotionale Bogen des Spiels bekommt Risse. Kopfideen kühlen das Clownspiel ab. Sie stören.

Spielen, spielen, spielen heißt es, um sich als Clown zu entwickeln. Die Spieler haben die neuen Regeln mehrere Male und mit wechselnden

Partnern ausprobiert. Die Regeln sollen in Fleisch und Blut übergehen, damit sie bald nicht mehr ausgesprochen werden müssen. „Wunderbar, euer Spiel wird immer ereignisreicher. Die Redewendungen „Noch mal!" „Handeln!" und „Weitermachen!" sind wie Kollegen. Sie helfen euch, gemeinsam das Feuer der Handlung zu entfachen und nicht ausgehen zu lassen. Jetzt soll das Spiel verrückter und draufgängerischer werden. Wir wollen noch impulsiver werden. Wir wollen ein weiteres Stück Vorsicht aufgeben. Wir wollen risikoreicher spielen. Wer den Partner küsst, geht die Gefahr ein, dass dieser reagiert. Wer den Partner kneift, wird vielleicht zurückgekniffen. Wir spüren diese Risiken. Manchmal halten sie uns vom intuitiv-impulsiven Handeln ab. Deswegen nehmen wir nun das Wort „Risiko!" in unser Vokabular auf. Es wird uns animieren, all die unerlaubten, unüblichen, vielleicht auch moralisch besetzten Wege zu gehen, die neben der gesellschaftlichen Konvention liegen. „Risiko!" steht auch für die Erlaubnis zum Abenteuer. Eine wunderschöne Variation des Wortes „Risiko!" ist die Redewendung „Wir sind Draufgänger!" – Experimentiert mit den Möglichkeiten die darin verborgen sind. Neuer Partner. Neues Vergnügen!"

Die neuen Redewendungen können wie Wunderdrogen wirken. Manche Clownduos verlassen mit ihrer Hilfe nicht nur sinnbildlich, sondern auch praktisch die üblichen Wege, indem sie über Tische und Bänke gehen. Carbonara und Meistro scheinen gerade die Alpen zu überqueren. Nun steigen sie, zwei Bergsteigern ähnlich, auf einen Hocker. Sie halten sich eng aneinander fest. „Risiko!" „Jawohl Risiko!" Meistro stürzt ab. „Noch mal!" „Jawohl noch mal, wir sind Draufgänger!"

Pizza und Hummel versuchen als Draufgänger in einem Karton zu verschwinden. Der Karton ist zu klein. „Wir sind Draufgänger!" „Jawohl!" Sie probieren es erneut. Der Karton platzt. „Glückwunsch!" „Handeln!" Pizza versucht sich unter den Resten des Kartons zu verstecken. „Wir sind Draufgänger!" „Jawohl!" Hummel versucht, auch etwas Platz unter den Kartonresten abzubekommen und drängelt. Jetzt liegen beide nebeneinander und erinnern an ein Paar, das sich umständlich eine viel zu kleine Bettdecke teilen muss. Körpertheater entsteht. Körperkomik hält Einzug.
Zitronella und Spam wähnen sich in einer Höhle. Gerade versuchen sie unter einem Stuhl durchzukriechen. Nebeneinander! Jeder vernünftige Mensch weiß, dass sie so niemals hindurchpassen werden. Doch glücklicherweise sind sie unvernünftig. Zitronella und Spam versuchen sich durchzuzwängen. „Wir sind Draufgänger! Handeln!" Nebeneinander geht es nicht. Vielleicht übereinander? Zitronella krabbelt auf Spam. „Wir sind Draufgänger! Weiter!" – Ich erinnere mich, wie zurückhaltend Anna in den ersten Tagen war, wenn sie engen Körperkontakt aushalten musste. Jetzt ist sie als Zitronella auf Spam gekrabbelt, klammert sich

an ihm fest und lässt es sich gefallen, robbend durch den Höhleneingang getragen zu werden.

Die Stimmung im Studio ist euphorisch. Dies ist ein verzaubertes Irrenhaus. Hier regieren Lust und Vergnügen. „Wir sind verrückt!" rufe ich hinein. „Jawohl, wir sind verrückt!" Zitronella und Spam sind mittlerweile in der Höhle angekommen. Sie nehmen die neuen Redewendungen sofort auf. Dabei hauen sie sich immer wieder lustvoll vor die Stirn. Sie sind so angenehm heiter, wirr und dümmlich. Ich genieße ihr Spiel. Sie sind zum Knutschen!

Silvia, alias Carbonara, hat bei der Bergtour mit Felix, alias Meistro, keinen Gipfel ausgelassen. Silvia wirkt gelöst. Sie trägt ihre Haare offen und wirkt jünger als zu Beginn des Workshops. Nach der Improvisation sind alle angenehm erschöpft.
„Müssen Clowns denn immer so wild und aufgedreht spielen?" möchte Felix wissen.
„Clowns sind manchmal schrecklich laut, hitzig, schrill aufbrausend und überdreht. Besonders am Anfang. Clowns sind aber auch leise, still, bedächtig, ruhig, zart und fein. Clowns können all das sein, was wir Menschen auch sein können, nur stets ein bisschen leidenschaftlicher und intensiver. Als Anfänger hilft uns die schrille Atmosphäre. In ihr können wir aufdrehen, ausprobieren, explodieren. Wenn ihr jedoch schon ruhigen Momenten begegnet, in denen ihr die clowneske Verrücktheit halten könnt, so kostet sie aus."

Giesi und Oliver, alias Mücke und Olivio, berichten:
Oliver: „So etwas haben wir erlebt. Ich habe während des Spiels Bauchschmerzen bekommen, und Mücke hat mir deswegen ein Kissen unter das T-Shirt gesteckt."
Giesi: „Dann haben wir unser Kind gekriegt!"
Oliver: „Ich habe es gekriegt!"
Giesi: „Du hast es ausgetragen, ich habe bei der Geburt geholfen! Ich war die Hebamme."
Oliver: „Und dann, als wir Eltern waren, mussten wir ganz leise und vorsichtig sein. Unser Sleepy hat fast immer geschlafen."
Giesi: „Weil wir Sleepy permanent Schlaflieder vorgesäuselt haben."
Oliver: „Wir mussten auf Zehenspitzen gehen. Sogar Husten war nicht erlaubt. Aber Sleepy ist sehr musikalisch."

„Das klingt nach einer wunderbaren Dynamik, die euer Spiel entfaltet hat. Clowntheater ist wie Musik. Eine Symphonie braucht Momente, die ganz piano und ganz forte gespielt werden. Dadurch entstehen Abwechslung, Spannung, Reibung. Ein Auf und Ab. Dynamik, die uns mitreissen kann. – Pst! Pst! Weitersagen: Morgen beginnen wir wieder zur vereinbarten Zeit. 9.00 Uhr. Pst!"

7

Paradies - No

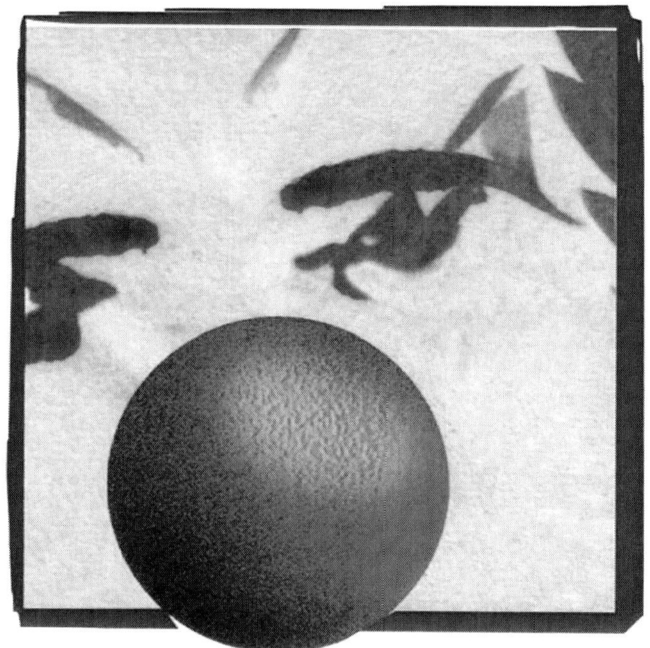

7 PARADIES – NO

„Guten Morgen! Wunderbar. Dann fangen wir einmal zwei Minuten eher an! Heute werden wir im Training weiteren Tieren begegnen. Viel Vergnügen!"

Clowntheater ist Körper- und Emotionstheater. Theater total. Der Clownspieler muss sich mit seiner ganzen körperlichen und emotionalen Präsenz, sowie einer großen sinnlichen Aufmerksamkeit dem Spiel zur Verfügung stellen. Der Spieler ist mit Leib und Seele gefordert. Vordergründige intellektuelle Aktivitäten unterdrücken die Quellen der Lebendigkeit und behindern das Spiel. Tiere sind impulsive, handelnde Wesen. Sie haben keinen planenden und reflektierenden Intellekt. Tiere denken nicht um zwei Ecken herum. Tiere können nicht lügen. Tiere verhalten sich unmittelbar. Ihr Verhalten ist triebgesteuert und bewegt sich jenseits menschlicher Normen und moralischer Verhaltensansprüche. In mancher Hinsicht sind Clowns Tieren ähnlich. Folglich müssen im Clownspieler die Quellen des unintellektuellen Erlebens freigelegt werden. Tierübungen sind hierfür eine vorzügliche Möglichkeit. Die ganzkörperlichen, sinnlichen und emotionalen Grundlagen des Clownspiels können in ihnen erfahren und trainiert werden. Dabei ist es sekundär, wie das verkörperte Tier pantomimisch gestaltet wird. Die Verkörperung muss von innen heraus gelebt werden. Die erzeugte Gemütslage steht im Vordergrund. Es gilt ganz Tier zu sein. Man tut nicht so, als wäre man ein Tier. Man ist ein Tier. Man tut nicht so, als wäre man ein Clown. Man ist ein Clown.

Tierverkörperungen fordern und fördern den Spieler in seiner Ganzheit. Die Integration von Körper, Atem, Stimme, Emotionalität, sinnlicher Wahrnehmung und Imagination bedingt die besondere Intensität der Wahrnehmung und des Ausdrucks. Alle einzelnen Aspekte stehen in zirkulärer Kausalität zueinander. Verstärkt sich z.B. die stimmliche Aktivität, so verstärkt sich gleichzeitig die Beteiligung des Atems, was wiederum die emotionalen Aspekte hervorhebt, was sich dann wieder auf die Physis auswirkt und so fort. Vom Spiel mit der Wirbelsäule geht eine besonders lebendige Wirkung aus. Wer eine Katze beobachtet, kann erleben, wie der lange, bewegliche Katzenrücken im Vordergrund ihres ganzen Wesens steht.

Den Teilnehmern habe ich nichts von den eben skizzierten Zusammenhängen erläutert. Sie haben den Vorteil, dass sie auf subtilere Art die Bedeutung erfassen können, indem sie es tun. Aus dem vorbereitenden Rekeln am Boden ist jetzt das Rekeln junger Katzen geworden. „Kostet euer Katzenrekeln aus! Entdeckt eure Wirbelsäule!" Die Spieler genießen es, zu einem Wurf von zwölf Katzenkindern zu gehören, die nun allesamt das Krabbeln erlernen, dabei über Brüder und Schwestern steigen, plötzlich wieder auf dem Rücken liegen und dann mit ganzer Anstrengung zu einem neuen Versuch starten. Katzen sind schmiegsam, beweglich, freundlich oder angriffsfreudig. All das kosten wir im Spiel der Katze aus. „Unser Katzenkörper wächst. Wir werden stark. Jetzt sind wir ein richtiger Raufbold. Kostet die freundschaftlichen Rangeleien mit euren Brüdern und Schwestern aus!"

Nach dem so gearteten ersten Austoben fällt es leichter, sich in die naive Grundhaltung eines ganz anderen Tieres fallen zu lassen, in die des Schafes: „Die Wiese ist noch etwas feucht, wir fressen, wir kauen, wir gucken! ... Der Blick ist weich. Keine Gedanken! Nur Fressen, kauen, gucken und ab und zu ein „Mäh!" Als Schaf, das seine Herde verloren hat, erleben wir Furcht und Heimweh. Als Schaf, das seine Herde wiedergefunden hat, erleben wir unbändige Freude. Ein eisiger Wind peitscht Regen und Hagel über die Wiese. Unbehagen, Leid. Endlich – die Sonne kommt wieder durch. „Spürt wie sich nach und nach vom Fell bis auf die Haut, bis in den Körper hinein wieder ein wohliges Gefühl ausbreitet!"

Es gibt keine Zensur, kein Abwägen. Wir müssen uns nicht zoologisch korrekt verhalten. Wir lassen uns im Dialog von Handeln und Fantasie durchs Tierleben treiben und begegnen dabei einer Vielzahl von Gefühlen.

Als Schlange kosten wir die Beweglichkeit der Wirbelsäule aus. Die Schlange ist aufmerksam. Ihr entgeht nichts. Das feine Spiel mit Augen und Zunge verleiht ihr einen intensiven Charakter. Als Schlange entdecken die Spieler eine heiter-misstrauische Hinterhältigkeit. Als selbstverliebter Schwan erleben wir ein Wechselspiel aus Grazie, gockelhaftem Stolz und schier unendlicher Bewunderung für sich selbst.
Auf dem Hühnerhof geht es aufgeregt und hektisch zu. Wir sind naiv und zerstreut. Chaos! Als Hühner verfügen wir über einen nur eingeschränkten Blickwinkel. Unser Weltbild ist begrenzt.

Als hinterhältige und feige Ratten überschreiten wir radikal die Grenzen zivilisierten Verhaltens. Eine plündernde Bande egoistischer Ratten zieht durch den Raum. Eine Zeitung wird zerrissen. Jede Ratte will so viele Schnipsel wie nur möglich an sich reißen. Andreas und Oliver kauen mit ihren Schneidezähnen auf Papierfetzen herum. Ihre Augen sind starr. Ihr Spiel ist äußerst intensiv. Beide mimen eine schnelle Kopulation. Während Ratte Andreas mit der Ratte Oliver kopuliert, bemächtigt sich diese seines Fressens.

Tierverkörperungen sind eine Möglichkeit sich frei zu spielen. Wir dürfen unsozial, gemein und hässlich sein. Clownspieler dürfen während des

Spiels nicht an ihren Normen und Werten kleben.
Clownspieler müssen frei sein. Als Darsteller, ganz gleich ob Clown- oder Schauspieler, kannst du alles sein.

Als bissiger Köter läuft uns der Speichel aus den Maulwinkeln. Wir bellen und beißen, sind hinterhältig und hässlich. Doch im Training können Wunder geschehen.

„Achtung. Stellt euch vor, eine gute Fee hat euch verzaubert. Ihr könnt gar nichts dagegen machen. Ihr werdet immer friedlicher. ... Ihr werdet zum Schoßhündchen. ... Man füttert euch. Man verwöhnt euch. ... Ihr werdet dick und dicker. Fett! Euer Leben besteht aus Fressen und Schlafen! ... Gute Nacht!"

Pause. Wir sitzen in der Teeküche. Giesi hat einen Rüblikuchen gebakken und versucht ihn in dreizehn gleich große Teile aufzuschneiden. Dann serviert sie ihn höflich, korrekt, wie die Serviererin eines feinen Cafés. „Bitte der Herr. Danke die Dame. Guten Appetit!" Andreas ist aufgekratzt. Er knurrt und bellt, dann beißt er in sein Kuchenstück. Kirstie hat Freude an seinem Hundespiel und steigt als „Frauchen" ein. „Andi Platz!" Sie nimmt den Teller und stellt ihn samt Kuchenstück auf den Boden. Hund Andi nimmt seinen Platz ein und frisst. „Wau!"

Felix hat währenddessen viele Fragen. „Wo bekomme ich Texte mit guten Clownnummern?"
„Nirgends! Clownspieler machen ihre Nummern selbst!"
Felix: „Alle?"
„Fast alle!"
Felix: „Und die wenigen anderen?"
„Die kopieren Nummern anderer Clowns. Aber, wie gesagt, das sind ganz wenige. Clowns waren immer die Autoren ihrer eigenen Nummern. Sie haben sich ihre Szenen gewissermaßen auf den Leib geschneidert. Dabei haben sie auch ihre individuellen Fähigkeiten berücksichtigt. Wer jonglieren kann oder andere artistische Fähigkeiten hat, bringt diese in sein Repertoire ein. Viele Clowns spielen gleichzeitig ein Musikinstrument. Wer zaubern kann, wie du, schaut, wie er diese Fähigkeit einbringen kann."
Susanne: „Ich kann weder Zaubern, noch Jonglieren oder Musikmachen. Ich kann nichts!"
„Du bist äußerst kreativ im Umgang mit Materialien. Die Kunsterzieherin in dir macht sich immer wieder bemerkbar. Das könnte dein Spiel ergänzen und befruchten!"
Andreas: (leckt den Kuchenteller ab) „Wau! Alle, alle! Wau! Mehr! Wau, wau!"
Kirstie: „Andi, platz!"

Andreas: (wirft sich wie ein Schosshund auf Felix)
Felix: „Braver Hund!" (er streichelt Schoßhund Andi, fragt aber währenddessen unverdrossen weiter. So bemerkt er nicht, wie Andi im Folgenden auch seinen Kuchen verspeist). „Es gibt also keine Texte?"
„Es gibt eine schöne Sammlung von alten Clownnummern. Darin findet man zum Beispiel die Vorlage von „Bienchen, Bienchen", einer Nummer, die bis heute mit kleinen oder großen Änderungen nachgespielt wird. Das meiste Material darin hat allerdings eher dokumentativen Charakter. Also, es geht wohl kein Weg daran vorbei, jeder muss seine eigenen Nummern entwickeln."
Felix: „Aber es hat doch sicherlich schon Hunderte oder Tausende von Clownszenen gegeben, die müssen doch irgendwo aufgezeichnet sein."
„Da unterscheiden sich Clownspiel und Schauspiel. Die Wirkung einer Clownnummer hängt nicht vom Text ab. Manchmal geht es um fast nichts. Der Inhalt ist simpel. Beispiel: Zwei Clowns singen ein Lied. Das kann der ganze Inhalt einer Clownszene sein! Das Wesentliche der Szene ist eben nicht der Wortwitz. Es gibt keine Gags. In solch einer Clownnummer gibt es keine ausgefeilten dramaturgischen Wendungen. Einzig aus der besonderen Art wie die beiden Sängerclowns ihr Spiel gestalten entsteht die Darbietung. Erinnere dich: „Es ist nicht wichtig, was ein Clown tut, wichtig ist, wie er es tut". Manchmal handeln und sprechen Clowns kaum, sitzen vielleicht nur da und essen eine Banane."
Giesi: „Oder ein Stück Rüblikuchen."
Andreas: (immer noch auf Felix' Schoß, beim heimlichen Verzehren dessen Kuchens) „Wau! Wau!"
Felix: „Braver Hund!"
„Richtig. Wenn man einzig und allein vor Zuschauern ein Stück Rüblikuchen essen kann, sodass sie sich fünf oder zehn Minuten davon unterhalten fühlen, dann ist man wohl ein Clown. Bei einem Theaterstück ist das anders. Nehmen wir zum Beispiel einmal den „Zerbrochenen Krug". Die Handlung und der Text des Stückes sind so interessant, dass das Stück selbst bei einer mäßigen Inszenierung noch wirken kann. Eine schlecht gespielte Clownnummer dagegen ist augenblicklich ein Nichts."
Felix: „Und wie schreibt man eine gute Clownnummer?"
„Die Komposition von Clownszenen ist noch einmal ein ganz eigenes Kapitel. Zunächst muss man spielen können. Nach und nach zeichnet sich dann ein individueller Clowntyp ab. Mit der Kreation dieses individuellen Typs ergeben sich auch die ersten Szenen."
Felix: „Zeichnet sich bei mir schon etwas ab?"
„Ein wenig!"
Felix: „Dann würde ich es gerne erfahren!"
„Im Augenblick sehe ich bei dir eher einen Weißclown als einen typischen Rotnasenclown! Du scheinst noch kein dummer August zu sein!"

Andreas: (immer noch als Schoßhund von Felix) „Wau! Wau!"
Felix: „Wenn ich richtig informiert bin, sind Weißclowns die weißgeschminkten und arroganten Clowns, die alles besser wissen."
„Nicht ganz. Ein Weißclown ist klüger als der Dumme August. Aber, wenn er richtig gespielt wird, ist er nicht arrogant. Er ist gütig, sorgend, ähnlich wie Eltern zu ihrem Kind. Deswegen weiß er auch mehr und achtet auf die Einhaltung von Regeln. Das klassische Kostüm des Weißclowns ist prunkvoll, mit Pailletten besetzt. Überschön. Schon Grock spielte aber mit einem Partner, der eine moderne Weißclownvariante darstellte. Er war mit einem Frack bekleidet und nicht geschminkt. Ein Weißclown kann heute entsprechend anders aussehen. Wichtig ist wie er sich verhält."
Felix hadert mit dem Feedback, das ich ihm gegeben habe. Die meisten Spieler möchten der dumme August sein, der wegen seiner Unbedarftheit und Fröhlichkeit von den Zuschauern geliebt wird.
Felix: „Und wie kommst du zu der Annahme, dass ich kein August sein kann?"
„Du kannst ein August sein. Jeder kann ein August sein. Aber vielleicht hast du mehr Talent zum Weißclown. Du hast dir am 2. Tag mit „Meistro" schon den passenden Namen ausgesucht. Und wenn ich sehe, mit welcher Ruhe, Güte und Selbstverständlichkeit du Andi kraulst, so kann ich mir vorstellen, dass er mit dir einmal gerne ein Zauberkunststück vorführen möchte. Vielleicht könnt ihr beide vor den Augen der Zuschauer einmal ein Stück Rüblikuchen verschwinden lassen!"
Andi: „Wau!" (leckt sich nach dem Verzehr von Felix' Rüblikuchen die Pfoten).
Olav: „Du sagst, dass Felix mehr Weißclown als August ist. Ist es das, was man als individuellen Clown bezeichnet?"
„Ja, oder als persönlichen Clown. Diese Begriffe gehen davon aus, dass in jedem von uns ein eigener Typ von Clown verborgen ist. Im Clownspiel wird er entdeckt und kultiviert, indem er eine ihm gemäße Form erhält."
Olav: „Klingt ganz schön theoretisch!"
„Die Theorie hilft uns zu verstehen, was wir in der Praxis machen."
Olav: „Ich habe trotzdem nichts verstanden!"
„O.K. Eine ganz einfache Geschichte. Eine eigenartige Geschichte. Die Geschichte vom Cello, das nicht wusste, dass es ein Cello war. Es war einmal ein Cello. Wie alle jungen Musikinstrumente wusste es noch nicht, welche Art von Instrument es war. Es grübelte und rätselte: „Ich will endlich wissen, was für ein Instrument ich bin!" „Du klingst ein bisschen wie ein Saiteninstrument!" meinten die einen. „Vielleicht bist du auch ein Streichinstrument!" meinten die anderen. Da sich niemand sicher war, suchte das Cello weiter nach einer Antwort. Da hörte das Cello eine wunderschöne Trompete. Die Trompete sang, jubelte und

lachte in den schönsten Tönen. „Wunderbar! Himmlisch!" rief das Cello. Es war begeistert. „Ich bin eine Trompete!" beschloss es. Es versuchte zu jubeln und zu lachen. Aber so sehr es sich auch mühte, es gelang dem Cello nicht, wie die Trompete zu klingen. Das Cello wurde wütend, schließlich traurig und spielte melancholisch vor sich hin. Plötzlich ertönte Beifall. „Bravo! Wunderschön!" Ein alter Kontrabass hatte zugehört. „Ich wäre auch gerne ein so geschmeidiges Cello. Aber ich bin ein grosser Kontrabass!" „Bin ich etwa ein Cello?" fragte das Cello verwundert. „Selbstverständlich. Und was für eines! Du kannst wunderschön träumen, schwelgen und melancholisch sein!" „Aber ich möchte auch lachen wie eine Trompete!" „Das kannst du. Es wird bei dir jedoch ganz anders als bei einer Trompete klingen!"
Andreas: (singend) „Wau! Wau! Wau!"
Olav: „Man braucht also einen Lehrer, der einem sagt, was für ein Clown man ist."
„Man braucht ein Gegenüber, einen Spiegel, der einem hilft herauszubekommen, was für ein Clowntyp man ist. Das können die Zuschauer sein. Das können die Mitspieler sein. Das kann ein Lehrer sein. Auf alle Fälle muss man viel spielen, um den Klang des Instrumentes herauszuarbeiten!"
Andreas: „Wau!"

„Die Pause ist vorbei! Auf in den Übungsraum! Jeder braucht einen Partner. Stellt euch bitte im Abstand von etwa einem Meter voreinander auf. Schaut euch an. Einer von euch beiden steht vor einem Spiegel. Der andere ist der Spiegel. Er spiegelt alle Bewegungen seines Gegenübers. Arbeitet gut zusammen. Kostet das Miteinander aus."

Die Spiegelübung führt in das Körperdialogspiel ein. Sie bedingt, dass wir den Partner aufmerksam wahrnehmen und ihm auf der Grundlage dieser Beobachtungen folgen. Einer führt, der andere folgt. „Lasst euch von der Spiegelidee nicht zu komplizierten Ideen verleiten. Wir wollen uns nicht frisieren, rasieren oder schminken. Die Bewegungen sind einfach. Wichtig ist die gute Zusammenarbeit! Wir wechseln die Rollen. Jeder Spieler soll sich einmal auf beiden Seiten des Dialogs erfahren. Später, wenn im Körperdialogspiel die Rollen fließend wechseln und eine große Flexibilität gefragt ist, werden wir auf diesen Erfahrungen aufbauen. „Achtung, jetzt wird es interessant. Bewegt euch spiegelnd durch den Raum. Klebt nicht aneinander! Wenn sich euer Gegenüber entfernt, entfernt ihr euch ebenfalls! Nähert sich der Partner, so nähert ihr euch entsprechend. Ihr habt den ganzen Raum zur Verfügung! ... Achtung, jetzt bauen wir ein Wechselspiel ein. Immer wenn ich „Wechsel" rufe, wechseln die Rollen. Aus dem Spiegel wird die gespiegelte Person und umgekehrt! ... Achtung, ab jetzt bestimmt ihr selbst, wann ihr die

Rollen wechselt. Dafür haben wir zwei Worte. Wer von euch beiden „Ich" ruft, bekommt die Führung. Wer „Du" ruft, gibt die Führung ab. Wechselt so oft ihr wollt! Aus der Übung wird ein Spiel! ... Achtung, jetzt kommt eine neue Möglichkeit hinzu. Immer wenn einer von euch beiden das Wort „Standbild" ruft, haltet ihr mit der Bewegung inne. Verharrt wie Schaufensterpuppen, bis einer von euch beiden wieder „Ich" oder „Du" ruft. Dann geht der Bewegungsfluss weiter!"

Die Spieler machen ihre ersten Erfahrungen mit dem Posture-Spiel. Die Bilder fließen nicht nur, sondern werden an interessanten Punkten für kurze oder längere Momente angehalten.
„Unsere nächste Körperdialogübung heißt „Nähern und Entfernen". Der Titel umschreibt, um was es geht. Und so beginnt die Übung: Ihr stellt euch im Abstand von mehreren Metern vor eurem Partner auf. Einer beginnt. Er macht zum Beispiel einen Schritt auf den Anderen zu und hält in einem Standbild inne. Jetzt ist der Andere an der Reihe. Er nähert oder entfernt sich mit einem oder mehreren Schritten und bleibt dann ebenfalls in einem Standbild stehen. So geht es immer weiter. Dabei ergibt sich allmählich eine einfache Handlung. Auf geht's!"

Während sich die Teilnehmer in diese zunächst einfache, später jedoch recht komplexe Übung einarbeiten, unterstütze ich sie mit Hinweisen: „Nutzt die Größe des Raums. Ihr könnt ganz nahe, ihr könnt ganz weit zueinander stehen. Kostet das Wechselspiel der Entfernungen aus. Nutzt alle Ebenen. Wir können liegen, knien, hocken, stehen. ... Manche Bewegungen sind klein. Manche Bewegungen sind groß! ... Überlegt nicht, ob ihr euch nähern oder entfernen wollt, überlasst die Entscheidung eurem Gefühl. Denkt nicht über das Gefühl nach. Handelt intuitiv. Überrascht euch selbst! ... Seid wach für die unterschiedlichen Tempi die sich ergeben! ... Kostet die Rhythmuswechsel aus! ... Seid wach für die Geschichte, in die ihr euch durch das Nähern und Entfernen bereits verwickelt habt. Wir befreunden uns, wir befeinden uns. Liebe und Streit. Zwischen beiden Polen geht es ewig fort. ... Achtung, während die Übung weiterläuft, bekommt sie einen neuen Titel. Sie heißt jetzt: „Zug um Zug". Das Nähern und Entfernen steht nicht mehr im Mittelpunkt. Im Zentrum steht das Prinzip: Einer macht eine Bewegung, der andere antwortet darauf. Daraus ergibt sich ein unendlicher Körperdialog!"

In der „Zug-um-Zug-Übung" wird das Prinzip des Posture-Spiels deutlich. Wie die Schriftsprache, so braucht auch die Körpersprache eine Struktur. Kommas, Punkte, Ausrufezeichen und Absätze geben dem Text Klarheit, machen ihn übersichtlich und verständlich. Dieserbuchstabensalatistnurschwerzuverstehenähnlichverhältessichmitderkörpersprache-entfernenwirausbeethovensfünftersinfonieallepausensoentsteht-

einakustischerspannungsloserbrei.
— Dieser Buchstabensalat ist nur schwer zu verstehen. Ähnlich verhält es sich mit der Körpersprache. Entfernen wir aus Beethovens Fünfter Sinfonie alle Pausen, so entsteht ein akustischer, spannungsloser Brei. Die klassische Pantomime kennt ähnliche Spielprinzipien. Für das kurze, akzentuierte Setzen der Pause nutzt sie den Begriff „Toc".

Im Unterricht üben wir die Prinzipien des Posture-Spiels zunächst im Dialog mit einem Partner. Sie gelten aber auch für das Solospiel. Wenn Susanne ihr erstes Clownstück aufführen wird, werden die Interpunktionsregeln der Körpersprache für sie selbstverständlich geworden sein:
Suse: Schaut zu ihrer Blume – Toc – Blick zu den Zuschauern – Toc – Blick zur Blume – Toc – „Guten Morgen Blümchen!" – Toc – erneuter Blick zu den Zuschauern – Toc – Blick erneut zu den Zuschauern. „Blümchen schläft noch!" – Toc – Blick zur Blume – Toc – „Aufwachen!"

Dieser Auszug aus Suses erstem Stück deutet an, dass das Körperspiel eine klare, äußerst präzise, aussagekräftige Form gewinnen muss. Jeder von Suses Blicken hat außerdem einen eigenen Charakter. Manche zum Beispiel werden mit dem ganzen Kopf, manche nur von den Augen ausgeführt. Inszeniert wird liebevoll in der Schönschrift der Körpersprache. Was der Dichter mit poetischen Worten illustriert, was der Psychologe umständlich mit seinem Vokabular umschreibt, drückt der Clown in Bildern aus. Clowntheater ist Bildertheater. Die Elemente dieser Schönschrift wird Susanne während ihrer Clownausbildung unter anderem im Maskenspiel ausführlich erlernen.

Auch im Clownspiel gibt es – im übertragenen Sinn – Achtelnoten, Viertelnoten und unterschiedlich lange Pausen. Der Rhythmus des Spiels entsteht. Wie lange darf ein Moment gehalten werden? Wann zieht das Tempo an? Das Timing entscheidet, ob die komische Wirkung sich entfalten kann. Ein kleiner Augenblick zu wenig oder zu lange gewartet und schon zündet der Spielwitz nicht. Clownspielen und Musikmachen sind über zwei Ecken miteinander verwandt. Wer ein Musikinstrument beherrscht, hat es bisweilen leichter, das Gefühl für die musikalischen Prämissen des Clownspiels zu entfalten.

Hier, am siebten Tag des Workshops stehen derartige handwerkliche Fragen noch nicht im Vordergrund. Die Zug-um-Zug-Übung, die wir aus den Übungen „Spiegeln" sowie „Nähern und Entfernen" entwickelt haben, ist für den Anfänger eine hervorragende Möglichkeit, ein Spiel entstehen zu lassen, um es dann unendlich in Gang zu halten.

Zurück zur Workshopgruppe: Die Clownduos haben sich aus dem Zug-um-Zug-Spiel immer mehr in den angekündigten Körperdialog verstrickt.

Ich ergänze das laufende Spiel: „Genießt das Spiel, kostet es aus. Auch wenn die Punkte und Kommas dabei nicht immer sauber gesetzt sind. Ihr müsst jetzt nicht in Schönschrift spielen. Es darf auch die Kladde sein. Die Hauptsache ist, dass euer Körperdialog funktioniert. Die Hauptsache ist, dass ihr miteinander spielt und nicht nebeneinander. Nutzt das „Jawohl!" Sprecht euch mit Clownnamen an! Nutzt alle Worte und Formeln die ihr kennt: „Glückwunsch!" „Wir sind Freunde!" „Noch mal!" „Handeln!" „Weitermachen!" „Risiko!" „Wir sind Draufgänger!" „Wir sind verrückt!"

Mit den Worten und Redewendungen des Clowneinmaleins können die Körperdialoge ungeahnt lange fortgesetzt werden. Olav fasst seine Erfahrungen vor der Mittagspause folgendermaßen zusammen: „Das war die längste Improvisation, die ich je gemacht habe!"

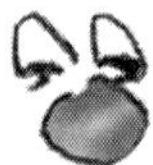

„Ich hatte mal ein Auto, das nicht immer das machte, was ich wollte. Es war sehr launisch. Wenn es feucht war, wollte es nur ungern anspringen. Es brauchte dann viel Mühe, es zum Fahren zu bewegen. Das hat kein Vergnügen gemacht. Mit Improvisationen ist es ähnlich. Manchmal kommen sie nur schwer in Gang. Mit der Zug-um-Zug-Übung haben wir nun eine Möglichkeit, das Spiel nach und nach einzufädeln und es dann langsam an Fahrt gewinnen zu lassen. Doch wir wollen noch mehr. Wir wollen nicht nur abstrakt hin und her spielen, wir wollen mit diesen Improvisationen das Clownspiel vertiefen. Dafür haben wir schon eine Reihe von Regeln kennengelernt. Bisher haben wir dabei den clownesken Positivismus in den Vordergrund gestellt. Aber ständiger Sonnenschein ist langweilig. Wir brauchen hin und wieder eine heftige Böe die uns umweht, einen kurzen Hagelschauer oder gleich ein kräftiges Gewitter. Erst dann ist das Wetter wirklich interessant. Deswegen ergänzen wir unser Clownvokabular nun gleich mit mehreren Worten und Regeln, die allesamt miteinander verwandt sind. „Konflikt!" Dieses Wort soll uns helfen, Konflikte wahrzunehmen, ihnen nicht aus dem Weg zu gehen und sie offensiv auszutragen. So entstehen „Gewinner!" und „Verlierer!" In jeder Clownimprovisation werdet ihr einige Male Gewinner oder Verlierer sein. Und wer verliert oder gewinnt, dem widerfährt ein „Schicksal!" Das Clownspiel ist mit unterschiedlichsten Schicksalen gespickt. Markiert sie durch das Wort Schicksal, weicht ihnen nicht aus. Badet ausgiebig in dem so entstandenen Leid. Auf geht's. Wir fädeln mit der „Zug-um-Zug-Übung" eine Handlung ein. Alles, was es mit Konflikten und Schicksalen auf sich hat, werdet ihr beim Spielen mit Leib und Seele erfahren. Nutzt die Worte: „Konflikt", „Gewinner", „Verlierer" und „Schicksal". Viel Vergnügen!"

Konflikte sind der Kern jeder dramatischen Handlung. Ohne Konflikte wäre sie so spannend wie ein Fußballspiel, in dem niemand Tore schiessen will. Hätten sich im antiken Rom Gladiator und Löwe interesselos gegenüber gestanden, wäre das Kolosseum leer geblieben. Für einen Konflikt braucht es mindestens zwei Parteien mit unterschiedlichen Interessen. Ob wir bei sportlichen Wettkämpfen mitfiebern oder uns von einem spannenden Roman fesseln lassen, immer ist es die geschickte Komposition aus Haupt- und Nebenkonflikten, von der die fesselnde Wirkung ausgeht. Wir lieben Konflikte, vorausgesetzt, wir sind an ihnen nicht beteiligt.

Schalten wir das Fernsehgerät ein, so werden wir jederzeit mit Konflikten unterschiedlichster Art unterhalten. Soap opera: Betty ist in Eile. In einer Stunde will der attraktive Joe sie besuchen. Es klingelt. Ist das etwa schon Joe? Konflikt! Halbgeschminkt öffnet sie die Tür. Helen, ihre beste Freundin, möchte für einen Plausch hereinkommen. Konflikt! Betty kann Helen nichts von ihrem Date mit Joe verraten, denn diese hat ebenfalls ein Auge auf Joe geworfen. Konflikt! Helen bemerkt, dass Betty einen ungewöhnlich kurzen Mini trägt. Konflikt! Das Telefon klingelt. Konflikt! ... Konfliktpotpourris dieser Art unterhalten Millionen.

Die Handlungen der großen Schauspiele sind Schmelztiegel mannigfaltiger Konflikte. Auch Komödien beziehen ihren Reiz aus der geschickten Komposition von Konflikten. Shakespeare war Meister beider Gattungen. Ob Romeo und Julia, Hamlet, Macbeth oder ein Sommernachtstraum, immer ist es die geschickte Verstrickung von inneren und äußeren Konflikten, die die Faszination seiner Werke ausmacht.

Im Schauspiel ist es möglich, dass Figuren ihre Konflikte rezitierend darstellen und damit zum Beispiel einen Einblick in die Zerrissenheit ihrer Seele ermöglichen. Gelingt es dem Autor, den Text mit dichterischem Esprit zu verfassen und gelingt dem Schauspieler die angemessene Interpretation, so kann das unter die Haut gehen.

Im Clowntheater werden innere Konflikte nach außen getragen indem das Geschehen der Clownseele visuell offenbart wird. Schauen wir uns den Unterschied in einem konstruierten Beispiel an: August soll auf Dr. Fillipos Sahnetorte aufpassen. „Bitte nicht naschen!" – „Mach ich, Herr Doktor. Du kannst dich auf mich verlassen!" Dr. Fillipo geht und August ist mit der mächtigen Torte allein. August wird nun nicht an den vorderen Bühnenrand treten und sprechen:

„Oh du süße Torte.
Ausdruck meines Begehrens.

Von dir möcht ich probieren,
dich möcht ich verzehren.
Nur ein Happen
und dann immer mehr.
So stark ist mein Begehr.
Doch halt! Ich darf es nicht,
denn Aufpassen ist meine Pflicht!"

Der Konflikt, der sich in August angesichts der leckersten Torte der Welt abspielt, wird sich mimisch, gestisch und choreografisch vermitteln. Psychisches Winden transformiert zu physischem Winden. Ein Blick, eine Fingergeste, der Versuch einer ganzen Hand, der durch die andere Hand vereitelt wird, zwei Schritte entfernen, wieder nähern, all das gibt uns einen Einblick in den Konflikt, der sich zwischen den Polen „Ich will!" und „Ich darf nicht!" abspielt. Der geschickte Umgang mit Konflikten entscheidet über die Faszination der Szene. Wird August der Versuchung unmittelbar erliegen, so sind die Möglichkeiten des Seelenkitzels nicht ausgereizt. Wir lieben Spannung! Wir lieben Turbulenzen! Es braucht im Sinne des Fußballs erst einige Pfostenschüsse, eines verschossenen Elfmeters, bis das Tor, unerwartet und dennoch im richtigen Moment, durch einen überraschenden Gegenangriff fällt.

Art und Inhalt von Konflikten sind im Genre Clowntheater anders als im Schauspiel. Für Shakespeares Schauspielfiguren steht letztendlich die existentielle Frage „Sein oder nicht sein?" im Vordergrund. Clowns haben andere „existentielle" Fragen. „Naschen oder nicht naschen?" – „Singen oder nicht singen?" sind Fragen, die den Clown aufs Heftigste bewegen können.

Der Clown durchlebt Konflikte mit sich, mit Partnern oder Gegenständen. Auch ein Koffer, der sich sträubt aufzugehen, kann ein Gegner sein. Existentiell gesehen sind die meisten Konflikte eher klein, gewinnen aber ein gewaltiges Ausmaß, indem sie unter dem Mikroskop des Clownspiels vergrößert werden. Clowns machen die Mücke zum Elefanten.

Augustine will einen Lolli für August einpacken. Das Geschenkpapier ist für den kleinen Lolli viel zu groß. Konflikt! Der Klebestreifen ist widerborstig. Konflikt! Die Schleife ist zu lang. Konflikt! Der Finger gerät unter die Schleife. Konflikt! Augustine hat sich gefesselt! Konflikt!!!

August und Augustine wollen einen Fahrradausflug machen, haben aber nur ein Fahrrad. Konflikt! Augustine will vorne sitzen. Konflikt! Augustine gewinnt. August verliert und darf hinten sitzen. Auf geht's. Augustine lenkt. Die Lenkung macht nicht was Augustine will. Konflikt! Ein Hindernis steht mitten im Weg. Konflikt! Schicksal! Augustine liegt unter August. Konflikt! August liegt auf Augustine. Konflikt! August findet in seiner Hosentasche den zerbrochenen Lolli. Schicksal!

Häufig entstehen bei der Lösung von Konflikten neue Konflikte, die wiederum gelöst werden müssen. Dadurch entsteht eine komische Handlung, die geschickt komponiert werden will. Ein Konflikt muss im richtigen Moment ausbrechen. Er muss sich angemessen steigern und muss mit anderen Haupt- und Nebenkonflikten verbunden werden. Eine Konfliktpartei kann zunächst gewinnen, plötzlich und unerwartet dennoch verlieren. Wie das Timing auszusehen hat, kann bei spannenden Wettkämpfen beobachtet werden. Ein Unentschieden ist enttäuschend. Konflikte schreien nach Siegern und Verlierern und das diesbezügliche Ergebnis ist manchmal ungerecht.

Das Wort „Konflikt", das nun offensiv in der Improvisation benutzt wird, verführt die Spieler zu Handlungen, in denen es vor Kontroversen und Auseinandersetzungen wimmelt. Nachdem die Workshopteilnehmer die erste Improvisation mit dem neuen Regelvokabular absolviert haben und etliche Konflikte mit ihrem Gegenüber oder mit Dingen, die widerstrebende Interessen hatten, durchlebt haben, erläutere ich ihnen: „Ihr seid konfliktbereit. Gut so! An manchen Konflikten haltet ihr jedoch zu lange fest. Dadurch stimmt das Timing nicht. Die Grundlage eines Konflikts ist die Auseinandersetzung. Zwei Parteien kämpfen miteinander. Manche Kämpfe sind lang, manche sind kurz. Sobald eine Partei gewonnen hat, hat die andere jedoch verloren. Einige eurer Kämpfe gingen jedoch weiter. Die Verlierer müssen akzeptieren, dass sie verloren haben, die Gewinner müssen akzeptieren, dass sie gewonnen haben! Sonst wird das Spiel blockiert und die Dynamik der Handlung kann sich nicht entfalten. Gleichzeitig bedeutet das nicht, dass wir kampflos aufgeben und beschließen „O.K. dann bin ich jetzt eben der Verlierer". Kämpft und leidet, aber seid im richtigen Augenblick bereit anzuerkennen, dass ihr Gewinner oder Verlierer seid. Nutzt die Worte „Gewinner" und „Verlierer". Vergesst nicht das Jawohl-Prinzip. Dann werdet ihr interessanten Clownschicksalen begegnen! – Noch einmal!"

Das Wort Schicksal klingt gewaltig. Wir verbinden mit ihm die bösartigen Ereignisse des Lebens. Krankheiten, Kriege und Katastrophen. Augenblicke des Schicksals sind Augenblicke großen Leids. „Schicksal, bitte verschone uns!" Dennoch, oder vielleicht gerade deswegen, verhält es sich mit dem Phänomen des Schicksals ähnlich wie mit dem des Konflikts. Schicksalsgeschichten haben als Romane, Filme, Opern oder Schauspiele eine faszinierende Anziehungskraft. Clownschicksale sind von eigener Art. Sie scheinen kleiner und unbedeutender zu sein als die großen Schicksale des Schauspiels. Für den Clown sind sie jedoch das Schlimmste, was genau in diesem Augenblick geschehen konnte. Ein liebevoll aufgeblasener Luftballon zerplatzt. Schicksal. Die Trompete macht einen falschen Ton. Schicksal. Ein Zaubertrick will einfach nicht funktionieren. Schicksal. Objektiv ist das Ausmaß des Schicksals im Clown- und Schauspiel unterschiedlich. Subjektiv fühlt es sich für die Spielfiguren ähnlich an. Beide leiden. Beide zappeln in einem Becken unangenehmer Gefühle.

Genau wie die Figuren des Schauspiels, so leidet auch der Clown repräsentativ für den Zuschauer. All die kleinen Alltagsschicksale, sei es nun ein Hammer, der seinen Daumen trifft oder sei es eine Wasserlache, in der er ausrutscht, verkörpern etwas vom Leid, das wir Zuschauer selbst nicht erleben möchten. Wir tun alles, damit uns das Schicksal nicht ereilt. Daraus ergeben sich wiederum besondere Anforderungen an den Clownspieler. Er darf diesen Momenten nicht ausweichen. Er muss das Schicksal seiner Spielfigur annehmen. Doch das ist nicht immer leicht. Die Psyche des Menschen ist – glücklicherweise – so gestaltet, dass sie stets Leib und Seele schützen will. Zwischen diesem Ziel und dem künstlerischen Postulat, das Schicksal anzunehmen, entsteht ein Widerspruch, in dessen Geflecht der Clownspieler als Autor, Regisseur und Spieler in einer Person stets verwickelt ist. Ein Autor kann sich Konflikte und Schicksale schlimmster Art ausdenken. Ein Regisseur kann dies effektvoll inszenieren und dabei das Leid der Figuren in den Vordergrund stellen. Verkörpern muss all das ein anderer, der Schauspieler.

Es ist daher nicht verwunderlich, dass der Clownspieler manchmal, bewusst oder unbewusst, dem Schicksal seiner Clownfigur auszuweichen versucht. Daher muss jeder Spieler um diese Zusammenhänge wissen und sich mit Mechanismen seiner individuellen Schicksalsverweigerung auseinandersetzen. Dabei ist zu analysieren, welche Schicksale er bewusst oder unbewusst zu vermeiden sucht. Diese Introspektion kann eine tiefe Auseinandersetzung mit der eigenen Persönlichkeit zur Folge haben. Gleichzeitig heißt es, Schicksalsverkörperung durch Spielpraxis zu erlernen. Wenn ich für diesen Themenkatalog mehr Unterrichtszeit zur Verfügung habe, wie in der Proficlownausbildung, erweitere ich die Erfahrungen mit gespielten Schicksalen. Dann verkörpern wir ausgedrückte Zigarettenkippen, zerbeulte Bierdosen oder Gänseblümchen, die auf dem Mittelstreifen der Autobahn ihr schicksalhaftes Dasein pflegen. Die Psyche des Spielers kann so erfahren, dass es stets ein fiktives Leid ist, das im Rahmen eines künstlerischen Prozesses entworfen wird. Der Clownspieler gewöhnt sich an den Spagat zwischen dem Schutz der eigenen Persönlichkeit und dem Leid seiner Figur. Bald kann jeder mit Lust und großem Ernst all die Unbill des Lebens verkörpern.

Ich erläutere den Workshopteilnehmern diese Zusammenhänge und erörtere anschließend die unbewussten Erwartungen der Zuschauer an eine Handlung. „Auf den Punkt gebracht heißt das: Der Zuschauer will Andere leiden sehen, um daraus einen psychischen Nutzen zu ziehen. Für den Clown- und Schauspieler bedeutet das wiederum, dass er in aller Öffentlichkeit und wiederholbar gut leiden können muss. Niemand geht ins Theater um dauerhaft glückliche und edle Menschen zu bestaunen. Glücklich und edel will der Zuschauer selbst sein. Bekommt der Zuschauer kein Schicksal serviert, ist er enttäuscht."
Olav: „Zuschauer sind Voyeure!" In Olavs Bemerkung schwingt etwas Resignation mit.
Giesi: „Du bist auch ein Zuschauer!"
„Drehen wir es anders herum. Der Zuschauer sucht das Gute, dazu schaut er sich im Theater oder Film das Böse an!"
Anna: „Wie im Kindergarten. Ich spiele manchmal Kaspertheater. Da geht es wild zu. Die Kinder wollen gerade die bösen Figuren sehen, Räuber, Zauberer und Krokodil. Aber am Ende muss der Kasper gewinnen."
„Im Erwachsenentheater gibt es mehr Schurken- als Heldenrollen. Im Theater, auch im Clowntheater, findet das Paradies nicht auf der Bühne statt. Aber ein Blick durchs Schlüsselloch ist gestattet und der verheißt: „Alles wird gut!" Die Mischung aus Konflikten, Schicksalen, einer Portion Hoffnung und einer kleinen, aber wirkungsvollen Portion Glück ist es, die zum Beispiel Chaplins Filme berühmt gemacht hat. Das künstlerische Ergebnis muss in sich selbst ausgewogen sein. In diesem Sinne ist unsere derzeitige Arbeit unausgewogen. Die Regeln „Konflikt!" und „Schicksal!" wiegen schwer. Deswegen fügen wir jetzt ein Gegengewicht hinzu. Die Redewendung „Wir sind ein gutes Team!" wird uns helfen, gemeinsam durch das Auf und Ab von Konflikten und Schicksalen zu gehen. Diese Redewendung können wir aufgrund ihres Charakters gerade in der nächsten Aufgabe besonders auskosten. Schaut euch um, wie es hier im Studio aussieht. Durcheinander! Unordnung! Chaos! Hier wurde lange nicht aufgeräumt. Wer kann das tun? Richtig! Sechs Clownduos bekommen den Spezialauftrag, diesen Raum anständig aufzuräumen. Wenn ihr dafür die neue Redewendung benutzt, werdet ihr spüren, welch frische, wunderbare Wirkung von ihr ausgeht. An diese Aufgabe müsst ihr positiv heran gehen. Es ist keine Beleidigung diesen Raum aufräumen zu müssen. Es ist eine Ehre diesen Raum aufräumen zu dürfen. Dazu bekommt ihr eine weitere Redewendung: „Wir sind wichtige Persönlichkeiten!" Ihr werdet spüren, auch von dieser Redewendung geht eine magische Wirkung aus! – Meine Damen! Meine Herren! Wir brauchen Sie. Glückwunsch! Ich habe einen bedeutenden Auftrag für Sie. Sie sind auserkoren, diesen Raum aufräumen zu dürfen. Ich möchte sie dabei nicht weiter stören. Viel Vergnügen!"

Sechs Clownduos räumen ein Theaterstudio auf. Es ist nicht der mangelnde Fleiß, der bewirkt, dass nach einer Viertelstunde das Ziel immer noch nicht erreicht ist. Es sind wirklich gute, emsige, eifrige Teams die hier zu Werke gehen. Sie packen, tragen, ordnen und wuseln wie ein fleißiges Ameisenvolk. Doch kaum hat ein Duo alle Stühle zu einem Stapel aufgeschichtet, dies mit einem „Wir sind ein gutes Team!" „Glückwunsch!" abgeschlossen, um sich dann als wichtige Persönlichkeiten gleich der nächsten Aufgabe zu widmen, kommt ein anderes Duo, um eben alle diese Stühle fein säuberlich an einer noch besseren Stelle aufzureihen. Als ich nach weiteren fünf Minuten die Übung abbreche, indem ich: „Glückwunsch! Feierabend!" hineinrufe, hat sich viel verändert, aufgeräumt ist das Studio aber noch lange nicht.

„Vielen Dank für eure Bemühungen, als Clowns das Studio aufzuräumen. – Mit dieser Übung möchte ich euch die Anregung geben, immer ein gutes Team zu sein. Egal, ob ihr zu zweit, zu dritt oder in größeren Clowngruppen agiert, immer müsst ihr sowohl als Clowns, als auch als Kollegen gute Teams sein.
Und noch etwas Wichtiges haben wir erfahren. Eure Figuren haben durch die Redewendung „Wir sind wichtige Persönlichkeiten!" skurrilen Stolz und Würde erhalten. Erst durch die dem Clown, aber auch anderen komischen Figuren innewohnende Würde können Zuschauer das Geschehen unbeschwert genießen. Der Clown liebt sich selbst. Der Kontrast zwischen Leid und innerer Wertschätzung bewirkt, dass uns Chaplins ausgehungerter Tramp amüsiert, wenn er mit Messer, Gabel und Serviette gekonnt eine Schuhsohle verspeist. Wir könnten uns jetzt auch einige der bekannten Sketche von Loriot anschauen. Auch sie wirken unter anderem, weil die Protagonisten mit der inneren und würdevollen Haltung von „wir sind wichtige Persönlichkeiten" agie-ren. Aber Christian hat uns noch einmal einen Leckerbissen von „Dick und Doof" mitgebracht. Stan und Ollie sind immer ein gutes Team. Und wie wir schon allein an ihrer Kleidung sehen werden, sind auch sie stets wichtige Persönlichkeiten. – Doch vorher räumen wir gemeinsam unseren Übungsraum auf. Wenn wir dies nicht als Clowns tun, wird das weniger als eine Minute dauern."

Nun sitzen wir vor dem Bildschirm und freuen uns auf Stan und Ollie. Christian verrät uns, warum er uns gerade diesen Film zeigen möchte. „The Music Box", dafür hat es einen Oskar gegeben. Der Film erinnert mich sehr stark an die Improvisation „Zwei Clowns bringen einen Stuhl". Wenn man genau hin schaut, kann man alle Regeln des Clowneinmaleins wiederfinden." Wir sind gespannt.

Stan und Ollie, frischgebackene Transportunternehmer, müssen ein Klavier ausliefern. Doch das vornehme Haus ist anscheinend nur über eine steile Treppe zu erreichen. Kein Problem für zwei wichtige Persönlichkeiten. Eine Kaskade turbulenter Missgeschicke entsteht. „Die Perle in meiner Slapstick-Sammlung“ kommentiert Christian, als wir uns das Video ein erstes Mal angesehen haben. „Noch mal!“ „Jawohl! Noch mal!“ – Der Clownunterricht, den wir von Stan und Ollie erhalten, ist wunderbar.

8

Zeremonie des Scheiterns

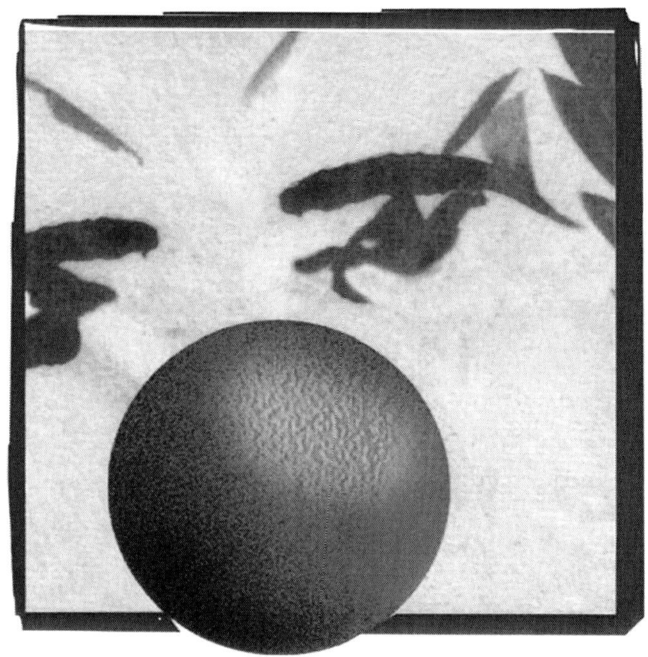

8 ZEREMONIE DES SCHEITERNS

Wenn eine Flasche Sekt kräftig durchgeschüttelt wird, macht es beim Öffnen gewaltig „plopp!". Der köstliche Trunk sprudelt über. Manch ein Tropfen verfehlt das Glas. Clownspielern kann es ähnlich ergehen. Die Übungen der ersten Tage haben Leib und Seele kräftig durchgeschüttelt, es hat „plopp" gemacht und eine ungeahnte Lebendigkeit sprudelt heraus. So aufgeweckt zeigt sich manche künstlerische Eigenart des Einzelnen, die zukünftig noch ihre individuelle künstlerische Form erhalten muss. Trotz der Morgenstunde sind Giesi und Andreas gutgelaunt und aufgekratzt. Wir stehen im Kreis und warten auf Oliver, der heute sein T-Shirt vermisst. Giesi und Andreas zwicken und kitzeln sich wie Erstklässler, die auf den Beginn der Turnstunde warten. Sie genießen es, sich gegenseitig zu verpetzen.
Andreas: „Herr Lehrer, die Giesi hat mich gekniffen!"
Giesi: „Aber nur, weil er mich als Erster gekniffen hat!"
Andreas: „Aber nur, weil sie heute keinen Rüblikuchen gebacken hat!"
Giesi: „Vielfraß! – Aua! – Du sollst mich nicht kneifen! – Aua!"
Oliver sucht immer noch. Julia leiht ihm ihr Ersatz-T-Shirt.
Andreas: „Herr Lehrer, Oliver hat ein zu kleines T-Shirt an, darf er trotzdem mitmachen? – Gut, der Herr Lehrer erlaubt es. Herr Lehrer, ich habe durchgezählt. Zwölf! Sie können Ihren Unterricht beginnen! – Aua!"

„Achtung! Konzentration! Ein gemeinsamer Sprung. Augen schließen und einen Moment lang nur den Körper erspüren. Welcher Körperteil möchte sich heute als Erstes rekeln? ... Sagt diesem Körperteil, dass er noch 30 Sekunden warten muss. ... Nutzt die Wartezeit, um die Vorfreude aufs Rekeln zu erhöhen. ... 27, 28, 29 und jetzt! Endlich rekeln!" Rekeln, dehnen, hüpfen. Das Grundprogramm ist mittlerweile bestens bekannt. „Weiterhüpfen! Gut. Bei jeder Landung ein „Ha!" geschehen lassen. Gut so. Weiter. Ha! Ha! Ha! Ha! Ha! Ha! Wir erwecken ein einfaches Lachen. Wehrt euch nicht gegen das freudige, naive Gefühl, das dabei entsteht!"

Lachen kann jeder. Man muss es nur zulassen. Mit dieser bioenergetischen Übung befinden wir uns im Vorfeld einer Lachorgie. Ein Blick in die heiteren Gesichter der Beteiligten zeigt, was die Wiederholung der Silbe „Ha!" bewirken kann, wenn dies im richtigen Umfeld geschieht. Das „Fast–Lachen" kann sich zu einem echten Lachen transformieren. Ich demonstriere den Teilnehmern eine Lachübung, bei der durch das ständige „Ha!", ergänzt durch kontinuierliche Bewegungen, sowie die heitere Grundhaltung und die Entspannung von Mund- und Sprachmuskulatur, der Lachreflex von selbst ausgelöst wird. „Schaut. Die Beine stehen nebeneinander, wir wippen mit den Hacken auf und ab. Niemals aufhören. Es ist, als würden wir mit einem Auto über eine holprige Straße fahren. Dabei lassen wir ein ununterbrochenes „Haha!“ heraus. „Hahahahaha!“ Macht gleich mit. Jawohl. „Hahahahaha!“ Weiter. Immer weiter! ... Nie aufhören! ... Variiert Tempo und Intensität. Wenn euch diese Situation dizzy macht, genießt es, kostet das Verrückte dieses Lebensgefühls aus. Vertraut darauf: Aus dem künstlichen Lachen wird ein echtes Lachen!“ Giesi ist eine talentierte Lacherin. Ihr „Ha!“ verwandelt sich rasch in ein echtes Lachen. „Wer lacht wird angeguckt!“ Alle schauen zu Giesi. Lachen ist ansteckend. Julia lacht. Andreas und Oliver lachen. Sylvia versucht noch, sich das Lachen zu verkneifen. Ihre Blicke irren hin und her, suchen, finden jedoch keinen Ort, an dem sie der schrägen Atmosphäre ausweichen können. In ihrem Gesicht spiegelt sich der Kampf zwischen dem Versuch sich zu beherrschen und dem Impuls sich fallen zu lassen. „Gleich kitzeln wir alle Sylvia aus!“ rufe ich in den Kreis hinein. Silvia lacht. Jetzt hat es bei ihr „plopp!“ gemacht. Allein die Vorstellung, augenblicklich ausgekitzelt zu werden, hat das Fass zum Überlaufen gebracht. Alle lachen. Alle - bis auf Olav - lachen.

Das Lachen hat in meinem Clowntraining einen festen Platz; allerdings nicht, weil Clowns auf der Bühne viel Lachen. Der Clown leidet - die Zuschauer lachen, so heißt die simple Quintessenz der Komik. Das Leid muss jedoch aus einer humorvollen Haltung heraus zelebriert werden. Wer nicht lachen kann, ist schwer zu ertragen. Wer nicht lachen kann und sich dennoch in die Rolle des Clowns begibt, ist noch schwerer zu ertragen. Wenn wir im Training lachen, nehmen wir Kontakt zu jener leichten unbeschwerten Art auf, die für das Clownspiel so unverzichtbar ist. Lachen macht lebendig. Lachen versorgt Körper und Geist mit Sauerstoff. Lachen macht leicht. Im unbekümmert grundlosen Lachen fallen wir heiter in die Pracht des Daseins. Aber, wie sich oben am Beispiel von Olav bereits angedeutet hat, manchmal will uns das Lachen einfach nicht gelingen. Es mag seltene Lebenssituationen geben, in denen ein Lachen nicht möglich ist. Diese können wir hier außer Betracht lassen. Was hindert uns also daran, uns in den Rausch sinnlosen Lachens fallen zu lassen? - Es ist eben die Angst vor dem Fallenlassen, die Angst vor Kontrollverlust. Geist und Körper bleiben angespannt. Die innere Aufsicht mahnt: „Achtung! Vorsicht! Gefahr von Kontrollverlust! Nicht fallen lassen!“ Versuchen wir die innere Aufsicht zu bezwingen, stoßen wir mitunter auf erbitterten Widerstand. Manche Aufsicht ist bärenstark und kann nur mit Drogen betäubt werden. Manches Lachen gelingt erst nach einem Schluck Alkohol. Manche sexuelle Begegnung blüht erst nach einem Glas Sekt wohlig auf und wird zum Rausch des Nur-Seins.

Fürs Clownspiel nutzen wir keine Drogen. Der Weg zum Clownsein beginnt bei Selbsterfahrung, die sich zur Spieltechnik transformiert. Die

Auseinandersetzung mit der eigenen Persönlichkeit schafft im Spieler jene Freiheit, die es ermöglicht, sich vor sich selbst und vor anderen professionell fallen zu lassen.
Clowntraining in diesem Sinne bedeutet auch, die innere Aufsicht kennen zu lernen. Wir suchen die adäquate Umgangsform mit ihr. In den meisten Fällen wird dies nicht ihre gewaltsame Niederwerfung sein. Eine Aufsicht die geknebelt oder gar mit einem Hieb niedergestreckt wird, mutiert nach vorübergehender Ohnmacht allzu leicht zu ungeahnter Größe. Wir müssen die Aufsicht ablenken, liebevoll umgarnen, kirre machen und an den fröhlichen Zustand des sich Fallenlassens gewöhnen. Beim Lachen machen wir Gebrauch von dieser Technik. Wir betören die Aufsicht mit aphrodisierenden Küssen, machen sie willenlos und schwach. So berauscht kann sie ihr gewohnheitsmäßiges „Vorsicht!" vergessen. Der fröhliche Fall in die Leichtigkeit des Seins ist eröffnet.

In diesem Zustand können wir uns verrückt verhalten. Gut so. Das ist ein Ziel des Clownspiels. Die angestrebte Form der Verrücktheit ist jedoch nicht mit der Verrücktheit psychisch Kranker zu verwechseln, wenngleich sich in manch pathologischer Verhaltensweise auch clowneske Züge finden lassen. Für Clownspieler geht es um das Verrücken von Verhaltensweisen, um die Freiheit, sich grenzenlos ins Spiel fallen zu lassen und ganz Clown sein zu dürfen. Neben Humor und künstlerischem Gespür gehört dieses Vermögen zu den wesentlichen Voraussetzungen, die ein Clownspieler besitzen sollte. Aber nur Wenige verfügen über einen ungehinderten Zugang zu diesem Fundus. Die Freiheit originär zu sein, müssen sich die Allermeisten erst erarbeiten. Die gegenwärtige Lachübung ist eine wunderbare Gelegenheit dazu. Lachen erweicht die Kraft starrer Gedanken, der Clownspieler kann sich vom Diktat der Ratio befreien. An ihre Stelle treten Intuition und Gefühl, der Clownspieler kann „aus dem Bauch heraus" agieren.

Verstehen wir, sehr vereinfacht, Gefühle als Hintergrundmusik des geistigen Geschehens, so wird deutlich was in diesem Prozess geschieht. Die Gefühlsmusik wird lauter, gewinnt an Klarheit, Farbe, Fülle und übertönt schließlich den Paragraphenklang der rationalen Marschmusik. Der Spieler, dem Klang der Gefühle folgend, wird zum Clown. Sein Spiel ist gleichsam der Tanz zu dieser im Alltag schwer wahrnehmbaren Musik. Er kann verzaubern, berühren und entzücken.

Doch – wie schon oben am Beispiel von Olav angedeutet – gelingt dieser Switch nicht immer. Manchmal lässt die rationale Marschmusik keinen anderen Klang zu. Olav kann sich nicht ins sinnlose Lachen fallen lassen. Die dahinter verborgene Welt bleibt ihm versperrt. Irgendetwas macht, dass Olav, der doch so gerne Clown werden will, zum Abbruch der Übung gezwungen wird. Kurz vor dem Höhepunkt der kollektiven Lachorgie verlässt er missmutig den Raum. Wird Olav von einer besonders starken Aufsicht regiert, die sich nicht so einfach verführen lässt? In Olav brodelt es. In der Pause spricht er mich ein erstes Mal an. Weitere, ihm eigene, sehr kurze Gespräche folgen. Der Anschaulichkeit halber sind sie wie folgt in chronologischer Reihenfolge wiedergegeben.

1. Gespräch
Olav: „Warum tun wir so etwas?"
„Weil es gut tut!"
Olav: „Mir tat es nicht gut!"
„Warum?"
„Mir war nicht zum Lachen zumute. Es gab nichts zu lachen!"
(Olav geht vor die Tür und verbringt seine Pause allein.)

2. Gespräch
Nach dem Unterricht. Olav sitzt auf der Stossstange seines Busses und bindet seine Laufschuhe zu.
„Noch joggen?"
Olav: „Unbedingt! Eine Frage noch: Ist Lachen denn eine Voraussetzung fürs Clownsein?"
„Nein. Aber es hilft!"
Olav: „O.K. Ich lauf dann mal!"

3. Gespräch
Am folgenden Morgen.
Olav: „Lachen wir heute wieder?"
„Als gesonderte Übung ist es für heute nicht vorgesehen. Aber es wird sich trotzdem nicht vermeiden lassen!"

4. Gespräch
Während der Kaffeepause
Olav: „Kurze Frage: worauf kommt es beim Lachen an?"
„Sich gehen zu lassen!"

5. Gespräch
Am übernächsten Morgen.
Olav: „Hast du noch einen Tipp für mich?"
„Fürs Lachen?"
Olav: „Ja!"
„Nur eine Vermutung. Vielleicht bist du zu angespannt, zu ernst. Du bist sehr ehrgeizig. Gut so. Aber sei nicht verbissen!"
Olav: „Und ein Tipp?"
„Lass dir für deine künstlerische Entwicklung Zeit."
Olav: „Und fürs Lachen?"

„Spiel', als wärst du betrunken!"
Olav: „Ich lehne Alkohol ab!"
„Spiel', als würde dein Körper nach einem Dauerlauf von Glückshormonen überschüttet. Grübele nicht über die künstlerische Dimension des Lachens. Genieße!"

Kehren wir nach diesem theoretischen Ausflug sowie dem zeitlichen Vorgriff auf Olavs spröde Fragen zur aktuellen Situation in unserem Übungsraum zurück. Wir stehen noch im Kreis, wippen auf und ab und ergeben uns dem so animierten Lachen. Noch hat Olav die Übung nicht abgebrochen. Ich will die verrückte Stimmung verstärken und Olav gleichzeitig eine Gelegenheit bieten, sich in die Übung einzuklinken. Doch, wie wir schon wissen, dieser Versuch wird misslingen.
„Gut so. Wer lacht, lacht weiter. Jetzt lassen wir uns zusätzlich immer wieder mal mit dem Oberkörper nach vorne fallen! Jawohl! Schlagt ein paar Mal mit den Handflächen auf den Boden. Ja, das macht uns noch verrückter!" – Olav verlässt das Training. – „Haut euch zusätzlich ab und zu mit der Hand vor die Stirn! Genau, so werden wir noch verrückter! Weiterlachen. Und: Jeder kitzelt jeden aus! ... Jeder will von jedem ausgekitzelt werden!" Während der Lach- und Kitzelorgie verteile ich Schaumstoffröhren, mit denen wir uns erstklassig prügeln können. Die Stimmung gleicht einer ausgelassenen Kissenschlacht. Wir sind, tun und fragen nicht. Es ist schön und wunderbar anstrengend.

In der Teeküche. Kurze Pause. Wir sind durstig. Andreas setzt sein „Herr Lehrer Spiel" fort: „Herr Lehrer, Giesi hat heute keinen Kuchen gebacken! Siehst du Giesi, der Herr Lehrer ist ganz traurig! Herr Lehrer, in der Zeitung hat einmal gestanden, dass Clowns ganz traurige Menschen sind. Das stimmt doch, oder?" In Andreas anscheinend flapsig gestellter Frage spiegelt sich der Widerspruch zwischen dem unreflektiert weitergegebenen Mythos, Clownspieler seien in Wirklichkeit traurige Menschen und der fröhlichen Atmosphäre, die unserer Gruppe so selbstverständlich ist. Silvia, sie weiß zwar nicht mehr wo, meint ebenfalls gelesen zu haben, dass Clowns hinter ihrer Maske meistens traurige Menschen sind. „Sogar Grock soll depressiv gewesen sein!"
„Bestimmt so depressiv wie all die anderen hier!" entgegne ich ironisch.
Andreas: „Herr Lehrer, die Giesi hat mich schon wieder gekniffen!"
Giesi: „Ich höre wohl nicht richtig! Du hast mich gekniffen!" (schlägt ihn mit einem Sitzkissen)
Andreas: „Aua! Herr Lehrer, jetzt hat Giesi mich auch noch gehauen!"
Giesi: „Stimmt. Schauen Sie, Herr Lehrer, so habe ich ihn gehauen!" (schlägt ihn noch einmal)

Wir beenden die kurze Pause und ich führe in die nächste Duettimprovisation ein. Ich frage Andreas: „Wie findest du es, dass Giesi dich eben

gehauen hat?"
Andreas: „Gemein!"
„Schlecht?"
Andreas: „Ja, schlecht!"
„Und Giesi, wie findest du es, dass du Andreas gehauen hast?“
Giesi: „Gut! Es war mir eine Freude!“
„Danke für eure ehrlichen Antworten. Damit haben wir zwei neue Wörter für unser Clowneinmaleins kennengelernt. Es sind die Wörter „Gut“ und „Schlecht“. Beide animieren zu einer klaren, radikalen Stellungnahme. Für den Clown gibt es kein zwanzigprozentiges Gut, fünfzigprozentiges Schlecht und dreißigprozentiges Weiß-Nicht. Für den Clown gibt es nur ganz gut oder ganz schlecht. Mit dieser hundertprozentigen Klarheit vermeiden wir Diskussionen und bereiten gleichzeitig den Grund für eindeutige emotionale Stellungnahmen vor. Viel Vergnügen!“

Was die Spieler hier durch den Einsatz der neuen Regelwörter „gut“ und „schlecht“ erfahren, soll am folgenden Beispiel erläutert werden. Suse und Spam finden ein Stück Stoff, flauschig weich, fast so groß wie ein Badehandtuch. „Gut!“ Suse breitet den Stoff auf dem Boden aus. „Gute Nacht!“ Suse kuschelt sich wohlig unter den schmalen Stoff. „Gut!“ Spam reagiert: „Schlecht!“ Er ist missmutig denn er will ebenfalls unter der neuen Bettdecke liegen. „Schlecht!“
Spam handelt. Schon liegt er neben Suse. „Gut!“ Doch die winzige Bettdecke reicht nicht für beide. Spam zieht die Decke zu sich. „Gut!“ Jetzt ist er zugedeckt. Suse aber ist aufgedeckt. „Schlecht!“ Suse beschimpft nicht ihren Partner Spam, sondern die Bettdecke! „Schlecht!" Konflikt! Sie zieht das Ungeheuer von Decke erneut zu sich herüber. „Gut!“ „Schlecht!“ entgegnet Spam. Das Spiel um die viel zu kleine Bettdecke wiederholt sich mehrere Male. Schließlich platzt Suse der Kragen. „Schlecht, schlecht, schlecht!“ schilt sie die Decke. Sie springt auf, knüffelt die Decke wütend zusammen und trampelt auf ihr herum.

Die Handlung dieser kurzen Episode ist angenehm einfach. Susanne beweist ihr clowneskes Gespür, indem sie als Suse die Bettdecke und nicht ihren Freund Spam für die schwierige Situation verantwortlich macht. Beide Clowns sind in der Bewertung der Situationen kompromisslos und lassen stets schnelle, eindeutige Handlungsreaktionen folgen. Ruckzuck liegt Spam neben Suse auf dem Boden und muss sich mit ihr die schmale Decke teilen. Wie simpel und dennoch genial dies ist, verdeutlicht sich, wenn wir uns vorstellen, wie diese Handlung ohne die konsequenten Stellungnahmen „gut“ und „schlecht“, mit der gleichzeitigen Billigung klärender Gesprächen abgelaufen wäre. „Was machst du denn da?“ – „Ich breite die Decke aus!“ – „Ja, das sehe ich. Ich möchte aber betonen, dass wir die Decke gemeinsam gefunden haben!“ – „Das stimmt nicht. Ich habe sie als Erster gesehen!" – „Da bin ich anderer Ansicht. Wir haben die Decke gemeinsam entdeckt. Deswegen gehört sie uns beiden. Wir müssen uns einigen, was wir damit machen wollen!" – „Damit bin ich nur bedingt einverstanden. Könntest du dir vorstellen, folgendem Kompromiss zuzustimmen?" ... Das Tun beider Clowns versickert in diesem, der Anschaulichkeit halber etwas übertriebenem Beispiel, in einem Schwall zäher Verbalisierungen und könnte unendlich fortgeführt werden, ohne jemals in ein Spiel zu münden.

Der Clown jedoch verhält sich direkt. Er wägt seine Entscheidungen nicht ab, prüft nicht, um zu einem detaillierten, differenzierten Urteil zu gelangen, um dann eine Handlungsstrategie zu entwerfen. Der Clown entscheidet unmittelbar „Das finde ich gut!" – „Das finde ich schlecht!" Wir wissen schon: Clowns diskutieren nicht. Clowns handeln. - Mit den Worten „gut" und „schlecht" wird das Spiel emotionaler. Die eindeutige Polarisierung hilft Gefühle zu orten, alsdann wachsen zu lassen, sodass sie Kraft und Ausdruck bekommen, um damit zum Motor der Handlung zu werden. Clowntheater wird Emotionstheater.

Nachdem die Spieler die ersten Erfahrungen mit den Worten „gut" und „schlecht" gemacht haben, erläutere ich diesen Zusammenhang: „Gut – schlecht, das sind die Worte, die uns tiefer ins Land der Gefühle führen. Hinter beiden verbergen sich mannigfaltige Gefühlsvariationen. Spürt diesen Gefühlen nach, lasst sie wachsen. Aber wie lässt man ein Gefühl wachsen? Ganz einfach, indem man es wiederholt. Wenn ihr in der nächsten Improvisation zum Bespiel bemerkt „Schlecht!" und dann bemerkt, dass sich dahinter Wut verbirgt, dann sagt dies. Sagt: „Ich bin wütend!" Wiederholt dies zwei, drei oder mehrere Male. Schreit, flucht und wütet: „Ich bin wütend. Wütend! Ich bin so wütend! Furchtbar wütend!" Wenn ein Gefühl deutlich ist, sagt es uns, was wir tun wollen. In jedem Gefühl steckt ein Handlungsimpuls. Lasst diesen Handlungsimpuls zu. So erhaltet ihr eine emotional geführte Handlungslogik. – Vielleicht wollt ihr vor Wut auf den Tisch hauen. Tut das! Haut drauf! „Aua!" Der Schlag war so heftig, dass die Hand schmerzt. „Schlecht!" Wut! Noch einmal hauen. „Aua!" Erneuter Schmerz. Die Wut verwandelt sich in Trotz, schließlich Trauer. Raum lassen zum Vergrößern der Trauer: „Ich bin traurig. Ich bin so traurig. Ganz traurig." Was will ich also? „Ich will getröstet werden!" Also? „Tröstet mich! Ich will jetzt sofort getröstet werden!"

Merkt euch folgende Reihenfolge:
Erstens - Schnelles Entscheiden: Gut oder schlecht?
Zweitens - Gefühl identifizieren. Was verbirgt sich hinter den Etiketten gut und schlecht?
Drittens - Gefühl markieren. Nennt es beim Namen.

Viertens - Wachsen lassen. Die Bezeichnung des Gefühls mehrere Male wiederholen.
Fünftens - Handeln. Den Handlungsimpuls daraus ableiten und diesen in die Tat umsetzen.
Kurzform: Was fühle ich und was will ich deswegen tun?
Viel Spaß bei der nächsten Improvisation."

Die Spieler sind angehalten ihre Gefühle zu identifizieren und zu benennen. Bald schon soll dieser didaktisch begründete Vorgang zur subversiven Spieltechnik werden und das Spiel aus dem Untergrund steuern. Was hier im Detail gelehrt wird, können manche Spieler auch ohne das vermittelte Regelwerk, indem sie intuitiv aus dem Bauch heraus agieren. Doch sie sind in der Minderheit. Mit dieser Methode können es alle erlernen. Manche gut. Manche besser. Und manche noch besser.

Die emotional gesteuerte Handlungslogik ist ein wesentliches Merkmal des Clowns. Trotz mancher nahen und entfernten Verwandtschaft zu anderen komischen Darstellern, etwa Comedians und Kabarettisten, aber auch den klassischen Narren, zeichnet es nur den Clown aus. Alle diese Figuren werden in unterschiedlicher Stärke vom Verstand gesteuert. Der Clown jedoch lässt sein Handeln aus der Tiefe, eben dem entwicklungsgeschichtlich sehr alten Zwischenhirn mit seinen instinktiv-emotional gesteuerten Verhaltensprogrammen entstehen. Seine Wirkung auf die Zuschauer ist folgerichtig nicht intellektueller Art. Der Clown macht keine Witze. Er ist der Witz. Die Adresse seines Spiels befindet sich – nicht immer leicht zu finden – in den tiefen Sphären der menschlichen Psyche. Damit es dort angelangen kann, braucht es Technik, Charme und künstlerisches Fingerspitzengefühl.

Die emotional gesteuerte Spieltechnik des Clowns ist sein Markenzeichen. Dennoch ist sie auch für Darsteller anderer Genres hilfreich. Im Clownspiel vermittelt sich anschaulich was das Leibwesen Mensch in der Tiefe seiner Psyche auszeichnet und bestimmt und wie Lebendigkeit entsteht. So genährt kann jede Darstellung an Authentizität und Ehrlichkeit gewinnen und demgemäß erleb- und fühlbarer für die Zuschauer werden.

Felix fasst seine Erfahrungen zusammen: „Ich wage es ja kaum zu sagen, aber ich glaube jetzt habe ich begriffen, um was es im Clownspiel geht. Ich habe genauso gespielt, wie ich als kleines Kind gespielt habe!"
„Stimmt. Ich habe dich kurz beobachtet, als du mit Anna auf dem Stuhl Auto gefahren bist. Der Unfall – super. Der Schmerz – super. Deine Hilfeschreie – ebenfalls super. Auch die Notoperation würde ich gerne noch einmal sehen. Ja, wahrscheinlich hast du als Kind ähnlich gespielt.

Doch noch einmal für alle: Clowns sind keine Kinder. Sonst würde das Spiel albern werden. Aber die Handlungslogik des Clowns entspricht in Vielem der kindlichen Handlungslogik, jedenfalls wenn Kinder noch nicht so alt sind, dass sie von ihrem Verstand beherrscht werden. Also – nicht was gedacht wird ist das Zentrum des Handelns, was gefühlt wird ist Zentrum des Clownhandelns. Clowntheater ist keine intellektuelle Jonglage. Clowntheater ist Emotionsakrobatik. Der Clown überlässt sein Handeln der Grammatik der Gefühle. Clowns denken nicht. Clowns fühlen. Der Reiz des Clowns ist seine Einfachheit. Einfachheit ist die Abwesenheit von Grübeln, Denken und Intellektualisieren. Bitte teilt dies eurem Verstand mit. – Mittagspause."

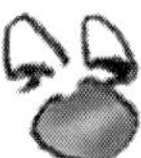

„Eine kleine Rückschau: Vor der Pause haben wir unsere Gefühle in den Vordergrund gestellt. Sie haben unser Spiel schon immer begleitet. Jetzt platzieren wir sie bewusst im Zentrum des Spiels. In der nächsten Etüde üben wir etwas, das ebenfalls essenziell zum Clownspiel gehört, die Kunst zu scheitern. Auch diesem Aspekt des Clownspiels sind wir bereits immer wieder begegnet. Weil die anschließenden Übungen jedoch auf der besonderen Fähigkeit verlieren zu können aufbauen, möchte ich sie noch einmal in den Vordergrund stellen.
Scheitern ist ziemlich genau das Gegenteil von dem, was wir im üblichen Leben versuchen. Dort ist alles darauf ausgerichtet zu gewinnen, eben nicht zu scheitern. Auch der Clown will nicht scheitern. Er ist jedoch unbedarft, hilflos, manchmal gar tölpelhaft, so dass ihm das Vermeiden des Scheiterns meistens nicht gelingt. Auch dies ist eine wesentliche Quelle der Komik. Damit uns als Clown möglichst viele unbeabsichtigte Missgeschicke passieren, müssen wir viele unbeabsichtigte Missgeschicke zulassen. Das heißt, wir müssen den Clown verletzbar machen. Wir dürfen also nicht gut gerüstet und unverwundbar ins Spiel gehen. Unsere Rüstung braucht Löcher. Sie darf nicht passen. Sie soll verrutschen. Wir müssen verwundbar sein. Wir brauchen mehr als nur eine Achillesferse.
Die Kunst des Scheiterns können wir bestens mit dem Kinderspiel „Suchen und Verstecken" üben. Ein Clown versteckt sich. Der andere Clown sucht ihn. Irgendwann findet er ihn. Dann wird gewechselt. Üblicherweise versucht man bei diesem Spiel so clever wie möglich zu sein. Wir stellen dieses Prinzip auf den Kopf. Wir sind nicht clever. Wir sind ungeschickt. Wir wählen ungeeignete Verstecke. Lasst euch überraschen! Für dieses Spiel haben wir das ganze Studio, Foyer, Treppenhaus, Teeküche, Toiletten, Duschen und Schränke zur Verfügung. Viel Vergnügen!"

Clownspiel ist die Kunst des Scheiterns und Stolperns. Überall lauern physische und psychische Stolpersteine, die den Clown aus dem Gleichgewicht bringen. Manchmal kann er sich im allerletzten Augenblick auffangen, meistens jedoch fällt er hin. Aber der Clown ist ein Stehaufmännchen. Sein Scheitern repräsentiert das menschliche Scheitern schlechthin und ist folglich für den Zuschauer wohltuend. Er kann aus sicherem Abstand die Kapriolen des Clowns beobachten und darüber lachen, fühlt sich verstanden und getröstet. Die Seele des Zuschauers lächelt. Der Clown - ein Antiheld.

In manchen Clownnummern steht das Scheitern nicht im Mittelpunkt des Geschehens. Andere bestehen aus einer Kette von Momenten, in denen alles schief läuft. Scheitern pur.

Rupi und Wilma wollen tapezieren. Die Trittleiter wird aufgestellt. Schwupp, schon ist Rupi zwischen den Sprossen eingeklemmt. Kein Problem. Wilma wird Rupi herausziehen. Doch Wilma scheitert. Jetzt sind beide eingeklemmt. Ihr Tapezierversuch wächst sich zu einer Sinfonie des Scheiterns aus.

Zwille, Ahoi und Knolle dürfen ein kostbares Paket ausliefern. „Vorsicht zerbrechlich!" Die drei Tollpatsche wissen Bescheid. „Vorsicht zerbrechlich! Wir passen auf!" Schwupp, da stürzt das Paket. „Gescheitert!"

Geburtstag. Christi freut sich über die riesige Torte. Lecker. Christi klekkert. „Meine Lieblingsbluse!" Kein Problem, hinsetzen und schnell die Bluse säubern. Geschafft. Doch da realisiert sie: „Ich sitze in der Torte. Christi springt auf, stößt sich, klemmt sich und – was wohl? – rutscht aus. Happy birthday!

Auch die uns bekannte Episode von Spam und Pizza, die einen Stuhl durch die Tür tragen wollen, ist eine Geschichte vom Stolpern und Scheitern.

Meister dieses Genres sind Stan und Ollie. Zentrales Stilmittel ihrer Stolperkaskaden ist der „Slow burn", die verzögerte Reaktion. Stan und Ollie lassen zunächst das ganze Leid über sich ergehen. Erst dann holen sie zum Gegenschlag aus. Der „Slow burn" lässt ihren Gegnern viel Raum für Peinigungen und Demütigungen aller Art. Eimer mit Wasser, Müll und Teer werden über beide ergossen, bis sie sich rühren, zunächst – ganz Gentleman – Krawatte und Hut gerade rücken, um dann zu einem Gegenschlag auszuholen.

Anhand Stan und Ollies Art, sich nicht unmittelbar zu wehren, zeigt sich was vom Clownspieler verlangt wird. Er muss den natürlichen Verteidigungsmechanismus zu Gunsten der Komik aufgeben. Jedoch, wir leben mit der steten Angst vor physischen und psychischen Verletzungen. Während die natürliche Sorge um die Integrität des Körpers den meisten bewusst ist, ist die Angst vor psychischen Verletzungen in ihrer Komplexität vielen Menschen nicht bewusst. So bewegen wir uns, meist unwissend, mit psychischen Rüstungen durchs Leben, die uns allesamt vor Leid schützen sollen. Manche Rüstung ist im Laufe des Lebens zu einem dicken Panzer geworden, ohne dass sein Träger davon weiß. Manch ein Clownspieler bemerkt nicht, wie er sich unbewusst vor dem Scheitern schützt und verzweifelt gleichzeitig, weil er partout nicht komisch werden kann. Mit perfekter Rüstung lässt sich kein Clowntheater spielen. Es gehört zum Handwerkszeug des Clownspielers, das schwere Rüstzeug fallen zu lassen und stattdessen die leichte, durchlöcherte und unvollständige Verteidigungsmontur des Clowns anzulegen.

Noch einmal Dick und Doof: Stan soll Ollie aus der Zeitung vorlesen. „Ich muss mir nur meine Brille holen. Einen Moment." Stan legt die Zeitung auf den Stuhl, holt seine Brille, setzt sich wieder. Doch nun ist die Zeitung weg. Er setzt die Brille wieder ab, steht auf und sucht die Zeitung. Schließlich findet er sie verwundert auf dem Stuhl. Erneut setzt er sich zum Lesen. Doch irgendwie kann er nichts entziffern. Vielleicht liegt es am Licht. Stan steht erneut auf um die Leselampe anzustellen. Doch er erkennt den Schalter nicht. Er setzt die Brille ab, legt sie auf den Stuhl. Jetzt kann er den Schalter erkennen. Licht. Stan setzt sich wieder. Doch da macht etwas unter ihm „Knacks". Verwundert fasst er unter sich. Was ist das? Eine kaputte Brille. Ollie ist ob so viel Umständlichkeit genervt. „Das geschieht dir recht!" Irritiert setzt Stan das kaputte Brillengestell, samt zerbrochenen Gläsern auf. „Kein Wunder, dass ich da durch nichts gesehen habe." „Wieso?" „Es ist deine!" – Ein Paradestück des kleinen Scheiterns!

Zurück zur Workshopgruppe, die sich mit dem Spiel „Suchen und Verstecken" in dieser Spieltechnik übt.

„Ich habe geweint, weil Carbonara mich nicht gefunden hat!" erzählt Susanne nach dem Versteckspiel mit Silvia. „Ich habe im Schrank gesessen, Carbonara hat zweimal reingeguckt und mich beide Male zwischen all den Sachen schlicht übersehen! Schließlich bin ich heulend rausgekrochen!"

„Gut so. Wenn du cool in deinem Versteck ausgeharrt hättest, wärst du kein Clown gewesen. War das Leid schwer auszuhalten?"

Susanne: „Überhaupt nicht, es hat ein riesiges Vergnügen gemacht!"

„Suchen und Verstecken ist ein vorzügliches Spiel, um die Lust am Scheitern zu üben. In allen Übungen die uns in den nächsten beiden Tagen begegnen werden, kommen Elemente davon vor. Clowntheater ist die Kunst öffentlich zu scheitern.

Nun wenden wir uns dem nächsten Punkt unseres Clowneinmaleins zu, den ich „Statuskomik" getauft habe. Er ist so umfangreich und bedeutsam, dass wir uns auch morgen damit beschäftigen werden. Es geht um die Frage: Welcher Clown hat wenig, welcher mehr und welcher viel mehr zu bestimmen? Es geht um Herrschen, Beherrschtwerden und Unterwerfung, sowie die komischen Verwicklungen, die daraus entstehen. Schon für die nächste Übung benötigen wir wieder die Fähigkeit scheitern zu können. Wir müssen eine gelungene Balance herstellen zwischen der Figur, die unbedingt gewinnen will und der Bereitschaft des Spielers, die Figur scheitern zu lassen. Für diese Übung brauchen wir 6 Spieler. O.K. Andreas, Julia, Anna, Kirstie, Christian und Oliver gehen bitte auf die Bühne. Während ihr dort ununterbrochen kreuz und quer hin- und hergeht, erkläre ich, was es mit dieser Übung auf sich hat. Erarbeitet euch beim Gehen eine quirlige Grundenergie. Ihr werdet sie bald brauchen, wenn ihr euch in Hühner verwandelt. Dumme, einfache Hühner. Wir haben keine Schnäbel, aber wir haben kleine Prügel, die ich aus Zeitungspapier zusammengerollt habe. Schaut! Jedes Huhn bekommt einen Prügel. Probiert ihn zunächst an euch selbst aus. Ihr spürt, dass ein Schlag nicht weh tut. Trotzdem werden wir uns vorsichtshalber nicht in das Gesicht oder auf den Kopf schlagen. Wenn wir gleich als dumme Hühner durch den Stall laufen, werden wir die Prügel benutzen! Dadurch wird sich nach und nach eine Hackordnung ergeben. Wir werden also erfahren, welches Huhn ist die Nummer eins, welches Huhn ist die Nummer zwei, welches Huhn ist das allerletzte. Diese Rangelei wird einige Zeit dauern. Aber das Ziel ist attraktiv. Wir erfahren, welches Huhn als erstes ans Futter darf, welches danach an der Reihe ist und welches ganz am Ende auch ein Korn abbekommt. Wenn ich nach einer Weile das Wort „Futter" rufe, stellt ihr euch erstmalig in einer Reihe vor dem Futternapf auf. Dieses erste Ordnen, Einordnen und Aufstellen ist für Zuschauer besonders interessant. – Los geht es! Jetzt seid ihr Hühner. Nutzt die Prügel! Viel Vergnügen!"

Die große Rangelei hat begonnen. Jedes Huhn schlägt auf jedes ein. Die schrillen Hühnerschreie unterstützen das Imponiergehabe. Tohuwabohu! Diese Hühner scheinen wirklich dumm zu sein! Die ersten Hackereien offenbaren, dass sich von den sechs Hühnern drei mehr am Rande des Geschehens aufhalten, während die anderen drei im Zentrum des Geschehens stehen, viel Prügel austeilen, aber auch ebenso viel einstecken müssen. Uns Zuschauer amüsiert insbesondere, wie die Hühner Christian und Oliver stets aufs Neue aneinandergeraten. Hier scheint sich eine große Konkurrenz um einen der vorderen Ränge abzuzeichnen. Schließlich rufe ich „Futter!" Alle Hühner schreien die Nummer ihres erhofften Rangplatzes heraus. „Eins!" „Eins!" „Zwei!" „Zwei!" „Drei!" Offensichtlich will kein Huhn einen der letzten beiden Rangplätze einnehmen, während die ersten beiden Ränge dagegen gleich doppelt besetzt sind. Prügeln allein reicht nicht. Also wird gedrängelt, geschubst und geschoben. In diesem Durcheinander steht plötzlich Nummer drei auf dem vordersten Platz und vermeldet „Eins!" Die übrigen Hühner horchen auf. Jetzt heißt es fünf gegen eins. Huhn Nummer eins wird geprügelt bis es geschlagen vermeldet: „Sechs!" Als degradiertes Huhn wandert es verschüchtert nach hinten. Die Rangelei um die vorderen Plätze kann erneut beginnen. Bis sich eine halbwegs verlässliche Hackordnung ergeben hat vergeht Zeit. Jedes Huhn scheint eine Kosten-Nutzen-Rechnung aufgemacht zu haben und versucht, den für sich besten Rangplatz zu erobern. Die Rangelei birgt für alle Beteiligten große Überraschungen, zumal Nummer sechs am Ende doch wieder auf Platz eins steht.

Diese Statusübung habe ich dem Verhalten echter Hühner entlehnt. Ethologen haben schon vor hundert Jahren beschrieben was geschieht, wenn eine Gruppe von Hühnern erstmals zusammenkommt. Zunächst wird die Rangordnung ermittelt. Es wird aufeinander eingehackt bis klar ist, wo welches Huhn in der Hierarchie des Hühnerhofes steht. Die Verhaltensforscher beschreiben auch den Nutzen dieses Verhaltens. Die einmal gefundene Grundordnung ermöglicht eine relative Verbindlichkeit im Hühneralltag. Hat sich eine Hackordnung ergeben, so muss sie nicht täglich neu erkämpft werden. Die Verteilung des Futters ist geregelt.

Im Auswertungsgespräch lassen wir die Höhepunkte unserer Hühnerrangelei noch einmal Revue passieren. Es sind die überraschenden Momente, die Rangerhöhungen und Degradierungen sowie die damit verbundenen Ungerechtigkeiten, über die sich die Zuschauer amüsiert haben. Wenn es von Vorteil war, konnte jedes Huhn blitzschnell die Bündnisse und Koalitionen wechseln. Offenbar waren alle Hühner geborene Opportunisten.
„Wie damals bei uns in der Firma!" berichtet Olav, von dem wir erfahren, dass er eine Lehre als Einzelhandelskaufmann abgebrochen hat.
„Wie bei mir im Krankenhaus!" schmunzelt Giesi. „Dort steht die Hackordnung nur von vornherein fest! Erst kommt Professor Doktor Heber, der hat sogar einen eigenen Parkplatz, dann Doktor Günther, die Stationsärzte, die Assistenzärzte, die Pflegedienstleitung und dann kommt Stationsschwester Giesi."
„Und wer kommt dann?"
„Zwei Schwestern, ein Zivi und die Damen von Pro-Clean, nein die nicht, Frau Bäumer macht zwar für Pro-Clean sauber, ist aber die inoffizielle Leiterin des Klinikums."
Giesi hat viel über die Rangordnung zu berichten, mit der ihre Arbeitsstelle offiziell und inoffiziell durchgegliedert ist. „Am liebsten mache ich Nachtwache, dann habe ich mit all dem wenig zu tun! – Ihr hättet mal

sehen sollen, wie unterwürfig Professor Doktor Heber dem Ministerpräsidenten die Tür aufgehalten hat!"

Status gibt es überall. Ob wir uns nun dessen bewusst sind oder nicht, wir neigen von Natur aus dazu, unsere Mitmenschen in eine Rangordnung zu bringen. Wem hören wir zu, wessen Vorschläge nehmen wir an? Wen übersehen wir? In der Art und Weise wie wir jemandem Aufmerksamkeit, Zustimmung und Achtung entgegenbringen geben wir unbewusst zu verstehen, welchen Rang wir ihm zugestehen. Manche Menschen werden von vielen angesehen, genießen also ein großes Ansehen, andere werden weniger angesehen, haben ein entsprechend niedriges Ansehen. Selbstverständlich ist das Statusverhalten bei uns Menschen komplizierter als die simple Hackordnung auf einem Hühnerhof. Wer sich wem unterordnet, kann sich von Tag zu Tag ändern. Dominanz und Subdominanz sind situationsabhängig und hängen unter anderem davon ab, welche Führernaturen noch anwesend sind oder welche Freunde gerade in der Nähe sind. Aus dem Abstand betrachtet ergibt das menschliche Statusverhalten ein tragikomisches Bild. Es scheint, als seien wir ein Leben lang auf der manchmal verzweifelten Jagd nach gesellschaftlichem Status, als seien wir geradezu süchtig nach gesellschaftlicher Anerkennung.

Zur gelungenen clownesken Statusdarstellung gehört wieder das positive Fundament auf dem das Clownspiel stattfinden kann. Statuskämpfe können zwar böse, blutrünstig- und brutal in Szene gesetzt werden, wie wir es z.B. aus einem wunderbar mit Statuskämpfen prall gefüllten Stück wie Macbeth kennen. Die Zuschauer sind an solch bitteren, hasserfüllten Rangeleien, die bis zum Mord führen, allezeit interessiert und wenn es gut inszeniert ist ebenso ergriffen davon. Im Clowntheater jedoch wollen wir uns über Statuskämpfe amüsieren. Wir Zuschauer sind dankbar, wenn die schwierigen Kapriolen, die das Statusverhalten in unserem Leben verursacht, auf einfache und unterhaltsame Weise illustriert und dargestellt werden. Wir kennen den quälenden Widerspruch, der sich aus Statusanspruch und Statusrealität ergibt. Wir wollen verstanden werden und sehnen uns nach einem befreienden Lachen ob dieses eigenartigen evolutionären Erbes.

Das Statusspiel verlangt vom Spieler, dass er sich ohne Voreingenommenheit, eben unideologisch und mit Neugier dem Thema nähern kann. Manchmal beobachte ich, dass jüngere Spieler Schwierigkeiten haben, die unterschiedlichen Status, denen sie im Spiel begegnen, anzuerkennen. Es scheint, als würde in ihnen, angesichts offensichtlicher Ungleichheiten, gar Ungerechtigkeiten, eine Rebellion stattfinden. Im Clownspiel gilt es jedoch, eigene moralische und soziale Maximen zu überwinden, um ohne Ressentiments eben frei spielen zu können. Offensichtlich fällt älteren Spielern, vor allem jenseits der fünfzig, die Akzeptanz des Status leichter. Das wiederum lässt sie manchmal schneller zu Clowns werden.

„Ich prophezeie euch, ab jetzt werdet ihr im Clownspiel nie mehr ohne Status auskommen. Ein paar Tipps. Spielt nicht verbissen. Amüsiert euch über das Statusgebaren eurer Figur. Vermeidet krampfhafte Rangeleien, in denen es keinen Raum für Leichtigkeit gibt. Und ganz wichtig: Der Status des Clowns ist nicht der Status des Spielers und umgekehrt. Je nach Spielsituation, Szene und Gruppe haben wir manchmal einen hohen und manchmal einen niedrigen Status. Morgen werdet ihr in verschiedenartigen Übungen sowohl Tief-, Mittel- als auch Hochstatus verkörpern. – Zum Abschluss ernenne ich euch zu Statusdetektiven. Euer Auftrag: Beobachtet Menschen und ihr Statusverhalten. Gleich auf dem Heimweg ins Hotel oder in die Jugendherberge, ob ihr mit dem Bus fahrt oder noch kurz zum Bäcker, Frisör oder Arzt geht, überall könnt ihr Statusverhalten beobachten. Ich wünsche euch einen vergnüglichen Heimweg.
„Wunderbar!" merkt Olav an. „Ich treffe mich heute Abend mit einigen Jongleuren die hier ein Festival veranstalten wollen. Mal sehen, wie bei denen der Status verteilt ist."

9

Statuskapriolen

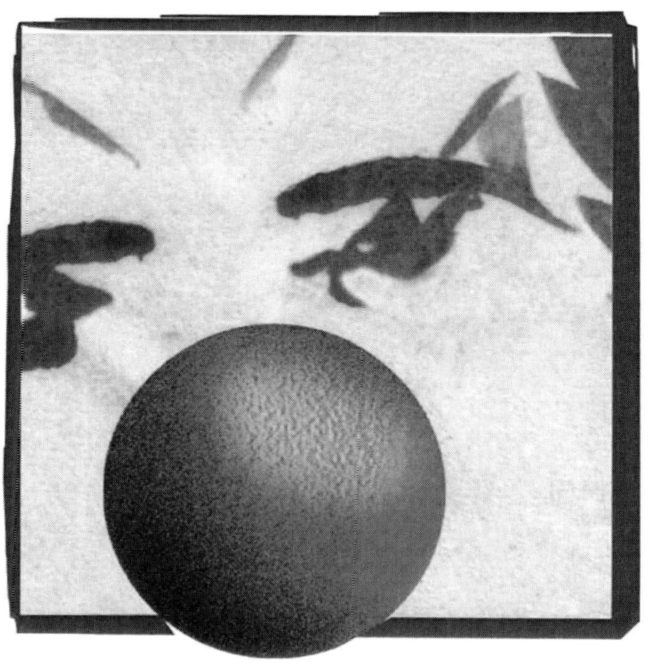

9 STATUSKAPRIOLEN

„Guten Morgen. Gehen ist eine vorzügliche Möglichkeit um in Gang zu kommen. Auf geht's! Wir gehen durch den Raum. Jeder geht seine eigenen Wege. ... Wir werden schneller. ... Wir halten das Tempo. ... Wer nicht ins Schwitzen kommt macht etwas falsch. ... Gut! ... Wir werden wieder langsamer. Trotzdem, unser Gang bleibt kraftvoll. Achtung! Wir verlassen die aufrechte Körperhaltung. Unser Oberkörper rundet sich und fällt ein wenig nach vorne. Der Blick fällt zwei Meter vor uns auf den Boden. ... Weite, kräftige Schritte. Wir gehen, sonst nichts. ... Einfach bleiben. Naivität zulassen. ... Allmählich zum Urmenschen werden. Spürt die buschigen Augenbrauen. ... Spürt die wulstigen Lippen. ... Spürt das kleine Hirn und kostet den reduzierten und einfältigen Verstand aus. ... Urlaute! Wir genießen die Kraft von Stimme und Körper. ... Der Gang bleibt gebeugt. Die Arme hängen. Manchmal streifen die Arme sogar über den Boden. ... Die Hände werden zu Vorderfüßen. Wir sind Affen. ... Die Stimme passt sich dem Lebensgefühl an. ... Unsere Kiefer bewegen sich dabei mit. Unsere Kiefer sind ständig in Bewegung. Unsere Lippen sind ständig in Bewegung. Wir schauen uns an. Die gesamte Zahn-, Kiefer-, Mundpartie dient der Verständigung. Denkt nicht. Spürt was zwischen euch und den anderen Wesen geschieht!"

Unser Studio hat sich in ein Affenhaus verwandelt. Ich werfe Zeitungen, Kartons, Kissen und Decken hinein. Erste Rangeleien um die begehrten Objekte entstehen. Jeder Affe will alles haben. Niemand mag nachgeben. Dadurch zeichnet sich noch keine Rangordnung ab. Die Spieler benötigen offensichtlich weitere Hinweise zur Statusdarstellung. Deswegen halte ich das Spiel kurz an. „Stopp! Bitte schaltet euer Affendasein kurz auf „Standby". Ihr seid eine mutige und draufgängerische Affenbande. Kompliment! In Bezug auf den Status sind alle Affen jedoch noch sehr gleich. Deswegen seid ihr keine richtige Horde. Für eine Affenhorde gilt: Alle Affen sind ungleich! Nicht jeder Affe kann alles bestimmen. Nicht jeder kann die Nummer eins sein. Es braucht eine Balance zwischen Verlierern und Gewinnern. Es braucht dominante und weniger dominante Affen. Es braucht Affen, die sich in den Vordergrund spielen und Affen, die eher im Hintergrund leben. Manche Affen haben also mehr, manche weniger und manche fast gar nichts zu bestimmen. Wenn wir jetzt weiterspielen, müssen daher folgende Fragen im Hinterkopf bewegt werden: Wen achtet ihr? Wer achtet euch? Wem arbeitet ihr zu? Wer arbeitet euch zu? Wo ist euer Platz in der Hierarchie der Affenhorde? – Und weiter geht's!"

Augenblicklich befinden wir uns wieder im Lärm des Affenhauses. Ich werfe eine Handvoll Erdnüsse hinein. Der Verteilungskampf lässt die

Rangeleien kräftig aufleben. Nun zeichnen sich erste Statusdifferenzierungen ab. Einige Affen wie zum Beispiel Olav haben sehr viele Nüsse erkämpft. Andere dagegen sind fast leer ausgegangen. Als Tim, der als Affe lediglich zwei Nüsse abbekommen hat, dem mächtigen Olav, der wesentlich mehr besitzt, untertänig eine seiner beiden Erdnüsse überreicht, wird deutlich wer die Nummer eins, der Alpha dieser Horde ist.

„Gut so! Wenn ihr die Chance habt, euch bei einem anderen, höheren Affen anzubiedern, tut das. Werdet Assistent des Chefs. Werdet Assistent des Assistenten oder werdet der allerunterste Assistent! Wann immer ihr etwas Gutes für den Affen über euch tun könnt, tut es!"

Tim, der Affe, hat sich mittlerweile hinter den mächtigen Olav gehockt. Felix ist hinzugekommen und reicht Olav, der genüsslich eine Nuss nach der anderen verspeist, das leckere Futter. Währenddessen hat Tim mit dem Kraulen von Olavs Rücken angefangen. Aber auch Tim bleibt nicht ungekrault. Susanne hat sich ihm unterworfen und krault devot seinen Rücken.

In jeder Schimpansenhorde ist ähnliches Verhalten zu beobachten. Auch Zoobesucher können im Affenhaus beobachten wie ein Affe das Fell des anderen säubert, entlaust und pflegt. Die Rangniederen kümmern sich um die Ranghöheren. Diese Art des Dienens, von Verhaltensforschern als „groomen" bezeichnet, ist eine zentrale Verhaltensweise der Schimpansen und hat für ihr Zusammenleben einen großen Gefühls- und Symbolwert. Wir Menschen kennen ähnliche Verhaltensweisen. Sie sind zwar erst auf den zweiten oder dritten Blick zu identifizieren, dennoch spielen sie eine prägende Rolle im Umgang miteinander. Wer hält wem die Tür auf? Wer setzt sich als erster? Wem wird zuerst eingeschenkt? Die Palette kleiner und großer Statusgesten ist vielfältig. In Ermangelung eines entsprechenden Begriffs für diese Varianten des menschlichen Statusverhaltens, habe ich den Fachbegriff der Ethologen – „groomen" – auch für das Clownspiel eingeführt.

Clownspiel ist ein Verhaltensmikroskop. Es vergrößert und macht sichtbar. Statusgesten, wie das Groomen können durch den Clown eindrucksvoll entlarvt werden. Clowns öffnen dem Ranghöheren den Vorhang, bieten ihm einen Sitzplatz an, tragen dessen Instrument oder reichen ihm ein Taschentuch zum Schnäuzen, um es zusammenzufalten und bis zur nächsten Benutzung zuverlässig zu verwahren. Kurzum, sie schauen, dass es dem Oberen gut geht. Nicht immer verläuft dabei die Dienerschaft reibungslos und gradlinig. Manchmal benehmen sich Clowns ungeschickt. Dann scheint es, als müssten sie sich im Groomen noch üben, gleich einem Kind, das für Mama und Papa etwas Gutes tun will und dabei höchst ungeschickt das Gegenteil bewirkt. Auch verweigern sie sich bisweilen unerwartet als Diener und sägen sprichwörtlich an den Stuhlbeinen des Oberen. – Groomen ist eine exquisite Quelle der Komik.

Wenn wir unser Statusverhalten beobachten, zeigen sich viele Hinweise auf die Art und Weise, wie wir in Alltag und Beruf groomen. Erinnern wir uns, wie Giesi die Rangordnung des Krankenhauses geschildert hat: „Ihr hättet mal sehen sollen, wie Professor Doktor Heber dem Ministerpräsidenten die Tür aufgehalten hat!" Die Kunst des Clownspiels besteht darin, die intuitiv bekannten, aber verborgenen Verhaltensweisen, die sich im Akt des Groomens zeigen, aufzuspüren und sichtbar zu machen. Als Lohn winkt stets das Lachen der Zuschauer.

Rückblick: Affe Tim hat Olav als Chef der Horde fürstlich gegroomt, indem er ihm eine von seinen beiden Erdnüssen geschenkt hat. Olav hat wiederum brillant reagiert, indem er dessen unterwürfiges Geschenk angenommen hat, anstatt es mit dem Verweis auf die augenscheinlich ungerechte Verteilung abzulehnen. Im anschließenden Gespräch lachen wir darüber.
Tim: „Als Affe war das für mich selbstverständlich. Ich habe Olav so bewundert, weil er so stark war und weil er schon so viele Nüsse hatte. Ich war gerne sein Untertan. Ich durfte mich hinter ihn setzen. Das fand ich ganz toll."

Im Lachen über diese Situation spiegelt sich die Spannung zwischen dem intuitiven Verstehen archaischer Verhaltensweisen und dem zivilisatorischen Postulat „alle Menschen sind gleich!" Unsere Kultur geht weitestgehend vom löblichen Vorsatz der Gerechtigkeit aus. Dementsprechendes moralisches Verhalten wird schon Kindern beim Teilen einer Tüte Bonbons nahegebracht. Von alleine kommen die Wenigsten auf die Idee des gerechten Teilens. Kinder sind eben noch nicht vollends zivilisiert. Ihr Verhalten gleicht in manchen Eigenheiten dem von Schimpansen.

Wie zivilisiert sich Erwachsene wirklich verhalten können ist eine kontrovers diskutierte Frage. Die Soziobiologie beschreibt anschaulich, wie das in unseren Genen manifestierte Erbe der eigentliche Herrscher über unseren Willen ist und wie unfrei wir folglich in unserem Verhalten sind. Unsere archaische Prägung tritt im Statusverhalten deutlich zu Tage. Wir alle kennen mehr oder minder bewusste oder unbewusste Verhaltensweisen, in denen wir uns unterwerfen oder anbiedern. In der Regel groomen wir heimlich, sind also so geschickt, dass unser Statusverhalten nicht allzu offensichtlich erscheint, denn obwohl es alle tun, wird ein allzu unterwürfiges Verhalten mitleidig belächelt oder gar geächtet.

Offensichtliche „Schleimer" oder „Radfahrer", die sinnbildlich nach oben buckeln und nach unten treten, genießen keine große Achtung.

Das Clowntheater ist ein geeigneter Ort, um die Widersprüchlichkeiten, denen wir bezüglich unseres Statusverhaltens ausgesetzt sind, amüsant darzustellen. Der Clown kann uns humorvoll mit der Tatsache versöhnen, dass sich unser Verhalten in manchen Bereichen von dem unserer genetisch nächsten Verwandten nicht wesentlich unterscheidet.

Wer sich in aller Öffentlichkeit deutlich unterwirft und dabei so zufrieden ist, wie Tim im obigen Beispiel, begeht einen Tabubruch. Tabubrüche können wir in Tierübungen bestens trainieren.

„In der nächsten Etüde erleben wir das bejahende Verhalten, das Figuren trotz ihres unterschiedlichen Statusses zueinander haben können. Allzu leicht assoziieren wir mit Rangordnung auch Rangelei. Das muss aber nicht immer sein. Insbesondere Clowns, wie wir später noch erleben werden, akzeptieren ihren Status und sind mit ihm zufrieden. Die Grundlagen dafür können wir als Herrchen und Hündchen erfahren. Der Mensch liebt seinen Hund. Der Hund wiederum liebt seinen Menschen. Beide sind froh, dass sie als Hund oder Mensch auf die Welt gekommen sind. Und die Welt ist grundsätzlich gut. Denn: Wenn man ein Mensch ist, hat man einen Hund. Ist man dagegen ein Hund, hat man einen Menschen. Für alle ist bestens gesorgt. Heute scheint wie immer die Sonne. Herrchen und Hündchen spazieren zu ihrer Lieblingswiese im Stadtpark. Das Hündchen kann seiner Leidenschaft nachgehen: Stöckchen holen. Mit großem Eifer holt es wieder und wieder das Stöckchen, das sein Herrchen ihm zuliebe wegwirft. – Geniesst das wohlige Verhältnis, das beide zueinander haben. Nach einer Weile werdet ihr spüren, dass eure Beziehung als Hund und Herrchen immer selbstverständlicher, schließlich unantastbar geworden ist. Dann dürft ihr kleine Dissonanzen und Irritationen zulassen. Diese sollen aber nicht zu großen Konflikten führen. Sie sorgen nur für kurze Störungen der Harmonie, die in Anbetracht des positiven Verhältnisses schnell wieder vergehen werden. – Rollt einige Blätter Zeitungspapier zusammen, umwickelt diese mit Klebeband und schon habt ihr ein prima Stöckchen. Wenn ihr einen Namen für das Hündchen ausgewählt habt, ist die Hundewiese freigegeben!"

Sechs Herrchen oder Frauchen und ihre Hunde bevölkern die Wiese. Die Hunde toben, tollen und spielen eifrig Stöckchenholen. Manche gehorchen ihren Herrchen besser als andere. Hin und wieder geraten auch zwei Hunde oder deren Besitzer freundlich aneinander.

Oliver und Silvia, als Wuschel und Frauchen, sind ein zufriedenes Paar. Frauchen ist streng, aber liebevoll und gerecht. Wuschel fühlt sich von

ihr geachtet und geschützt. Beide Akteure erzählen nach ihrer Improvisation:
Oliver: „Ich war gerne Hund. Ich habe auch gerne gebettelt, bis Frauchen den Stock endlich wieder weggeworfen hat. Manchmal wurde ich auch gelobt!"
Silvia: „Wuschel war aber auch eine treue Seele. Manchmal wollte ich nur auf der Bank sitzen, die Sonne genießen und eine Weile meine Ruhe haben. Dann hat er brav gewartet, bis ich wieder Lust hatte, sein Stöckchen zu werfen."
Oliver: „Ich wusste: irgendwann ist es wieder so weit. Mit Drängeln hätte ich bei Frauchen überhaupt keine Chance gehabt."
Silvia: „Am Schönsten war es nachdem Wuschel sich ausgetobt hatte. Ich habe auf der Bank gesessen und Wuschel hat sich an meine Beine angeschmiegt."
Oliver: „Silvia war ein Superfrauchen. Die wusste immer was anliegt. Sie hat für mich gesorgt. Als ich angegriffen wurde hat sie mich vertei-digt und den anderen Köter gehörig in die Schranken verwiesen. Dann hat sie mich getröstet. Aber ich durfte nicht auf ihrem Schoss sitzen, das hat sie mir schnell klar gemacht. Ich habe es zweimal probiert. Je-des mal gab es einen Klaps mit dem Stöckchen. Dann habe ich es nie wieder versucht."
Silvia: „Ein Hund gehört nicht auf die Bank. Ein Hund gehört auf den Boden. Aber Wuschel hat schnell verstanden."
Silvia und Oliver sind mit diesem Teil ihrer Zusammenarbeit zufrieden. Dann erzählen sie, wie es ihnen nach dem Rollentausch, als Oliver zum Herrchen und Silvia zu Rex wurde ergangen ist.
Silvia: „Nach dem Rollentausch war es nicht mehr so angenehm. Als Rex bin ich auch mal auf die Bank gekrochen. Oliver hat als Herrchen alles zugelassen."
Oliver: „Rex durfte sogar auf meinen Schoß."
Silvia: „Ja, ich habe es ausprobiert, aber eigentlich fand ich das nicht gut. Ich war kein richtiger Tiefstatushund. Ich war, ich weiß auch nicht was. Das war mir zu chaotisch und hat mir keinen Spaß gemacht."
Oliver: „Aber du warst auch schwierig. Du konntest nicht gehorchen. Du warst ein rebellisches Hündchen."
Silvia: „Nein, du konntest nicht erziehen, bestimmen, du warst ein unsicheres Herrchen."

Silvia und Oliver haben intuitiv als Erstes ihr ideales Statusverhältnis ausprobiert. In der gegensätzlichen Version haben sie sich nicht wohl gefühlt. Wie die weitere Analyse zeigt, fehlte es dabei an Klarheit. Oliver besaß als Herrchen nicht die Selbstverständlichkeit, die ein Alphawesen braucht. Seine Führungsschwächen waren offensichtlich und Silvia wurde als Rex gar oftmals zum Alphatier. Dies wiederum kam ihr entgegen, da sie eine starke Führerin ist und als Spielerin zunächst ein ausge-

sprochenes Hochstatustalent zeigt. Sie kann das Alphatier, hier eben das Frauchen, souverän verkörpern, während Olivers Talent die Verkörperung von Niedrigstatusfiguren, wie hier Wuschel, ist. Nachdem wir diesen Sachverhalt analysiert haben, fühlt sich Silvia ertappt. Sie hat Sorge, dass ihr das gewisse Etwas für einen richtigen Clown fehlen könnte.
Silvia: „Aber die Hunderolle ist in dieser Übung doch eher die Rolle des Clowns. Das Frauchen ist doch der Chef, der Hochstatus. Ich hätte viel lieber ein naives Hündchen gespielt."
„Das ist dir in der Tat schwerer gefallen, als den „Alpha" zu spielen. Du bist eine talentierte Hochstatusspielerin. Ein selteneres Talent. Wenn du dein Hochstatusspiel jetzt noch mit Humor durchtränkst, werden wir auch über dich herzlich lachen. Clownkomik braucht gute Alphafiguren, die mit Herz, Charme und Humor verkörpert werden. Nach der Pause, wenn wir uns mit Statustrios beschäftigen, wird das besonders deutlich werden."
Silvia: „Heißt das, dass ich jetzt immer den Hochstatus spielen muss?"
„Wenn ihr beide morgen eine Aufführung machen solltet, würde ich euch dazu raten, dass du den Hoch- und Oliver den Tiefstatus spielt. Das ist euer gemeinsames Talent. Als Künstler sollte man über seine Stärken Bescheid wissen und diese entsprechend einsetzen. Aber dieses Talent gilt für die Zusammenarbeit mit Oliver. Vielleicht hättest du im Spiel mit Felix, Susanne oder einer anderen Person einen anderen Status. Was in einem oder in zehn Jahren ist, wissen wir ebenfalls nicht. Als Darsteller üben wir uns selbstverständlich in allen Statusebenen. Wir müssen flexibel sein, um in jeder Spielsituation angemessen agieren zu können. Da kann sich im Laufe der Zeit etwas ändern. Also: Macht nach dem Herrchen-Hündchen-Spiel die Erfahrungskiste nicht zu. Bleibt offen und neugierig."

Die kompromisslose Selbstverständlichkeit, mit welcher der jeweilige Status verkörpert und gelebt werden muss, führt in der schauspielerischen Praxis zu Problemen. Oft wird der Status, bewusst oder unbewusst, nicht vollständig akzeptiert. Um die Auseinandersetzung mit eigenen Statusansprüchen und Erfahrungen, vielleicht auch eigenem Statusleid, kommt daher kein Clownspieler herum. Der Clownspieler muss sich gegenüber dem Phänomen Status emanzipieren. Nicht der Status darf ihn beherrschen, er muss ihn beherrschen. Nur so kann sich sein Spiel ohne Einschränkungen entwickeln und entfalten. Das Hochstatusspiel braucht Klarheit und Geradlinigkeit. Dementsprechend darf der Spieler keine Scheu haben, bis ins Mark die Nummer Eins zu sein. Die Tiefstatusfigur muss ihre Position akzeptieren, froh über sie sein und darf meistens nicht um einen höheren Status kämpfen. Sie genießt, dass sie vom Alpha hin und wieder beachtet, manchmal sogar geliebt wird.

Fast immer ist der Clown mit seinem gegebenen Status einverstanden, träumt nicht von einer besseren Position und nimmt sich völlig unreflektiert und mit größter Selbstverständlichkeit so wie er ist. Für triste Demut, angesichts der Tatsache, dass man in einem Statusgefüge der Vor- oder Allerletzte ist, ist im Clowntheater kein Platz.

Zur weiteren Vertiefung und Übung des Statusspiels bieten sich Rangordnungen aller Art an. Erinnern wir uns an die Hackordnung in Giesi's Klinikum. Allein die szenische Dokumentation der Krankenhaushierarchie kann komisch sein. Auch das Gerangel in Großküchen, Lehrerkollegien, Schulklassen, Kleingartenvereinen, der örtlichen Polizeiwache oder im Parlament bietet sich an. Besonderes Vergnügen bereitet es, die einzelnen Belegschaften auf Betriebsausflüge zu schicken. Das Wunderbare am expliziten Statusspiel ist, dass die Komik meist von selbst entsteht.

Die Grundstrukturen des Statusverhaltens werden in klassischen Situationen zwischen König, Ministern und Dienern besonders deutlich.
Variation 1: Der König ist zufrieden, alle anderen sind unzufrieden.
Variation 2: Der König ist unzufrieden, alle anderen sind zufrieden.
Variation 3: Alle sind zufrieden.
Weitere Variationen: Der König ist gerecht, ungerecht, überfordert, liebevoll oder hat Zahnschmerzen. Die Diener sind intrigant, dumm oder böswillig. Meine Lieblingsvariation: Der Diener hat einen Diener, der wiederum einen Diener hat. Und schön schräg: Was ist, wenn der König nicht der Alpha ist, weil seine Mama die eigentliche Herrscherin am Hofe ist? – Mit künstlerischer Neugier lassen sich etliche Variationen erfinden. Jeder sollte jede Rolle einmal verkörpert haben. Statusflexibilität!

Die Meister der Filmkomik sind auch Meister des Statusspiels. Luis de Funes ist Weltmeister im Groomen. Die dänische Olsenbande hat in über einem Dutzend Filme ein komisches Gangstertrio mit klassischer Statuskomik verkörpert. Stan und Ollie – ja sowieso. Auch Chaplin hat ein waches Bewusstsein für Statusverwicklungen.
Von den Meistern kann man Einiges lernen.

„Wir waren dumme Hühner, wir haben in einer Affenhorde gelebt, wir waren Herrchen und Hündchen. In all diesen Übungen haben wir die Grundzüge des Statusverhaltens studiert. Nach der Pause brauchen wir wieder die rote Nase. Dann wollen wir das Statusspiel auf das klassische Clowntrio übertragen."

Pause. Andreas schenkt den Kaffee aus. Giesi hält Andreas eine Tasse entgegen.
Andreas: „Der Reihenfolge nach! Erst kommt der Lehrer! Herr Lehrer, darf ich ihnen eine Tasse Kaffee einschenken?"

„Oh, danke!"
„Voll?"
„Ja bitte!"
Andreas füllt die Tasse – voll, ganz voll – bis zum Rand. „Bitte, Herr Lehrer, ganz voll! Milch?"
„Danke - unter diesen Umständen verzichte ich heute einmal auf die Milch!"
„Zucker?"
„Später vielleicht." Ich beuge mich über die randvolle Tasse, um etwas Kaffee abzuschlürfen.
„Herr Lehrer, benötigen Sie eine Serviette?"

Andreas hat die Möglichkeiten der Statuskomik entdeckt.
Susanne sinniert: „Alles was wir zum Thema Status gemacht haben wusste ich bereits. Aber es war mir nicht bewusst."
„Das ging mir ähnlich, als ich angefangen habe, das Thema zu erforschen."
Susanne: „Seit wann beschäftigst du dich damit?"
„Schon lange. Aber es war mir nicht bewusst. Als Zwanzigjähriger habe ich ein Kindertheaterstück geschrieben, in dem es, ich wusste es damals nicht, um Status ging. Die Handlung war allerdings sehr konstruiert. Ein Fünfjähriger muckt gegen einen Achtjährigen auf. Dabei hätte ich es besser wissen müssen. Später habe ich mich erinnert, wie glücklich ich selbst war, wenn ich mit meinem großen Freund Peter spielen durfte. Peter wohnte in unserer Nachbarschaft. Ich habe nie aufbegehrt, wenn ich mit ihm spielen durfte. Peter war drei Jahre älter als ich, hatte ein eigenes Taschenmesser, eigenes Geld und machte in der Badeanstalt schon einen Kopfsprung vom Dreimeterbrett. Ihr könnt euch vorstellen, wie groß und wichtig ich war, wenn Peter mal mit mir spielte. Einmal spielten wir bei uns auf dem Hof. Meine Oma war in der Nähe. Peter hatte eine eigene Bonbontüte. Er wickelte sich ein Bonbon aus, reichte mir das Papier und sagte: „Bring mal weg!" Meine Oma war entsetzt: „Das machst du nicht! Du bist nicht Peters Diener! Er hat dir noch nicht einmal ein Bonbon abgegeben!" Konflikt. Ich hätte Peter gerne bedient. Aber ihr könnt euch vorstellen, wie hoch der Status meiner Großmutter war."
Kirstie: „Peter hieß bei mir Heike und hatte eine Puppenstube mit Licht und Radio!"
Tim: „Mein Peter hieß Detlev und hatte einen Hund!"
Felix: „Mich würde interessieren, ob du dir dein Statuswissen im Alltag zunutze machen kannst?"
„Vielleicht – manchmal, weil ich dann weiß, aha, hier bin ich also innerhalb der Rangordnung. Das heißt aber nicht, dass ich den Status verlassen kann. Einmal habe ich mir einen Hochstatusverhandlungspartner in Unterwäsche vorgestellt. Das half mir, mich nicht einschüchtern zu las-

sen. Einmal bin ich einem Strafmandat entgangen, weil ich realisiert habe: „Achtung, nicht aufregen, Polizeistatus akzeptieren, bleib Untertan!" Ich habe mich devot verhalten, 20 Euro gespart und mich danach schlecht gefühlt. – Wirklich wichtig ist mein Statuswissen bei Inszenierungen. Ich kann den Status der Figuren lesen oder bestimmen. Das bringt Ordnung ins Spiel. Das macht lebendig. Status bringt das Spiel zum Vibrieren, auch wenn es nicht im Vordergrund steht."
Olav: „Manchmal ist mir ganz klar, wer welchen Status hat, dann blicke ich wieder überhaupt nicht durch."

„So ging es mir am Anfang auch. Alles was mit Statusverhalten zusammenhing, war schwer zu durchschauen. Die ersten Statusübungen die ich entwickelt habe, waren kompliziert. Die Übung, die wir gleich nach der Pause machen werden, ist ganz einfach und klar. Da wirst du genau wissen, wer welchen Status hat."
Andreas: „Herr Lehrer, Sie möchten noch eine Tasse Kaffee!"
„Danke, ich schenke mir selbst ein!"
Andreas: „Herr Lehrer, ich habe für Sie selbstverständlich schon eingeschenkt! Sie bekommen immer eine extra volle Tasse!"

„Die nächste Übung: Wir marschieren in Dreiergruppen. Ein Clown geht vorne, einer geht in der Mitte, der dritte Clown geht hinten. Ganz einfach. Ohne besondere Kreativität. Gehen, gehen und gehen. Jeder Clown hat einen kleinen Text.
Der erste Clown: „Ich sage, wo es lang geht!"
Der mittlere Clown: „Jawohl Chef!" und zum unteren Clown gerichtet: „Pass auf!"
Der letzte Clown: „Ich bin auch dabei!"
Jeder Clown antwortet stets mit „Jawohl!". Ab und zu bleiben alle drei gemeinsam stehen und erklären: „Wir sind ein gutes Team! Glückwunsch!" Genießt die Wiederholungen. – Auf geht's!"

Ich unterlege die Übung mit Zirkusmusik. Sie fördert die fröhliche und kräftige Atmosphäre. Jedes Clowntrio soll zu einem glücklichen Trio verschweißen. „Genießt das Miteinander. Nehmt das Glück an!" Je länger die Trios marschieren, desto selbstverständlicher wird die Übung, desto selbstverständlicher wird das Clownsein, desto mehr werden aus Clownaspiranten Clowns. In kaum einer Übung können Clowns so einfach sein wir hier. Nicht denken! Nicht planen! Nicht reflektieren! Schwimmen, tauchen und tummeln im Bad des Seins. Und bitte: Nassspritzen!

Wenn man einen komplizierten mathematischen Bruch kürzt, wird sein simpler Charakter deutlich. In der Trioübung habe ich alle verwirrenden Details des Statusverhaltens gekürzt. Das Ergebnis: Drei Clowns gehen. Der Hochstatusclown führt. Clown Zwei folgt. Er hält seinem Chef den Rücken frei. Gleichzeitig achtet er auf Clown drei. Clown drei ist auch dabei.

Jeder soll jeden Status erleben. Wir führen die Übung dreimal durch. Es dauert, bis der Zauber der Einfachheit seinen Weg in die Poren der Clownseele gefunden hat. Je länger, je lieber, desto mehr.

In den folgenden Auswertungsgesprächen werden wiederum unterschiedliche Statustalente und Vorlieben deutlich. Anna, Olav und Felix berichten von ihrer Lieblingsversion.
Anna: „Ich habe mich pudelwohl gefühlt. Ich war Clown drei, ich war auch dabei. Die Zeit war weg, wie als Kind, da habe ich manchmal auch nicht gemerkt, wie die Zeit vergeht. Als Nummer drei musste ich mich um nichts kümmern. Das war toll."
Felix: „Ich war gerne Chef. Wir waren ein Superteam und alles lief wie am Schnürchen, und auf meinen Assistenten Propper konnte ich mich bestens verlassen. Ein Superteam."
Olav: „Ich hatte wohl am meisten zu tun. Manchmal ist mein Chef so schnell gegangen. Da musste ich aufpassen, dass wir uns nicht verlieren. Nummer drei hat geträumt. Ich musste sie ständig antreiben, sonst hätten wir sie verloren."
Felix: „Davon habe ich gar nichts gemerkt."
Olav: „Ich habe dir ja auch den Rücken freigehalten! Nummer zwei ist schon echt stressig."
Felix: „Am besten wurde es, als wir den Raum auch mal verlassen haben. Mein Assistent hat mir die Tür geöffnet und ich bin durch die Tür geschritten."
Anna: „Und ich war auch dabei. Ich habe geholfen. Am Ende konnte ich die Tür schon ganz alleine aufmachen."
Olav: „Aber du hast jedes Mal vergessen sie zuzumachen!"
Anna: „Stimmt! Das musstest du dann machen!"
Olav: „Anna war als Drei so tollpatschig. Da bin ich ins Schwitzen gekommen. Manchmal hätte ich gerne mit Anna getauscht und mich selbst zur Nummer Drei gemacht."

„Interessant! Mach das beim nächsten Mal. Der Status ist nicht unabänderbar. Es wird sehr komisch, wenn ein Clown überfordert ist und sich selbst degradiert. Unser Statustrio ist ein Übungsmodell, aus dem sich unzählige Variationen ableiten können. Je nach Situation kann der Status wechseln. – Da ist zum Beispiel der Hochstatusclown. Er hat eine Trompete und kann sogar vom Blatt spielen. Und der Tiefstatusclown? Er kann nicht vom Blatt spielen. Überraschung. Trotzdem kann er jedes Lied mit größter Selbstverständlichkeit spielen. Und das mit allergrößtem

Vergnügen. Und wie macht er das? „Ganz einfach mein Herr. Ich blase hier vorne in die Trompete hinein und dort hinten kommt die Musik raus!" Wer hat denn hier nun welchen Status? Wenn der Status wechselt, wird das Spiel filigraner. Die offene Statusatmosphäre bringt das Spiel zum Pulsieren.

Der Statusunterschied darf auch kleiner, gar viel kleiner sein als in der Trioübung. Daraus entsteht ein ganz besonderer Reiz. Die Zuschauer erkennen den Statusunterschied nicht auf den ersten Blick, aber sie spüren ihn. Das macht ein Prickeln. Es flimmert und vibriert. – Überhaupt ist Status wie das Salz in der Suppe. Ohne Status funktioniert keine Szene. Selbst wenn du ein Solo spielst – Status! Ein Clown kommt mit einem Koffer auf die Bühne. Wer von beiden hat den höheren Status? Der Clown will den Koffer öffnen? Wie verhält sich der Koffer? Was bedeutet das für den Status der beiden? Und welchen Status haben die Dinge im Koffer des Clowns? – Und wer hat den höheren Status, der Clown oder die Zuschauer? Da kann sich ein spannendes Wechselspiel ergeben.

Aber, wen wundert es, das Solospiel ist schwieriger als das Spiel mit Partnern. Auch Grock brauchte einen Gegenspieler und hat sich immer einen Partner als Antagonisten engagiert. Ein Herr im Frack, seriös, gebildet und mit stets gutem Benehmen, eine Weißclownadaption. An ihm konnte sich Grock reiben. Formal hatte der Herr im Frack den Hochstatus. De facto wurde er von Grock immer wieder degradiert und in seinen Werten in Frage gestellt. Grock blühte erst im Kontrast zu einer bürgerlichen Figur richtig auf."

Wann immer in einem Workshop der Begriff „Weißclown" fällt, ergeben sich Fragen. „Warum heißt er Weißclown?" „Ist das überhaupt ein Clown?" „Ich hatte Angst vor dem. Findet ihr den witzig?" Der Weißclown – eine kontroverse Figur. Sein Wesen ist nur zu verstehen, wenn wir einen kleinen Ausflug in die Geschichte des Clowns machen und einen Blick auf das klassische Clowntrio werfen: Weißclown, Clown und August. Diese Grundformation, für die es diverse Variationen gab und gibt, gehörte lange Zeit in jeden Zirkus.

Der August: Tiefstatus. Das enfant terrible unter den Dreien. Liebenswert. Gefühlsbetont. Einfach und direkt. Stets auf unmittelbares Vergnügen aus. Sein Bild haben heute viele vor sich, wenn sie sich einen Clown vorstellen. Übergroße Kleidung, übergroße Schuhe, Clownnase. Der dumme August!

Der Clown: Mittelstatus. Bester Freund vom August. Aber etwas klüger, nicht so tollpatschig. Und manchmal versteht er sogar seinen Chef. Kleidung: Vielfältiger und fantasievoller als beim August.

Der Weißclown: Hochstatus. Klug, klüger und vernünftig. Er weiß, wie man sich benimmt. Manchmal cholerisch, autoritär und bestimmend. Aber auch sorgend und kümmernd. Und seine Kleidung! KLEIDUNG! Fein, fantasievoll und mit unzähligen Pailletten verziert. Weiß geschminkt und eben deswegen Weißclown.

Der gesellschaftliche Umgang mit und das Verhältnis zu Autoritäten haben sich in den letzten 100 Jahren gewandelt. Zusätzlich ist der Zuschauer der heutigen Zeit durch Glitzer- und Showeffekte gesättigt. Die klassische Figur des Weißclowns kann daher in der heutigen Zeit nicht mehr verstanden werden. Er lebt aber in veränderter, zeitgemäßer Form in vielen komischen Duos oder Trios weiter. Der Weißclown von heute hat nicht mehr einen exponierten Status, kleidet sich vielleicht mit Fliege oder Krawatte, ist jedoch noch immer der Antagonist, an dem sich der moderne Clown und August reiben können.

Ohne Gegenspieler kann sich auch die komische Wirkung des modernen Clowns manchmal nur schwer entfalten. Mr. Bean braucht in vielen seiner Sketche eine oder mehrere Gegenfiguren. Sein kindlich unzivilisiertes Verhalten kann erst im Kontrast zur Norm seine volle komische Wirkung entfalten. – Mr. Bean nimmt an einem Gottesdienst teil. Trotz der andächtigen Atmosphäre muss er unbedingt naschen und ein Bonbon auswickeln. Erst der biedere Herr neben ihm sorgt für die komische Spannung. Wäre Bean allein in der Kirche, würde sein Verhalten nicht komisch wirken.

Betrachten wir das klassische Clowntrio abschließend noch unter dem Aspekt seiner Verwandtschaft zum Modell der drei psychischen Instanzen Es, Ich und Über-Ich, wie es die Psychoanalyse beschreibt, so wird deutlich, welche Ähnlichkeiten beide miteinander haben. Die Art, wie sich die drei Beteiligten in beiden Modellen zueinander verhalten ist ähnlich. Sie konkurrieren und ringen miteinander, sind letztendlich jedoch zur unzertrennlichen Einheit verdammt. Einer will, einer kann sich vorstellen zu wollen, und einer sagt nein. Kompromisse müssen gefunden werden.

Der Normen- und Wertekodex des Über-Ich ist zwar den steten gesellschaftlichen Veränderungsprozessen unterworfen, bleibt in sich jedoch existent. Mit einfachen Worten: In seinem Wesen hat sich der Mensch in den letzten 100 Jahren nicht geändert. Als Abbild innerer Konflikte taugt das klassische Clowntrio auch heute noch, wenngleich die alte Form im stets neuem Gewand präsentiert werden muss.

Bleibt anzumerken, dass jedes Clowntrio sein eigenes Unikat verkörpern sollte. Die skizzierten Modelle dienen der Orientierung im Dschungel des Clownspiels. Auch sind Duo-, Quartett- oder größere Formationen möglich. Der künstlerische Reiz besteht darin, die Eigenarten jedes Ensembles herauszuarbeiten.

Zurück zur Praxis: „Die nächste Übung. Drei Spieler. Wir übertragen die Trioübung auf die Bühne. Geht hinter den Vorhang. Einigt euch, wer welchen Status hat. Macht euch warm. Nutzt dafür auch die Sätze, die ihr eben kennengelernt habt. Dann geht ihr auf die Bühne und stellt euch vor den Zuschauern auf. Nach einer Weile sagt jeder Clown: „Meine Damen und Herren, guten Tag!" Ihr bleibt einen weiteren Augenblick stehen. Dann sagt ihr: „Meine Damen und Herren, auf Wiedersehen!" Abgang. Eine karge Vorgabe. Macht was draus. Spürt und spielt euren Status. Viel Vergnügen!"

Nach der Improvisation von Tim, alias Karajan, Silvia, alias Carbonara und Oliver, alias Olivio, herrscht große Konfusion.
Susanne: „Manchmal dachte ich, dass Karajan der Chef ist. Dann ist er aber als letzter abgegangen. Da dachte ich, er ist die Drei. Am meisten hat mich irritiert, wie ihr den Bühnenvorhang auf- und zugemacht habt. So wie Karajan für Carbonara den Vorhang geöffnet hat, dachte ich, er ist die Drei und sie die Eins. Beim Abgang hat Carbonara aber den Vorhang für Karajan gehalten. War Carbonara nun die Eins – oder die Drei?"
Silvia: „Ich sollte die Zwei sein."
Tim: „Ich war die Eins, Silvia die Zwei, Oliver die Drei."
Olav: „Konfusion!"
„Habt ihr euch wohl gefühlt?"
Silvia: „Eigentlich nicht."
Oliver: „Es könnte besser sein!"
Tim: „Ich auch nicht!"
„Was wollt ihr beim nächsten Mal besser machen?"
Tim: „Ich möchte die Zwei spielen! Die Eins liegt mir überhaupt nicht!"
Silvia: „Gut, dann bin ich wieder die Eins"
Oliver: „Ich bleibe die Drei"
„Einige Tipps: Mir ist aufgefallen, dass ihr euch nur kurz hinter dem Vorhang aufeinander eingestimmt habt. Lasst euch Zeit! Kommt erst, wenn ihr den Status spürt. Versucht nichts Neues zu erfinden. Seid nicht kreativ, seid Clown! – Noch etwas: Bitte geht in den Requisitenraum und sucht euch eine eurem Status gemäße Kopfbedeckung heraus. Dort findet ihr auch Koffer. Hochstatus-, Mittelstatus- und Tiefstatuskoffer. Welcher Koffer passt zu welchem Clown? Bereitet euch in Ruhe vor. Wir Zuschauer machen solange Pause."

Dass Hut und Koffer zur Markierung des Status bestens geeignet sind wird deutlich, als die Drei auf die Bühne kommen. Sie haben mit Gespür den passenden Koffer ausgewählt. Silvias Koffer gleicht der Reinkarnation eines klassischen Weißclowns. Groß, prächtig, stabil, mit reflektierendem Metall besetzt. Tims „Clownkoffer" ist kleiner, aus billigem Leder aber mit bunten Punkten verziert. Olivers „Augustkoffer" ist der Größte. Kariert, verbeult, mit einer defekten Schnalle. Hut und Koffer als äußere Attribute helfen nicht nur den Zuschauern den Status zu erkennen, sondern wirken auch auf die Spieler. Der Statuswechsel zwischen Tim und Silvia tut sein übriges.

Der schlichte Auftritt des Trios macht neugierig auf mehr. Olivio, als Nummer drei, ist jetzt alleinig für das Öffnen und Schließen des Vorhangs verantwortlich. Dabei wird er jedes Mal von Karajan kritisch beäugt. Alpha Carbonara kümmert sich gar nicht um den Vorhang. Es ist für sie selbstverständlich, dass ihre beiden Assistenten ihr den Weg frei machen. Als dann alle drei viele Momente lang nichtstuend nebeneinander stehen und einfach nur Clown neben anderen Clowns sind, schließen wir sie in ihrer simplen Art ins Herz.
„Das war schön!" fasst Susanne das Spiel der Drei zusammen. „Das macht Appetit auf mehr. So würde ich euch gerne mal in einer richtigen Szene sehen; vielleicht als Trio, das versucht mit billigen Kunststücken Geld zu verdienen."

„Morgen, am letzten Tag werden wir weiterhin in Statustrios arbeiten. Dann wollen wir alle Regeln zusammenführen, die wir bislang kennengelernt haben."

Oliver: „Kommt noch jemand mit ein Eis essen?"
Giesi: „Eis? Schau mal nach draußen!"
Oliver: „O.K. Kommt noch jemand mit einen heißen Kakao trinken?"

10

Und schwupp!

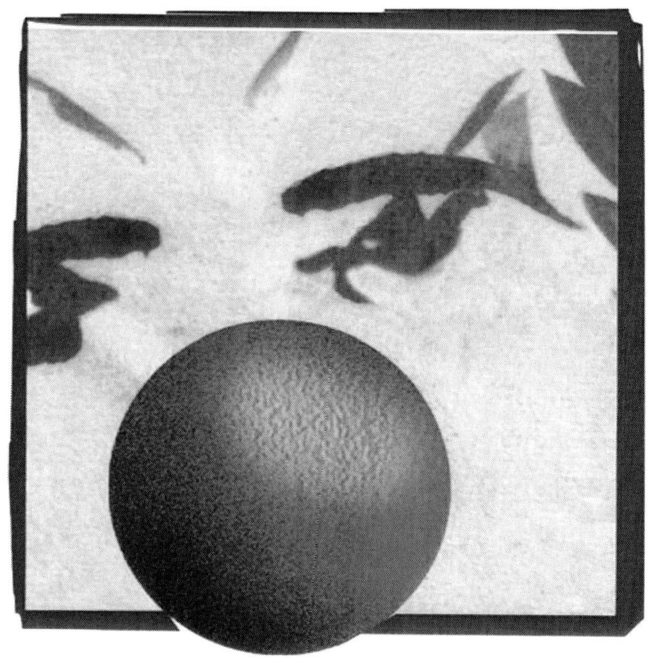

10 UND SCHWUPP!

„Guten Morgen. Heute am letzten Workshoptag werden wir alle Einzelaspekte, die wir kennengelernt haben, in einer Spielaufgabe zusammenfassen. Diese Improvisation soll auf der Bühne, eben vor Zuschauern stattfinden. Deswegen werden wir uns nach einem kurzen warm-up zuvor noch einmal im Zuschauerkontakt üben."

Auf geht's! Jeder hat einen Quadratmeter zur Verfügung. Auf diesem begrenzten Raum gehen wir hin und her. ... Von den 99 000 möglichen Schrittkombinationen die es hier gibt, wollen wir möglichst viele benutzen. ... Variiert das Tempo. Variiert den Rhythmus. ... Wozu machen wir das? Ganz klar, weil es Spaß macht. ... Musik! Jawohl, aus Gehen wird Tanzen. ... Das ist Gute-Laune-Musik. Lasst euch von ihr anstecken. ... Ein Quadratmeter ist zu wenig. Wir brauchen Platz, viel Platz! Jetzt gehört uns der ganze Raum. ... Hurra! Hin und wieder müssen wir kleine Freudensprünge machen. ... Jawohl! Gehen, tanzen, Freudensprünge, das alles gehört zusammen. Und zusätzlich: Blickkontakt! Blicke treffen auf Blicke. ... Wir zwinkern uns zu. Die Augen flirten miteinander. ... Jawohl. Jetzt tanzen und flirten wir schon so lange, da können sich auch die Lippen nicht mehr zurückhalten. Schwupp, da haben wir schon das erste Küsschen durch die Luft geschickt. Schwupp, schon wieder geht ein Küsschen auf die Reise. ... Auskosten! ... Wunderbar. ... Achtung! Gleich rufe ich stopp. Dann frieren wir blitzartig diese Stimmung ein. Bei Bedarf können wir sie jederzeit auftauen und haben sie augenblicklich wieder in ganzer Frische zur Verfügung. Achtung! Und stopp!

Wir teilen die Gruppe. Sechs von euch sind zunächst die Zuschauer. Die anderen sechs gehen hinter den Bühnenvorhang. Dort setzt ihr die rote Nase auf. Und schwupp, schon habt ihr die Stimmung von eben wieder aufgetaut. Dann kommt ihr flirtend auf die Bühne. Jeder flirtet mit jedem. Bald werdet ihr die Zuschauer entdecken. Was für eine Freude! Auch mit denen kann man flirten! Viel Vergnügen!"

Wir befinden uns nicht in einem Flirtseminar, sondern nach wie vor in einem Clownworkshop. Hier üben wir uns gerade im unmittelbaren Zuschauerkontakt. Die Übung ist einfach, direkt und bereitet Vergnügen. Mit solchen Etüden entwickeln und vertiefen wir das Verhältnis des Clowns zu seinem Publikum. Wir trainieren uns darin, das Publikum während des Spiels wahrzunehmen, im angemessenen Rahmen anzuschauen und anzuspielen, und das so entstehende manchmal gar intime Verhältnis auszuhalten. Die grundlegenden Erfahrungen des Zuschauerkontakts haben wir bereits im ersten Teil des Workshops gemacht. Dann haben wir jedoch neue Spieltechniken kennengelernt und uns eine

Weile nur dem Spiel als solchem zugewandt. Die Flirtübung erinnert uns wieder an das Prinzip: Der Clown ist eine öffentliche Figur. Die folgende Aufgabe trainiert uns darin, das Spiel auch während emotionaler Achterbahnfahrten geöffnet zu halten.

„Die nächste Übung: Absoluter Zuschauerkontakt. Vier Clowns stehen nebeneinander auf der Bühne. Ein Fünfter steht hinter ihnen. Nach und nach nehmen die Vier ihre Arme in die Höhe. Wer von ihnen wird von Clown fünf als erster ausgekitzelt? – Spannung für die Beteiligten. – Vergnügen für die Zuschauer. Überraschung! Kitzeln, Kreischen, Lachen. Und: Don't be cool! Zuschauerkontakt!"

Sich in aller Öffentlichkeit und mit unmittelbarem Blick zu den Zuschauern auskitzeln zu lassen, ist für den Clownspieler eine prickelnde Provokation mit aphrodisierender Wirkung. Das macht high! Fast jeder Mensch verschließt Blick und Körper wenn er ausgekitzelt wird. Hier machen wir das Gegenteil. Wir präsentieren uns in dieser emotional turbulenten Situation. Körper und Seele der Clownspieler werden nochmals daran erinnert: Es gehört zu den wesentlichen spieltechnischen Eigenschaften des Clowns, sich dort zu öffnen, wo Menschen sich üblicherweise verschließen.

Als wir uns mit den emotionalen Aspekten des Clownspiels beschäftigt haben, konnten wir erfahren, dass Clowngefühle wachsen können, wenn sie wiederholt werden. Hier erfahren wir zusätzlich, dass Gefühle an Prägnanz und Deutlichkeit gewinnen und ebenso wachsen, wenn sie im unmittelbaren Kontakt zu den Zuschauern gelebt werden. Es ist, als würde das Gefühl von den Zuschauern reflektiert, gar – einem wundersamen Echo gleich – an Resonanz gewinnen. Dieser Echoeffekt macht manchem Spieler Angst. Potenzierte Gefühle sind gewaltig. Es herrscht – unberechtigte – Sorge, in einer Welle von Gefühlen kurzfristig untergetaucht zu werden.

Oliver berichtet nach der Kitzelübung: „Irre. Das fühlt sich an, als würde man sich vor den Zuschauern opfern. Das fühlt sich an wie nackt. Nicht im körperlichen Sinne. Wie im psychischen Sinne. Irre. Aber ich könnte es wieder tun. Tut gut."

Giesi berichtet, dass es ihr heute schwer gefallen ist, Kontakt zu halten. „Das hat mich überrascht. Da habe ich mich anders eingeschätzt. Heute war ich aber auch müder als sonst. Ich wollte lieber für mich sein. Nur da stehen, offen sein, sich an die Zuschauer verschenken, das macht mehr Arbeit als das schärfste Bodybuilding."

Olav fast den Erfahrungsaustausch bezüglich des Zuschauerkontakts wie folgt zusammen: „Ohne geht es nicht. Auf der Straße bleibt dir sowieso nichts anderes übrig, sonst bleibt keiner stehen, sonst haste nichts im Hut!“

Kaffeepause. Endlich. Giesi hat wieder Rüblikuchen gebacken. Beifall! Silvia hat Schokocroissants mitgebracht. Beifall! „Die können mit Giesi's Backkünsten nicht konkurrieren, aber ich wollte auch einmal etwas beisteuern!“ Beifall! Andreas: „Herr Lehrer, ich finde in der Schule sind die Pausen am schönsten!“
Julia: „Gestern Abend habe ich zu Hause angerufen. Meine Schwiegermutter war am Telefon. Sie wollte wissen, was wir hier machen. Ich habe ihr das nicht erklären können. Ich habe ihr von unserer Affenhorde erzählt und sie hat nur gefragt: „Aber es geht dir doch gut?“
„Das kenne ich. Als ich an meinem ersten langen Clownworkshop teilgenommen habe, habe ich meiner damaligen WG einen Brief geschrieben. Zwei Tage später bekam ich per Versand einen Blumenstrauß mit dem Wunsch: „Wir hoffen es geht dir bald wieder gut! Herzlich deine WG“. Meine Freunde hatten sich Sorgen gemacht. Ich hatte ihnen in einem Brief von den emotionalen Übungen berichtet, unter anderem „wir lachen und weinen den ganzen Tag“ geschrieben. Wie sollten die zu Hause auch begreifen, was bei uns im Workshop vorging?“
Giesi: „Ich musste gestern mit meiner Pflegedienstleitung telefonieren. „Ach, sie nehmen an einem Clownworkshop teil, interessant!“
Tim: „Mein Vater hat mich gefragt, ob ich nun Kinderclown bei MacDoof werden will?"
Julia: „Das ist auch schwer zu vermitteln, was wir hier machen. Bei Clown denken die meisten gleich an Karneval."
Silvia: „Nach einer Untersuchung haben Kinder sogar Angst vor Clowns!"
Julia: „Stimmt nicht! Ich habe das auch gelesen. Stimmt aber nicht! Es ging lediglich um eine Befragung unter ganz wenigen Kindern, die in einem englischen Krankenhaus gefragt wurden, ob Clownbilder aufgehängt werden sollen. Die Nachrichtenagenturen haben daraus gemacht: „Kinder fürchten sich vor Clowns". Und dann wurde es in allen Zeitungen abgedruckt! Der Klinik-Clown-Verein hat es richtig gestellt und gleich einen Rundbrief gestartet. Den hat aber leider niemand abgedruckt. Ich bin einmal mit zwei Klinik-Clowns mitgegangen, die Kinder sind echt glücklich wenn die Clowns kommen."
Kirstie: „Und ich habe bei uns im Spielpark mal zwei Clowns gesehen, denen sind die Zuschauer weggelaufen. Grottenschlecht! Fritz und Fratzi. Kennst du die?"
„Nein. Es gibt viele Clowns die überfordert sind. Und viele merken es nicht. Clowntheater ist etwas Anspruchsvolles. Manch ein Klassenkasper denkt: „Ich kaufe mir Clownschuhe, verkleide mich bunt, schminke

mich, witzig bin ich sowieso und Kinder lachen über alles." Dabei sind Kinder das schwierigste Publikum, niemand ist so ehrlich wie Kinder. Erwachsene bleiben artig bis zum Ende der Vorstellung sitzen, auch wenn die Vorstellung schlecht ist. Kinder sagen „Gehen wir jetzt Eis essen?" Man muss besonders gut sein, um ein Kinderpublikum zu erreichen. Überhaupt muss man immer besonders gut sein, um als Clown die Zuschauer zu erreichen. – Wart ihr schon einmal in einer mittelmäßigen Opernaufführung? Schrecklich! Dabei ist Oper etwas Fantastisches. In einer guten Oper kann man ein Gefühlsbad nehmen, ähnlich wie in einer guten Clownaufführung. Aber es ist sehr schwierig eine gute Oper zu inszenieren. Alles muss stimmen. Handlung, Komposition, Orchester, vor allem die Sänger. Sie müssen gute Schauspieler und Sänger in einem sein. Wenn das gelingt, ist Oper fantastisch. Nirgends weine ich schöner. Aber richtig gute Operninszenierungen sind selten. – Richtig gute Clowntheaterinszenierungen sind ebenso selten. Clowntheater muss ganz einfach sein, das macht es so schwierig. Was Kompliziertes kann man ruckzuck auf die Bühne bringen. Um was Einfaches auf die Bühne zu bringen, braucht es viel mehr Zeit und Können. Das kann man auch in der Malerei beobachten. Munchs Schrei ist ganz einfach gemalt. Aber das Bild wirkt. Picassos Tuschzeichnungen ..."
Andreas: „Herr Lehrer, Sie kommen vor lauter Reden und Reden gar nicht zum Kuchenessen. Darf ich Ihnen bei Ihrem Rüblikuchen helfen?"
„Finger weg. Das ist mein Rüblikuchen!"
Andreas: „Dürfte ich mir dann wenigstens eine Rosine ...? Ich liebe Rosinen!"
„Ich auch!"
Giesi: „50 Gramm Rosinen. Ungeschwefelt!"
Andreas: „50 Gramm glückliche Rosinen. Jede wurde von Giesi eigens für uns und diesen Kuchen auserwählt!"
Giesi: „Stimmt! Schmeckt es?"
„Lecker!"

„Kommen wir nun zur letzten Übung dieses Workshops".
„Oh!"
„Wir werden uns den ganzen Tag damit beschäftigen!"
„Ah!"
„Mit unserer letzten Etüde unternehmen wir einen ersten Ausflug in den Bereich des szenischen Studiums. Wir erforschen, was alles zu einer kompletten Szene gehört. Zunächst improvisieren wir zu einem vorgegebenen Thema. Dann verdichten wir alles zu einem Szenenentwurf. In diese Arbeit wird alles einfließen, was wir in den zurückliegenden Tagen erfahren und trainiert haben. Erinnern wir uns: Zunächst haben wir gelernt, den ganzen Körper ins Spiel einzubringen. In den ersten Übungen haben wir uns als Clown pur, offen und ehrlich vor den Zuschauern ge-

zeigt. Unsere Wahrnehmung und unsere sinnliche Sensibilität wurden in den Vordergrund gestellt. Wundern! Nicht denken! Nicht konstruieren! Fühlen und handeln! Nicht fragen. Antworten! Keine Diskussionen! Mit den Schlagwörtern des Clowneinmaleins haben wir die zentralen Regeln des Spiels fixiert. „Jawohl!" – „Au ja!" – „Glückwunsch!" – „Bravo!" – „Handeln!" – „Weitermachen!" – „Noch mal!" – „Konflikt!" – „Gewinner – Verlierer!" – „Schicksal!" „Gefühl!" Und noch einmal: „Gefühl!" All das durchtränken wir mit Clownpositivismus. Clowns sind Freunde. Status ist das besondere Gewürz jeder Figur, jeden Spiels, jeder Szene. Präsenz! Der Clown ist eine öffentliche Figur.

All das wollen wir während des Spiels beherzigen. Trotzdem werden wir nicht mit einer inneren Checkliste spielen. Wir vertrauen darauf, dass wir alle Grundregeln des Clowneinmaleins kennen. Wir vertrauen auf unsere Intuition. Im richtigen Moment wird die richtige Regel zur Wirkung kommen. Das macht uns frei, und wir können uns ins Spiel fallen lassen.

Und nun zur eigentlichen Spielaufgabe. Auch hier geht es um Status; kleine und große Rangeleien, Groomen, Degradierungen, Tadel, gerechte Strafen und das Glück, ein gutes Team zu sein. Die Handlung: Drei dumme Räuber brechen in eine Villa ein. – Wir befinden uns hier im weißen Salon der Stadtvilla von Frau Neureich. Edler Parkettfußboden, große helle Fensterfront, ausgesuchte Antik- und Designmöbel. Dort, hinter dem Vorhang, ist das Schlafzimmer. Da schläft Frau Neureich. Gleich neben ihrem Bett steht der Geldkoffer. Darin befinden sich die Millionen. Frau Neureich liebt ihr Geld. Manchmal umarmt, umschlingt sie ihr Vermögen gar wie einen Geliebten. Sogar im Schlaf! Frau Neureich schläft unruhig. Albräume! Der schlimmste: Dreiste Räuber stehlen all ihre Millionen. – Nun zu den Räubern. Es ist ihr erster Einbruch. Sie wissen, dass hier viel zu holen ist. Sie wissen aber auch: Frau Neureich hat gleich neben dem Bett ihr Schrotgewehr stehen. Und viele kleine Schrotkugeln im Hinterteil machen viele kleine Schmerzen. – Mitternacht. Alles schläft. Dort, wo jetzt noch unsere Studiotür ist, öffnet sich gleich die schwere Haustür zur Villa Neureich. Dort werden die Räuber eindringen. Der weite Weg führt durch den Salon, zum Schlafgemach, zu den Millionen! Vorsicht! Antiker Holzfußboden. Er knarrt. Vorsicht! Nicht gegen die chicen Möbel kommen, die Neureich hat einen leichten Schlaf. Und dann: Peng! Peng! Aua! Polizei! Gefängnis – Tag und Nacht! – Jeder Räuber hat eine Waffe, einen Prügel aus Papier. Den formen wir uns, genau wie die Schnäbel, als wir verrückte Hühner waren. Clown Eins bekommt einen Riesenprügel. Clown Zwei bekommt einen großen Prügel und Nummer Drei freut sich, dass er ebenfalls einen hat. Allerdings benutzen die Clowns ihre Prügel fälschlicherweise, um einander damit gegenseitig zu disziplinieren. Dafür bieten die Statusrangeleien ausreichend Gelegenheit. – Teilt euch bitte in Gruppen auf und legt den Status der Figuren fest."

Felix, als Meistro, Olav als Propper und Susanne als Suse sind eine brillante Clownräuberbande. Silvia ist als Frau Neureich eine wunderbare Ergänzung. Das Spiel dieses Quartetts, sowie die damit verbundene spielerische und szenische Arbeit sollen wie folgt exemplarisch dokumentiert werden.
Alle Vier stehen spielbereit vor den Zuschauern. Ich leite ihr Spiel ein. „Aha! Meistro ist der Chef. Er hat den Riesenprügel. Propper ist Nummer zwei und Suse ist auch dabei. Glückwunsch! Eine gute Wahl. Silvia spielt Frau Neureich. – Glückwunsch Frau Neureich, das Nachthemd und der Schmuck stehen Ihnen gut. Passen Sie nur gut auf Ihr Geld auf. Ich wünsche Ihnen eine angenehme Nacht! – Bitte spielt die Vorlage einmal durch. Danach werden wir an Teilaspekten arbeiten. Viel Vergnügen!"

Frau Neureich begibt sich zu Bett. „Gute Nacht!" Die Eingangstür zu ihrer Villa öffnet sich. Meistro, Propper und Suse schleichen auf Zehenspitzen in den Salon. Meistro führt das Trio vorsichtig an der hinteren Wand entlang. Frau Neureich spricht im Schlaf. Schreck! Die drei halten inne. Was tun? Suse bekommt Angst. Sie flüchtet. Meistro ist sauer. Propper muss Suse zurückholen, schleicht ihr eilig hinterher, fasst sie am Kragen und versetzt ihr einen Schlag mit dem Prügel. „Hiergeblieben!" „Aua!" „Psst!" Meistro ermahnt zur Ruhe. Weiter geht es. Das Trio erreicht den Vorhang. Dahinter ist das Schlafgemach. Da sind die Millionen. „Psst!" Meistro ist eine wichtige Persönlichkeit! Er darf den Vorhang öffnen. Glück. Die Neureich schläft. Der Koffer mit den Millionen steht neben ihr. Meistros Arm streckt sich, wird lang, länger, die Hand greift zu. Frau Neureich schreckt hoch. Entsetzen. Ein Gewehr! „Hände hoch! Was machen Sie hier?" Suse: „Wir sind Räuber!" Meistro: „Psst!" Frau Neureich: „Hände hoch! Auf zur Polizei!" Sie führt die Drei mit dem Gewehr im Anschlag ab. Suse: „Und wenn wir uns entschuldigen?" „Ruhe! Auf zur Polizei!" Die Tür fällt hinter ihnen zu. Beifall.

„Das war nett. Manchmal haben wir uns amüsiert. – Eine harte Kritik? Nein. Ich finde, sie entspricht dem was wir gesehen haben. Besser kann man es bei einer derartig komplexen Improvisation beim ersten Mal kaum machen. Um mehr aus dieser Vorlage herauszuholen braucht es Zeit, Geduld und Arbeit. – Bevor wir die Szene durcharbeiten, soll sich jeder Zuschauer jedoch zunächst noch einmal an die Lieblingsaugenblicke des Spiels erinnern. Was wollt ihr unbedingt wiedersehen? Was soll mehr ausgespielt werden? Was soll vergrößert werden? Was soll hervorgehoben werden? Mit anderen Worten, welches waren die leckeren Ro-

sinen in dem Kuchen, den wir da gerade gesehen haben? Wollen wir mehr davon haben? Sollen sie größer sein? Sollen sie noch süßer sein? Erst dann fragen wir, wo wir Rosinen vermisst haben, wo der Kuchen vielleicht zu fest oder zu locker gebacken war, ob seine Kruste seinem Inhalt entspricht und ob möglicherweise die eine oder andere Zutat gefehlt hat. Für die Arbeit an einer Szene gilt also „Was hat gefallen?" Erst dann fragen wir, „was hat noch nicht gefallen?" – Beginnen wir mit dem Anfang.
Julia: „Das Schleichen auf Zehenspitzen hat mir gut gefallen. Ich würde die Räuber aber schon gerne draußen vor der Tür hören."
„Jawohl. Darauf kommen wir gleich zurück. Lasst uns zunächst aber den absoluten Anfang betrachten. Die Handlung beginnt mit Frau Neureich. Silvia kannst du bitte den Anfang noch einmal spielen?"
Silvia spielt die kurze Sequenz noch einmal. Sie geht als Frau Neureich mit dem Koffer zum Vorhang und zieht ihn zu. „Gute Nacht!"
„Danke Silvia. Du bist eine interessante Besetzung für diese Rolle. Du bist der absolute Hochstatus und hast dich mit Nachthemd, Schlafmütze und Schmuck so wunderbar lächerlich gemacht. Dafür sind wir dir dankbar. Ich möchte deiner Rolle mehr Raum geben. – Stellt euch vor, ihr habt diese Szene noch nie gesehen. Was habt ihr in den 15 Sekunden, in denen wir Frau Neureich erlebt haben erfahren? Und: Was wollt ihr noch erfahren?"
Julia: „Eine Frau geht mit einem Koffer hinter einen Vorhang und sagt „Gute Nacht!" Ich weiß allerdings nicht, wer die Frau ist und welche Bedeutung der Koffer hat. Vielleicht will die Frau morgen früh verreisen."
„Interessant. Man könnte natürlich sagen, dass sich die Bedeutung des Koffers erst im Verlauf der Szene klären müsse. Im Sinne der Einfachheit ist es jedoch günstiger mit offenen Karten zu spielen. Silvia, spiel deinen Anfang bitte noch einmal, du hast so viel Zeit wie notwendig. Mach uns deutlich, dass Frau Neureich stinkreich ist, dass dies ihre Villa ist, dass ihr ganzes Geld im Koffer ist und dass sie sich vor Albträumen fürchtet."
Silvia: „Mit Vergnügen!"

Frau Neureich: (in ihrem Schlafgemach, nicht sichtbar) „Eine Million, zwei Millionen, drei Millionen, vier Millionen, fünf Millionen ... zehn Millionen. Mein Geld! Alles meins! (sie schaut zwischen dem Vorhang durch, ihr Blick geht durch den Salon in Richtung Tür) Und wehe einer will mich beklauen. Dann geht es peng, peng, peng. (schießt mit einem imaginären Gewehr, geht dann den weiten Weg zur Eingangstür und stellt drei Stühle davor) Hier kommt keiner rein! Gute Nacht!"

Für diese kleine Improvisation bekommt Silvia Beifall, auch weil Ihre herrische Art gefällt. In einem kurzen Gespräch arbeiten wir heraus, was

– hätten wir noch viel mehr Zeit – an dieser Sequenz verbessert werden könnte.

Frau Neureichs Name ist den Zuschauern noch nicht bekannt.
Die Örtlichkeiten sind noch nicht perfekt imaginiert und entworfen.
Es ist noch nicht deutlich, dass Frau Neureich unter Schlafproblemen leidet und sich vor Albträumen fürchtet.
Wir fantasieren, ob sie ein echtes Probeschießen mit dem Gewehr veranstalten könnte, sodass die Gefahr der Waffe deutlich zu erfahren wäre.
Wir problematisieren, ob es notwendig ist, dass die Zuschauer erfahren woher sie die Millionen hat. Dabei begreifen wir den Charakter der Szene. Sie ähnelt einem Cartoon. Die Räuber erinnern an die dummen Gangster aus „Lucky Luke", d.h. Clowntheater mit Slapstickelementen und einer Prise Kaspertheater. In diesem Stil macht das Spiel mit Stereotypen den Reiz aus. Also: Frau Neureich ist reich. Stinkreich! Es gibt immer einen Reichen, der auf seinen Millionen sitzt. Und es gibt immer dreiste Räuber, die ihm sein Geld abluchsen wollen.

Die Idee, das Spiel von Beginn an zu öffnen, wird erörtert und wieder verworfen. Es reicht, wenn Frau Neureich ihren Text „wie" an die Zuschauer spricht. Ein direktes Anspielen erscheint als zuviel und würde den Reiz nehmen, zunächst durch ein Schlüsselloch in eine private Situation gucken zu können. Geschmackssache.

„Wunderbar. Das sind viele interessante Hinweise. Wir sehen, in dieser kurzen Sequenz stecken noch etliche Möglichkeiten und viel Arbeit. Würden wir weiter daran arbeiten, könnten wir noch mehr entdecken. Aber wir schauen voran, weil wir erst einmal das Gespür und Wissen um die Bedingungen einer Szene entwickeln wollen. – Gut, jetzt wollen wir sehen, wie die dummen Räuber auf Zehenspitzen in den verrammelten Raum eindringen. Julia wünscht sich außerdem, dass von den Räubern schon draußen vor der Tür etwas zu hören ist."
Julia: „Ja, ich könnte mir vorstellen, dass man schon draußen vor der Tür zur Villa ein lautes Flüstern und ein „Psst!" hört und eine Ahnung von der Tollpatschigkeit der Räuber bekommt. Vielleicht kann man auch hören, wie die drei um die Villa schleichen."
„Wunderbar, dann wünsche ich mir zusätzlich, dass man die Namen der drei Räuber draußen hört. Der Zuschauer muss die Namen zwei oder drei Mal gehört haben. Dann prägen sie sich ihm besser ein. Gut. Wir setzen an der Stelle ein, an der Frau Neureich ihr letztes „Gute Nacht!" sagt.

Neureich: „Gute Nacht!"
Meistro: (im Off) „Auf geht's! Propper! Suse! Hier ist es!"

Propper: „Jawohl Meistro, hier ist es!"
Meistro: „Psst!"
Suse: „Hier ist es!"
Meistro und Propper: „Psst!"
Suse: „Aua!" (hat von Propper im Zuge des ersten „Psst!" einen Schlag bekommen)
Meistro und Propper: „Psst!"
Meistro: „Propper, brich die Tür auf!"
Propper: „Suse, brich die Tür auf!"
Suse: „Jawohl Propper, ich breche die Tür auf!" (sie öffnet die Tür mit einem kräftigen Schwung, die Stühle dahinter fallen um)
Meistro und Propper: „Psst!"
Suse: „Psst!"

„Und stopp! Julia, bist du mit diesem Anfang einverstanden?"
Julia: „Ja, super. Irgendwie habe ich mir das so vorgestellt."
„Und was ist mit dem Öffnen der Tür? Die Stühle, die Frau Neureich davor gestellt hat, sind offenbar kein Hindernis. Sie fallen einfach um."
Julia: „Auch gut. Ich dachte zwar, dass die Stühle den Einbruch erschweren. Aber Fehlannahme. Drei Stühle sind kein Hindernis. Meinetwegen kann das so bleiben. Frau Neureich kann die Stühle ja absichtlich so stellen, dass sie im Falle eines Einbruchs durch den Lärm geweckt wird. Sie könnte auch eine Vase oder irgendetwas davor stellen, das noch mehr scheppert. Dann würden die Räuber noch mehr Probleme bekommen."
„Wunderbar. Wir merken uns das, arbeiten es jetzt aber nicht ein. Noch mal. Wir setzen ein, kurz bevor die Stühle umfallen. Wenn es dann rums macht, wünsche ich mir eine kleine Reaktion von Frau Neureich."

Meistro: „Propper, brich die Tür auf!"
Propper: „Suse, brich die Tür auf!"
Suse: „Jawohl!" (sie öffnet die Tür mit einem kräftigen Schwung, die Stühle dahinter fallen um)
Meistro und Propper: „Psst!"
Suse: „Psst!"
Frau Neureich: „Psst!"

Lachen. Beifall. Grandios. Die Zuschauer sind von Frau Neureichs simpler Reaktion begeistert. Ihr „Psst!" ähnelt einem mehrdeutigen Echo, das auf das erschrockene „Psst!" der Räuber erfolgt. Das ist einfach und wirkungsvoll. Für diese minimalistische Glanztat erntet sie schallendes Gelächter.
Ich frage die Zuschauer: „Wollt ihr die Stelle noch einmal sehen?"
„Ja!"

Die Wiederholung ist ebenso wirksam. „Psst!" Das Publikum lacht erneut – ein sicherer Indikator dafür, dass dieser Augenblick ein komisches Highlight ist.
Das Trio spielt weiter und will in Richtung Schlafgemach schleichen. Ich unterbreche und frage die Zuschauer: „Wer wünscht sich hier eine Öffnung des Spiels?" Geschmackssache. Die Abstimmung ergibt 6:3 für eine Öffnung.
„Dann lasst uns eine Öffnung einbauen. Liebe Räuber, kurz nachdem ihr losgeschlichen seid, haltet ihr inne, dreht euch zu den Zuschauern und weiht sie voller Stolz in euren genialen Plan ein. – Und noch einmal bitte."

Suse: „Guten Tag!"
Propper: „Guten Tag!"
Meistro: „Guten Tag!"
Suse: (stolz) „Wir sind Räuber! Psst!"
Propper: „Jawohl, wir brechen hier ein!"
Meistro: „Und dann sind wir reich!"
Propper: „Stinkreich!"
Suse: „Millionen!"
Meistro: „Psst! Die sind da hinten. Im Koffer!"

Lob für diesen Dialog. Wir wiederholen die Stelle, um dann weiterzuspielen. Das Räubertrio wendet sich abschließend wieder von den Zuschauern ab, um weiter zu schleichen.
„Stopp!"
Olav: „Was ist denn nun schon wieder?"
„Du hast etwas Wunderbares gemacht!"
Olav: „Ich?"
„Ja. Hat es jemand gesehen?"
Julia: „Ja. Es ist die Art wie du dich umgedreht hast. Erst hat sich Meistro umgedreht. Dann du. Aber wie du das gemacht hast. Wie ein Soldat. Das war wie ein gehorsames Echo auf das Verhalten deines Chefs."
Olav: „Wie ein Soldat? Das ist mir peinlich."
„Braucht es nicht. Propper verhält sich so. Statuskomik! In seiner devoten Art ist er eine erstklassige Nummer Zwei. Wenn wir Proppers Art sich umzudrehen analysieren, können wir auch das Zug-um-Zug-Prinzip wieder entdecken: Meistro dreht sich um. Punkt. Propper dreht sich um. Punkt. Es fehlt also nur noch Suse. Punkt. – Bitte spielt die Sequenz unter diesem Aspekt noch einmal durch."

Bei dieser Wiederholung erleben wir: Die Klarheit des Zug-um-Zug-Prinzips wirkt sich auf die Deutlichkeit des Spiels aus. Die Bewegungen erhalten Kontur. Verhalten wird sichtbar. Was eben noch wie eine undeutliche Handschrift geschrieben wurde ist mühelos zu entziffern. Rhythmus entsteht. Bewegungen klingen. Das Spiel entfaltet seine zauberhafte Energie. Das macht Lust auf mehr!

„Bitte spielt diese Sequenz noch einmal. Kostet das Zug-um-Zug-Spiel noch mehr aus. Schmeckt die Energie, die darin wohnt. Spürt das Glück, ein gutes Team zu sein. Also: Nach der Öffnung Zug-um-Zug abdrehen, dann geht es weiter."

Die Drei setzen die Regievorgaben um, kosten die Energie aus und vergessen im Rausch der Freude sämtliche Vorsichtsmaßnahmen, insbesondere das Gebot zu schleichen. Meistro legt ein gewaltiges Tempo vor. Mit Volldampf marschiert das Trio in Richtung Schlafgemach.
Suse: „Chef, schön! Jetzt brauchen wir nicht mehr zu schleichen!"
Meistro und Propper erstarren.

Die Zuschauer lachen. Felix bricht das Spiel ab.
Felix: „Entschuldigung. Es ist mit mir durchgegangen. Das machte gerade so ein Vergnügen. Ich habe vergessen, dass ich Räuber bin und schleichen muss."
„Wunderbar! Genau darüber haben wir gelacht. Meistro ist aus lauter Begeisterung in ein Fettnäpfchen getreten. Köstlich! Wir lieben es, wenn der Alpha Fehler macht. Meistro vergisst vor Stolz und Begeisterung, dass er sich in Gefahr befindet. Und seine beiden Assistenten trotteln ihm ahnungslos hinterher. Köstlich. Clowns haben ein enormes Kurzzeitgedächtnis. Bitte spielt es genau so noch einmal."

Die Wiederholung gestaltet sich jedoch schwierig. Was eben noch äußerst komisch wirkte ist zunächst schwer zu wiederholen. Ich analysiere: „Meistro hat während der gesamten Beschleunigung auf Suses Unterbrechung gewartet. Darin liegt der Fehler. Meistro weiß nicht, dass er einen Fehler macht. Deswegen weiß er auch nicht, dass er gleich von Suse unterbrochen werden wird. Der Impuls für die Unterbrechung kommt ganz allein von Suse. Meistro marschiert weiter und weiter bis Suse ihn irgendwann unterbricht. Felix, für dich als Spieler von Meistro heißt das: Denk nicht an die Unterbrechung. Lass dich von ihr überraschen. Die komische Wirkung erleben wir nur, wenn Meistro völlig unwissend und unbedarft ins Fettnäpfchen tritt. – Viel Vergnügen. Noch mal bitte!"

Wir wiederholen diese Sequenz mehrere Male. Erst als der Ablauf für Felix völlig selbstverständlich geworden ist, gelingt es ihm, nicht mehr an ihn zu denken. Dann funktioniert der Effekt wieder, die Zuschauer lachen. Weiter geht es. „Psst! Schleichen!" ermahnt Meistro seine beiden Kumpanen. Wie im ersten Durchgang stehen sie nun vor dem Vorhang hinter dem sich das Schlafgemach von Frau Neureich befindet. Wieder öffnet Meistro den Vorhang, sein Arm streckt sich, wird lang, länger, die Hand greift zu, will den Koffer greifen und – auch dieses Mal schreckt Frau Neureich hoch.

„Stopp! Die Art wie Meistro sich an den Koffer macht ist wunderbar. Habt ihr Zuschauer etwas zu diesem Moment anzumerken?"
Tim: „Eigentlich nicht, bis auf die Tatsache, dass er zu schnell vorbei ist."
„Wem geht es noch so? Ich bitte um Handzeichen! – Interessant. Die Darsteller sind mit der Länge einverstanden. Die Zuschauer nicht. Ihnen ist es zu schnell gegangen. Das Publikum spürt, dass dies der Höhepunkt ist. Es will nicht, dass er nach zehn Sekunden schon wieder vorbei ist. Ich bitte um Vorschläge. Was kann man tun, damit die Zuschauer den Höhepunkt der Szene mehr auskosten können?" Wir besprechen mehrere Aspekte. Eine Idee ist es, den Höhepunkt in Zeitlupe zu spielen. Während die einen von dieser Lösung begeistert sind, wird sie von anderen als künstliche Lösung empfunden. Wieder einmal – Geschmackssache.
Eine andere Lösung: Frau Neureich wacht nicht vollständig auf. Sie regt sich lediglich, wenn sie im Tiefschlaf mitbekommt, dass irgendetwas Ungewöhnliches geschieht. Meistro erschrickt jedes Mal und muss zurückweichen, sodass er immer wieder neu zum entscheidenden Höhepunkt ansetzen muss. Beim dritten Versuch schließlich wacht Frau Neureich auf. – Interessant.

Aus der Idee, dass Suse, als naivste und letzte des Clowntrios irgendetwas verpatzen könnte, formt sich schließlich ein interessanter Ansatz, den ich wie folgt zusammenfasse: „Als Mitläuferin weiß Suse nicht, um was es bei einem Einbruch eigentlich geht. Daher kann sie auch die Gefahr nicht einschätzen. Erinnert euch bitte an die ersten Tage, als wir nichts tuend, nur den Impulsen des Augenblicks folgend, vor den Zuschauern gestanden haben. So einen Augenblick brauchen wir für Suse. Sie kann damit einen Kontrast zur Spannung bilden. Wir inszenieren ja keinen Krimi. Es geht immer noch um Komik. Also: Meistro rackert, Suse kapiert nichts. Langeweile für Suse. Während Meistro sich abmüht an die Millionen zu kommen, schaut Suse zu den Zuschauern. Immer noch Langeweile. Suse sinnt auf Abhilfe. Schließlich unternimmt sie irgendetwas. Was? Das werden wir gleich sehen. Mehr konstruieren wir nicht. Es ist besser, wenn die Konkretisierung im Spiel geschieht. Susanne, ich entnehme deinem Blick, dass du verstanden hast, worum es geht. Also bitte noch einmal ab dem ersten Diebstahlsversuch."

Wir spielen die folgende Sequenz mehrere Male. Dabei entwickelt sich eine Form, in der Suse aufs Wunderbarste die Form des Nichtstuns wei-

terentwickelt und ihrem Meistro gehörig auf die Nerven geht. Aus der Not ihrer schier endlosen Langeweile entdeckt Suse die beiden eindrucksvollen Knöpfe ihrer Latzhose. Prächtig. Zwei drollige Gestalten. Suse macht sich mit ihnen bekannt. Schnell lernen sich alle drei kennen. Das gefällt; auch dem Publikum. Währenddessen muss Meistro fieberhaft arbeiten. Er konzentriert sich. Er schwitzt. Propper muss ihm immer wieder den Schweiß abtupfen. Neuer Versuch. Doch Suse und ihre neuen Freunde, die Knöpfe, stören. Meistro unterbricht den Millionenraub und versetzt Propper einen kräftigen Schlag, der ihn erinnern soll, nicht nur auf die Millionen, sondern auch auf Suse zu gucken. Propper wiederum ermahnt Suse. Auch sie bekommt einen Schlag. „Pass auf!" Das war zu laut. Frau Neureich schreckt auf. Die Räuber ergreifen die Flucht. Frau Neureich jedoch sackt gleich wieder zusammen. „Immer diese Albträume!" – Silvia entwickelt hier ein feines Gespür für die Szene. Sie lässt Frau Neureich nur kurz aufwachen. Dann schläft sie wieder ein. Damit gibt sie den Räubern die Möglichkeit für eine weitere, nun alles entscheidende Attacke. – Beim nächsten Versuch erwacht Frau Neureich endgültig. Sie schreckt hoch, stellt die Räuber zur Rede und führt sie auf die bekannte Art zur Polizei.
„Wunderbar. So könnte die Szene enden."
Tim: „Ich finde, die Szene ist zu schnell vorüber!"
„Bist du vom Ende enttäuscht?"
Tim: „Ein bisschen!"
„Also, was tun?"
Tim: „Ich weiß noch nicht, irgendwie könnte noch was Anderes, was Überraschendes geschehen."
Giesi: „Vorschlag: Frau Neureich schießt ihnen in die Hinterteile und die drei flüchten!"
Julia: „Das ist nicht wirklich überraschend und auch zu schnell vorbei!"
„Also?"
Tim: „Erst einmal möchte ich, dass Suse, wenn die Neureich fragt: „Was machen sie hier?" wieder „Wir sind Räuber!" sagt. Das fand ich beim ersten Mal so gut. Dann müssen Propper und Meistro versuchen, das gerade zu biegen. Sie können sagen: „Sie hat sich versprochen. Wir sind keine Räuber. Wir suchen Räuber!"
Die Idee gefällt. Wir versuchen sie umzusetzen. Doch als die Szene zum entscheidenden Punkt kommt, entwickelt sich etwas Anderes:

Neureich: „Hände hoch! Was machen Sie hier?"
Suse: „Wir sind Räuber!"
Neureich: „Räuber!"
Meistro: „Nein, sie hat sich versprochen, wir suchen Räuber!"
Neureich: „Sie sehen mir aber nicht wie Polizisten aus!"
Suse: „Stimmt!"

Propper und Meistro: „Psst!"
Neureich: „Also, was wollen Sie?"
Propper: „Wir sind die neuen Untermieter!"
Meistro: „Jawohl, wir sind die neuen Untermieter!"
Neureich: „Ich suche keine neuen Untermieter!"
Meistro: „Stimmt! Wir sind die neue Putzkolonne!"
Neureich: „Sie sind die neue Putzkolonne?! Vorzüglich, dann können Sie ja gleich anfangen! Was warten Sie noch? Oder soll ich vielleicht mit meinem Schrotgewehr ...? Peng!"
Propper: „Wir fangen gleich an!"
Meistro: „Selbstverständlich, wir fangen gleich an! Los, was wartet ihr noch? Putzen!"
Die Situation ist grotesk. Drei Möchtegernräuber sind zur Putzkolonne degradiert worden. Meistro opfert sein weißes Taschentuch, Propper und Suse nehmen ihre Ärmel und dann heißt es: „Putzen!" Die Drei wienern und schrubben was das Zeug hält.
Frau Neureich hält das Gewehr im Anschlag, bequemt sich in den Sessel und genießt den Anblick der strebsamen Haushaltshilfen.
Suse: „Chef, sind wir wirklich die neue Putzkolonne?"
Propper und Meistro: „Psst! – Weiterputzen!"

Dieses überraschende Ende gefällt. Beifall.
„Wunderbar. Danke für die gute Zusammenarbeit. Das Ende dieser Szene bedingt, dass das Licht langsam herausgezogen wird. Dadurch würde sich ein Gefühl für die Ewigkeit herstellen, in der die Drei jetzt als Putzkolonne bei Frau Neureich gefangen sind. Frau Neureich könnte sich, während sie die Putzkolonne bewacht, auch noch eine Tasse Tee reichen lassen. – Schluss. Und das im doppelten Sinn. Wir beenden die Arbeit an dieser Szene, auch wenn sich noch Vieles ergänzen und bearbeiten ließe. Schluss auch für diesen Workshop, auch wenn sich noch vieles ergänzen und vertiefen ließe.

Silvia ist zufrieden. „Aber das kann man doch so aufführen!"
„Ich kann mich erinnern, dass du dir das auch nach der Abschlussimprovisation am 5. Tag gewünscht hast. Aber auch jetzt sage ich wieder: Vorsicht! Es war eine gute Improvisation. Dabei ist wunderschönes Material entstanden. Für eine Aufführung braucht es mehr als unser kleines Clowntheatereinmaleins. Dafür braucht es das „Große Clowntheatereinmaleins". Was wir eben gemacht haben, ähnelt einer musikalischen Improvisation, bei der wir die Grundlagen für einen Hit erarbeitet haben. Der Hit ist aber noch nicht fertig. Bis zu seiner Veröffentlichung muss das Material bearbeitet, vertieft, geschliffen und poliert werden. Mit klarem Blick würden wir schon morgen die ersten Mängel feststellen."
Silvia: „Im Augenblick kann ich keine Mängel feststellen."

„Es gibt einige Aspekte, die noch nicht vollständig ausgearbeitet sind. Das Besondere der einzelnen Clowns deutet sich zum Beispiel gerade erst an. Daran sollte unbedingt weiter gearbeitet werden. Noch wirken die Drei als wären sie nur für diese Szene entstanden, was ja tatsächlich auch der Fall ist. Wenn wir jedoch wissen, welche Abenteuer sie gestern, vorgestern und letztes Jahr durchlebt haben, dann wird das auf die Szene und das Spiel durchschlagen; dann gewinnt alles an Tiefe und Glaubwürdigkeit. Zur Figurenarbeit gehört auch, dass wir die spezifische Bewegungsart jedes Einzelnen analysieren. Dann kann sie ritualisiert und in eine Form gebracht werden. Das Körperspiel wird dann klarer und gewinnt an Prägnanz. Das bedeutet wiederum, dass wir den Text unter Umständen reduzieren und einfacher gestalten können. Wenn wir schließlich mit allen inhaltlichen Aspekten zufrieden sind, können wir die Szene zum Klingen bringen. Wir müssen den Rhythmus und das Tempo bestimmen. Was für einen Beat hat das Stück? Wo zieht er an? Wo setzt er aus? Daraus entsteht die Dynamik der Inszenierung. Ein falsch gesetztes Tempo oder ein verschleppter Rhythmus können die beste Handlung demolieren. Und schließlich das Bühnenbild: Wie könnte ein einfaches, effektives Bühnenbild aussehen, mit dem man auch mühelos auf Tournee gehen kann?“
Silvia: „Viel Arbeit!“
„Kunst ist schön, macht aber viel Arbeit!", dieses Zitat stammt von Karl Valentin. Das könnte doch ein schöner Schlusssatz für unseren Workshop sein."
Giesi: „Stopp! Es gibt noch Sekt. Eine Flasche für 13 Leute. Schicksal!"
Susanne: „Und ich habe noch ein Frage!"
Giesi: „Ich schenke den Sekt ein und Susanne stellt ihre Frage!"
Susanne: „Was würden wir als Nächstes machen, wenn der Kurs noch fünf Tage weitergehen würde?"
„Sicherlich ein Warm–up. Den ganzen Katalog von Statusübungen haben wir nur gestreift. Da besteht noch Vertiefungsbedarf. Das Solospiel könnte jetzt mehr in den Vordergrund gestellt werden. „Ein Clown und ein Requisit" könnte zum Beispiel die nächste Spielaufgabe heißen. „Clowns erzählen Geschichten" könnte ein ganz neues Kapitel sein. Und schon wäre die nächste Woche voll.
Susanne: „Und wenn es dann noch einmal fünf Tage weitergehen würde?"
„Dann würden wir fünf Tage Pause machen. Der Stoff braucht Zeit, um sich in Leib und Seele des Spielers zu setzen. Die Clownseele muss nachreifen.
Susanne: „Und dann?"
„Wiederholungen!"
Susanne: „Und dann?"
„Arbeit an komischen Figuren, das Spiel ohne rote Nase. Und dann? –

Dann folgt die Arbeit an individuellen Clownfiguren, erste wiederholbare Handlungssequenzen, erste eigene Szenen. Und dann? Erste kleine Aufführungen. Nebenbei müssen Stimme und Körper weiter ausgebildet werden. Und dann? – Dann gibt es früher oder später einmal neben Beifall auch ein erstes Honorar."
Giesi: „Aber erst gibt es eine Flasche Sekt aus 13 Pappbechern! Prost!"

*

Am Abend. Spontane Abschiedsfeier in Olavs mobilem Zuhause.

„Etwas eng hier!"
„Schön eng!"
„Hier passen noch fünf Leute rein!"
„Rüblikuchen!"
„Rüblikuchen?"
„Jawohl Rüblikuchen!"
„Möchten Sie ein Glas Wein?"
„Danke der Herr, ich nehme die Flasche."
„Kennst du den? Zwei Kannibalen essen einen Clown. Sagt der eine: Schmeckt irgendwie komisch!"
„Du lachst ja!"
„Natürlich lache ich!"
„Aber nicht immer!"
„Aber immer öfter!"
„Morgen habe ich einen Kater!"
„Morgen habe ich Spätdienst!"
„Morgen bin ich auf der Autobahn, übermorgen bin ich in España!"
„Olé!"
„Übermorgen habe ich einen Auftritt in Soest!"
„Übermorgen habe ich einen Auftritt bei meinem Zahnarzt!"
„Glückwunsch!"
„Olé!"
„Und nächstes Jahr treffen wir uns alle bei Olav!"
„In Spanien?"
„In Spanien!"
„Olé!"
„Und dann machen wir die große Costa Brava-Tournee, mit Rüblikuchen, Sekt und warmen Füßen!"
„Jawohl!"
„Glückwunsch!"

INHALT